讀 史

독
사

讀史

독사

역사인문학을 위한 시선 훈련

김동욱 지음

글항아리

역사는 오랫동안 나를 매혹시켜왔다.

돌이켜보면 "밥벌이가 되지 않는다"는 주변의 우려에도 불구하고 대학에서 역사(서양사)를 전공했고, 졸업 후 "하루하루의 역사를 쓰는 직업"이라는 데 매력을 느껴 기자직을 업으로 삼는 등 역사는 단순히 나를 매혹시킨 정도가 아니라 내 삶에서 결정적인 역할을 해왔다. 또 소위 '역사적' 사건을 취재할 때마다 그 이면에 지나간 과거의 무게가 엄청난 힘을 발휘하는 것을 목격하면서 전율했던 게 한두 번이 아니었다.

주변으로 눈을 돌려보면, 역사에 매혹된 사람이 나뿐만이 아님을 알 수 있었다. 정도의 차이는 있겠지만 역사에 대한 관심은 보편적인 현상이 아닐까 하는 생각이 들 정도였다. 복잡한 일상에 치여 다른 데 눈 돌릴 여유가 없거나, 오직 돈 버는 일에만 정신이 팔린 것처럼 보이는 사회에서조차 역사가 끊임없이 사람들의 입에 오르내리고, 삶에 영향을 미치는 모습을 어렵지 않게 볼 수 있었기 때문이다.

보통 주요 정치·사회 이슈에 대한 갑론을박에서부터 각종 재테크 현장까지 오늘날 직면한 문제를 설명하거나 앞으로 벌어질 일을 전망할 때 사람들은 역사를 주요한 판단 기준으로 삼곤 한다. 또 남자와 여자, 노인과 젊은이, 부자와 가난한 사람, 진보와 보수, 지역과 지역, 지배자

와 피지배자 간의 복잡한 관계를 이해하고 바라보는 척도로 많은 이들
이 역사에 기대곤 한다.

즉 싫건 좋건 간에 인간은 역사를 의식하고 있고, 또 영향받으며 살
아가고 있는 것이다. 비유해보자면 역사는 인간에게 세상을 바라보는
창窓이었고, 늘 사람들의 머리에서 떠나지 않는 벗[友]이자 스승[師] 같
은 존재라고 할 수 있다.

하지만 다른 한편에서는 역사에 대한 관심이 실생활에 별 쓸모가 없
을 뿐 아니라 호고적好古的인 지적 허영심에 불과하다는 부정적 시선이
퍼져 있는 것도 사실이다. 이와 함께 역사에 대한 관심과 이해 정도가
피상적이고 편파적인 경우도 드물지 않다. 때로는 왜곡되고 오용된 역
사지식이 사회의 큰 위험 요소가 되는 경우까지 목도하곤 한다.

이처럼 역사에 대한 관심이 부정적인 결과를 맺는 경우, 그 원인을
따져보면 역사의 실상을 복합적 · 객관적으로 꼼꼼히 살피지 않았던 데
서 기인하는 경우가 대부분이다. 자신이 피상적으로 이해한 수준의 역
사가 '당연하고도' '절대적인' 역사의 진실이라고 마음 편한 대로 믿거
나, 역사를 그저 흥미로운 읽을거리로 여겨 무심히 지나친 탓이라 할 수
있을 것이다.

따라서 역사가 주는 메시지를 제대로 읽어내기 위해서는 그동안 '당
연하다'고 여겨왔던 모든 역사를 의심하고 새롭게, 꼼꼼히 다시 살펴볼
필요가 있다는 생각이 들었다. 기존의 고정관념과 편견들에서 자유로운
새로운 '역사읽기'가 요구된 것이다.

그리고 이처럼 지금까지의 모든 역사를 '의심의 무대'에 올려놓는 작

업에 대해서 '역사인문학'이란 이름을 붙여보면 어떨까 하는 데까지 생각이 미쳤다. 문文·사史·철哲의 학문을 통칭하는 인문학이란 용어 앞에 다시 '역사'란 수식어를 붙이는 게 중복이라는 느낌이 없었던 것은 아니다. 하지만 "복잡다단한 역사를 다각도로 살펴 사물을 꿰뚫는 통찰을 얻고 현상의 이면을 제대로 바라보자"는 뜻을 표현하는 데에는 '역사인문학'이라는 조어가 좀더 효과적이라는 결론을 얻었다. "사람들의 지나간 행적을 다각도로 다시 살펴본다"는 방법적인 측면은 '역사'라는 용어가, "통찰력을 얻고 현상의 이면을 제대로 이해한다"는 추상적인 목표는 '인문학'이라는 단어가 보다 효과적으로 표현하고 전달한다는 느낌이 들어서이다. 최근 들어 '과학인문학' '영화인문학' 같은 표현이 널리 사용되는 점도 '역사인문학'이라는 용어를 선택하는 데 도움이 됐다.

결국 이 같은 이유에서 책의 이름을 『독사讀史 — 역사인문학을 위한 시선 훈련』이라고 정하게 됐다. 이 책은 '보다 균형 잡힌 시각에서 역사를 입체적으로 바라보자'는 목표 아래 지난 1년 반 동안 '김동욱 기자의 역사책 읽기'라고 이름 붙인 블로그http://blog.hankyung.com/raj99에 게재했던 글들의 일부를 다듬고 보완한 것이다. 주요 역사책 속에서 세간에 널리 알려지지 않았거나, 기존의 상식과는 배치되지만 역사의 복합적인 실체를 파악하는 데 도움이 되고, 오늘날 우리 삶을 되돌아보게 할 만한 내용들을 뽑아 정리해본 것이다. 책을 읽는 분들께 조금이나마 도움이 됐으면 한다.

이 책을 내는 데 여러분의 도움을 받았다. 우선 역사에 대한 관심과 사랑을 간직하게 해준 대학 시절 선생님들에게 감사의 말씀을 드린다.

세간의 시선에 아랑곳없이 오로지 학문에만 열중했던 선생님들은 아마도 모르겠지만 그분들의 가르침은 학계를 벗어나 다른 직업에 몸담고 있는 제자의 삶에 계속해서 영향을 끼치고 있다. 특히 역사에 대해 따뜻한 시선을 갖도록 해주신 이인호 선생님, 역사를 대할 때 진지한 태도를 가질 것을 강조하신 배영수 선생님, 역사의 다양함과 참신한 시각의 중요성을 깨우쳐주신 지도교수 주경철 선생님에게 감사드리지 않을 수 없다.

또 자식이 어떤 일을 하든지 간에 언제나 믿고 지원해주셨던 부모님에게도 감사의 말씀을 올린다. 장인·장모님 등 가족의 힘이 없었다면 이 책은 나오지 못했을 것이다.

무엇보다 이 책을 사랑하는 아내 주소영과 아들 재현에게 바친다. 아내에 대한 고마움이 이 책 여러 곳에 스며 있다. 아내가 행간 곳곳에서 내 마음을 읽어주길 바란다. 또 지금은 재현이가 '엄마', '아빠' 같은 간단한 말밖에 못 하지만 빨리 커서 이 책을 읽는 모습도 꿈꿔본다.

부족한 글을 출판할 기회를 준 글항아리 강성민 사장님과, 책을 예쁘게 만들어준 글항아리 편집팀에게도 고맙다는 말을 전한다.

2010년 5월
김동욱

01

'사고의 틀', 이 가둬버린 역사

OI. 고정관념
만리장성을 쌓은 이유

고정관념은 여러모로 인간의 행동을 제약한다. 때로는 놀랄 만큼 그 힘을 낭비하게
도 만들고, 엉뚱한 방향으로 에너지를 소모시킨다. 오늘날 기업들이 벌이는 치열한
경쟁은 어떤 면에선 고정관념과의 싸움이라 할 수 있다. 청바지 업체 '리바이스'는
한때 청바지 시장이 과열되자 남성복 분야에 손을 댔지만 소비자들은 '리바이스=
청바지 업체'라는 고정관념에 묶여 리바이스 정장은 거들떠보지 않았다. 일본 도요
타자동차가 '렉서스' 브랜드를 선보인 이유도 '일본차=소형차'라는 고정관념에서
벗어나기 위해서였다.

만리장성은 왜 쌓았을까. 만리장성을 보면 드넓은 대지를 성벽으로 끝
없이 막겠다는 발상 자체에 아연할 수밖에 없다. 장성의 축조 이유에 대
해서는 유목민족에 대한 정착민의 수세적 대응이라는 전통적인 설명부
터, 오히려 장성이 초원으로의 공세를 담당할 전초기지 역할을 했다는
것까지 다양한 해석이 나오고 있다. 그중 흥미로운 것은 미국 보스턴대
의 중국학자 토머스 바필드 교수의 주장이다. 바필드 교수에 따르면, 진
시황제가 장성을 쌓은 이유는 "나라는 사면이 성곽으로 둘러싸여야 한
다"는 고정관념에 얽매여 있었기 때문이라고 한다.
 '나라 국國'이라는 한자에서 보듯 전통시대 중국인의 사고 속에는 성
읍국가나 도시국가처럼 나라는 사면을 외적의 침입으로부터 방어하는
성곽을 필수 전제 조건으로 삼아야 한다는 관념이 들어 있었다. 전국시

대 주변국들과 치열한 대결을 벌이며 동쪽과 남쪽에 겹겹이 성곽을 쌓아올렸던 진나라는 중국을 통일해 대제국을 만든 후 북변을 철통처럼 방어해줄 만한 성곽이 없음을 깨닫고 막대한 인력과 비용을 들여 장성을 축조했다는 설명이다.

인류 최대의 건축물 중 하나가 '고정관념' 때문에 생겨났다는 것은 놀라운 일이다. 하지만 오늘날 전 세계 식탁에 흔히 오르는 식재료인 감자가 널리 보급된 역사를 살펴보면 만리장성 못지않은 고정관념의 괴력을 느낄 수 있다. 감자가 식탁에 오를라 치면 주변의 식용작물에 대한 고정관념들이 끊임없이 감자의 확산을 막아냈다. 보통 새로운 작물이 선을 보인 뒤 200~300년이 흐른 후에야 주식의 범주에 오르는 게 일반적이다. 하지만 남미가 원산인 감자는 고정관념 탓에 주식으로서 자리 잡는 데 다른 작물은 경험하지 못한 남다른 어려움을 극복해야만 했다.

주경철 서울대 교수에 따르면 감자는 에스파냐인들이 1539년 페루에서 처음 알게 되어 자국으로 들여왔다고 한다. 그러나 감자는 열매 형태로 가지에 열리는 게 아니라 땅속에서 캐내야 하는 데다, 울퉁불퉁한 생김새 때문에 유럽인들에게 그다지 환영받지 못했다. 그런 까닭에 에스파냐 용병들이 30년 전쟁 중 독일에 갔을 때 감자는 주로 말 사료로 사용되었고 아주 허기져 어쩔 수 없을 때에만 식용되었다고 한다. 감자를 먹으면 문둥병에 걸린다는 소문도 감자의 보급을 막았다.

하지만 이런 부정적 이미지보다도 실질적으로 감자의 보급을 가로막았던 것은 인간의 고정관념이었다. 사람들은 굶주림에 시달리면서도 감자를 밀처럼 가루로 만든 후 빵으로 만들어 먹어야 한다고만 생각했다.

반 고흐의 감자 먹는 사람들. 고흐의 식탁에서처럼 감자가 인간의 주식이 되기까지는 수백 년의 세월이
걸렸다. 굶어 죽더라도 가루로 만들 수 없다는 고정관념 때문에 달리 먹을 엄두를 내지 못했던 것이다.

하지만 감자는 글루텐 성분이 없어서 빵으로 만들 수 없었다. 즉 식사는 반드시 빵으로 해야 한다는 고정관념과 관습의 힘이 감자가 식탁에 오르는 것을 수백 년에 걸쳐 끈질기게 방해한 셈이다.

고정관념은 예나 지금이나 사람들을 피곤하게 만들고, 헛힘을 쓰도록 한다. 지금 나를 얽매고 있는 고정관념은 무엇일까.

Thomas J. Barfield, *The Perilous Frontier*, Blackwell, 1992
주경철, 「문화로 읽는 세계사」, 사계절, 2005

O2. 조작
분서갱유를 한 자는 진 시황인가 항우인가

2009년 9월 제2차 세계대전 발발 70년을 기점으로 폴란드와 러시아 간 역사 논쟁이 불붙었다. 폴란드가 1939년 히틀러와 스탈린 간에 맺어졌던 독소불가침조약 문제를 정면으로 거론한 것이다. 폴란드는 독소 비밀조약이 2차 대전의 도화선이 됐다며 독일과 소련의 폴란드 분할 점령 문제를 정식으로 거론해 구소련의 전쟁 책임을 러시아에 제기했다. 과거 냉전시대에는 언급될 수조차 없었던 역사의 실상이 결국 수면 위로 떠오른 것이다. 하지만 한편으로는 이런 생각이 들기도 한다. 역사는 '승자의 기록'이라는 말도 있지만 힘으로 진실을 억누르고 감춰둔다면, 혹 오랜 세월이 지나 진실은 사라지고 조작된 역사가 '상식'이 될 수도 있지 않을까?

"분서갱유를 한 것은 진 시황이 아니라 항우였다."

희대의 폭군이 유학자들을 파묻고 실용서 몇 종류만 빼놓고는 모두 불태웠다고 전해지는, 수천 년을 이어온 상식을 뒤집는 주장이다. 문제는 이것이 역사의 쓰레기통을 뒤진 듯한 잡서에서 나온 주장이 아니라 미국 하버드대출판부가 선보이고 있는 신판 중국사 시리즈의 첫 권인 『초기 중국제국 - 진한시대』에서 거론하고 있다는 데 있다. 그간 서구 학계에서 중국사 통사 시리즈의 결정판 자리를 점해왔던 케임브리지 중국사에 필적하는 새 세대 통사서의 첫 권에 이 같은 파격적 해석이 일종의 '정설'로 자리하게 된 셈이다.

『초기 중국제국 - 진한시대』를 집필한 스탠퍼드대의 마크 에드워드 루이스 교수가 주장하는 요지는 진 시황은 책을 불사르지 않았을 뿐 아니라 진대와 (진대의 학술 정책을 신랄하게 비판했던) 후대 한대의 학술 정책을 비교해보면 큰 변화가 없었다는 것이다. 단지 시황제는 제국을 통치하기 위해 사상의 통제와 표준화를 도모했고, 이에 따라 대부분의 서적을 한곳에 모아놓고 열람을 통제했을 뿐이라는 해석이다. 후일 진이 무너지는 전란기에 아방궁이 불타면서 한데 쌓아두었던 고대 전적들이 운이 없게 우연히 '한방'에 소실됐을 따름이라는 얘기다. 한마디로 진시황의 시도는 후일 청나라 건륭제가 중국 내 모든 서적의 집적을 명하고 그중 못마땅하게 여긴 상당수를 불에 태우거나 판목을 부수는 등 금서로 삼은 『사고전서四庫全書』 작업과 비교해 그 의도와 구체적인 실행 양태에서 사실상 차이가 없다는 분석이다.

구체적으로 루이스 교수는 진 시황이 황제제도를 성립한 이후 황제제가 중국 역사에 지속적으로 영향을 미치고 중국 사회를 유지시킨 통치제도의 핵심이 되었다며, 이 획기적인 사건에 방점을 찍는다. 그는 특히 시황제가 중국 문자 체계의 표준화를 도모한 것에 주목한다. 즉 하나의 공통 문어를 사용하도록 한 것은 제국 전체를 통치하는 데 불가결한 요소였다는 것이다.

그러나 그것의 어두운 그림자도 있다. 문자를 통일한다는 것은 곧 주요 학술 서적의 보급과 그 해석을 통제하려는 의도도 담고 있었다. 후대 진을 무너뜨리고 중원을 차지한 한대에 와서 진나라의 이런 시도를 '분서'라는 표현으로 묘사했지만 사실상 진 시황의 정책은 학문의 통일 정책이었지 파괴 정책은 아니었다는 게 루이스 교수의 시각이다.

말하자면 진이 사상 획일화, 사상 통일을 시도한 계기는 진 시황이 중국을 통일한 후 당대 학자들이 "진 시황이 주공을 본받아 영지를 친척들에게 분봉해야 한다"고 논쟁을 벌인 데서 비롯됐다. 새로 성립된 황제권이 위협받자 승상 이사李斯는 '이상화된 고대를 전범으로 삼아 현 체제를 비판하는 학자들의 움직임을 끝장내야 한다'며 반발하고 나섰다. 이런 차원에서 (진 시황의 지원을 받은) 이사는『시경』과『상서』, 그리고 개인 학자들이 소유하고 있던 철학서들의 모든 복사본을 빼앗아 제국 서고에 보관하려 했다. 이들 책의 시중 유통을 차단하고 오직 정부가 허가한 학자들만 열람하고 연구할 수 있도록 했다. 다만 의학과 농업, 임업 등 실용서는 예외에 속했다.

하나의 통일된 제국은 하나의 통치 원리만을 요한다는 원칙하에 진 제국은 문서화된 텍스트들에 대한 접근을 제한함으로써 정치사상을 통제하려 했다. 그러나 시황제나 진 제국은 시스템으로써 이들 서적을 파괴하려고 시도하지 않았으며 그런 생각도, 움직임도 없었다. 그런데 그만 진 제국의 왕실 서고에 집적돼 있던 서적들은 기원전 206년 항우가 진의 수도를 약탈하고 아방궁을 점령하면서 모두 불에 타 소실돼버렸다. 분서갱유 전설의 단초가 마련된 것이다.

후대 한나라의 사료들이 "진나라가 학자들에게 적대적이었으며 특히 유가를 탄압했다"고 기록하고 있지만 그것은 명백히 사실이 아니라는 것이 최근 학자들의 시각이다. 진 시황은 유가 학자들의 조언을 받아 태산에서 봉선의식(물론 이 의식 자체는 완전히 유가적이라고 하긴 힘들고 원시 자연숭배 신앙이 복합적으로 반영돼 있다)을 치렀으며, 그가 제국 각지에 세운 비문들은『시경』을 비롯해 유교 경전의 여러 구절을 그대로 옮

진 시황제는 분서갱유의 오명을 남긴 유가의 탄압자였다기보다는 문자의 표준화, 표준 서체의 확립, 규범의 문서화, 측량 단위의 통일화 등과 같은 정책들로써 제국의 통합과 유지에 기여한 측면이 더 크다는 것이 최근 학자들의 시각이다.

기고 있다.

또 한 왕조의 주장과 달리, 한 왕조 초기 학술 정책은 진나라의 것을 답습했으며 그들 학자 역시 전직 진나라 학자들이거나 뿌리를 같이한 그 제자들이었다. 한대에 유교 경전들이 확립된 것은 진의 (유가 탄압) 정책을 급격히 되돌렸기 때문이 아니라 수많은 경전 중에서 정전을 만들고, 표준본을 정하는 등 그 폭을 좁히는 노력에 있었다고 할 수 있다. 켄트 가이 워싱턴대 교수 역시 "한 왕조의 학술 정책은 진 왕조의 금지책에 대한 반작용으로 발전해온 것으로 표현되지만 두 왕조 모두 학술의 상황이 정부 본연의 중대한 관심사라는 일반적 가설에 근거했다"며 두 나라 정책이 근본적으로 한 뿌리임을 지적했다.

이와 함께 루이스 교수는 이후 2000년을 관통하는 진 시황이 실시한 문자 표준화와 표준 서체의 확립, 규범의 문서화, 측량 단위의 통일과 공통 화폐의 발행, 법규의 통일 등을 '높이' 평가한다. 이것은 오늘날의 시각에서는 진부해 보일 수 있지만 기원전 3세기에는 혁신의 차원이 아닌 상상력의 도약 수준으로, 제국의 통합과 유지의 근간은 여기서 비롯되었다고도 할 수 있다. 가령 화폐로 보자면, 물자의 유통을 촉진해 지역사회의 폐쇄성을 깨고 지역 간 차이를 줄여 통합을 지속시키는 역할을 했다. 실제로 진나라가 이룬 이런 발전상은 유럽에서는 2000년쯤 뒤인 프랑스 혁명기까지 싹도 틔우지 못했다. 사실 표준화나 통일화는 통일 이전부터 진나라 문화 자체가 지닌 특징이기도 했다.

독일 하이델베르크대 로타르 레더호제 교수는 진나라가 전국시대 주변국들을 물리치고 중국을 통일할 수 있었던 배경으로 정밀성 등 무기

류의 기술 수준이 뛰어났을 뿐 아니라 그것들의 대량생산이 가능했다는 점에서 찾고 있다. 진나라는 표준화와 통일화로 성공했고, 이를 끝까지 관철하려 했다는 것이다. 레더호제 교수는 진 시황릉을 비롯한 진대의 유물과 무기에 새겨진 문장을 살펴보면, 국가가 직접 관리하는 무기제 작소가 있었고 여기서 하이테크 무기들이 균일한 품질을 유지하면서 엄청난 양으로 생산됐다고 한다. 이들 진나라가 운영하는 국영무기제작소에서 생산되는 무기에는 반드시 생산자가 누구인지 표시하도록 했다. 제품에 적힌 이름으로 품질에 책임을 지도록 하는 것이 법규에 규정돼 있었던 것이다. 더욱이 기원전 239년에는 승상 스스로가 생산된 무기들에 대한 최고위 감시자를 자임하며 무기산업의 혁신을 진두지휘했다.

실제 진 시황릉 출토 도검 유물에는 "진 시황 17년(기원전 230) 국가 무기제작소. 감독관 유와 대장공 조 아무개가 제작"이라는 문구가 칼날에 적혀 있고 칼자루에는 '지(zi)열. 59번'이라는 시리얼 넘버가 적혀 있었다. 모두 품질 통제를 목표로 해서 만들어진 시스템이었던 것이다. 혹 제품에 하자가 발견된다면 공장 책임자는 불량 무기에 대한 벌금을 물어야 했고, 제작 조수와 하급 담당자들은 실수 한 번 할 때마다 20대의 태형 체벌을 면할 수 없었다.

진 시황은 표준화·통일화로 성공해 대제국을 이뤘지만 역설적으로 그가 시도했다가 실패한 사상의 표준화는 후일 그의 이미지를 중국 제국의 '파운딩 파더founding father'보다는 '압제자' '독재자'로 각인, 조작되도록 하는 데 더욱 큰 역할을 했다.

Lothar Ledderhose, "Qualitätskontrolle im Alten China," in Helga Breuniger · Rolf P. Sieferle(Hrsg.), *Markt und Macht in der Geschichte*, DVA, 1995

Mark E. Lewis, *The Early Chinese Empires: Qin and Han*, Harvard University Press, 2007

서울대학교동양사학연구실 편, 『강좌 중국사 I - 고대문명과 제국의 성립』, 지식산업사, 1996

켄트 가이, 『사고전서』, 양휘웅 옮김, 생각의나무, 2009

03. 가공
이율곡의 십만양병설은 조작됐다?

우리나라 예산에서 가장 큰 비중을 차지하는 것은 국가안보와 직결된 국방비다. 이 문제가 거론될 때마다 적정 군사력 규모에 대한 논란이 필연적으로 뒤따른다. 한국은 60만 이상의 군대를 보유하고 있다. 세계 10위권 경제대국이라지만 이는 적잖은 부담으로 작용한다. 예부터 전해오는 역사서나 소설을 보면 수십만 혹은 백만 대군이 이동하는 것은 예삿일이다. 현대의 발전한 경제력을 기반으로 해도 수십만 대군을 유지하는 일은 힘겨운데, 수백 수천 년 전에 이런 규모의 군 동원이 가능했던 것일까. 조선시대에는 군사비 부담이 과연 오늘에 비해 어땠을까?

율곡 이이는 '십만양병설'을 주장한 적이 없다. 국민 상식처럼 돼버린 율곡의 십만양병설은 후대 서인 집권기에 정권의 정당성을 확보하기 위해 창조(?)된 '가공의 사실'에 불과하다. 이성무 한국역사문화연구원장에 따르면 십만양병설은 율곡이 활동하던 당대 사료인 『율곡전서』나 『서애집』에서는 찾아볼 수 없다. 오히려 후대인 1814년(순조 14)에 간행된 『율곡전서』의 부록인 김장생 행장에 처음 나온다. 이에 앞서 우암 송시열이 쓴 「율곡연보」에 십만양병설로 윤색된 내용이 발견된다고 한다.

『율곡전서』 외에 양병설을 담고 있는 사료들도 역시 후대 작품인 이정구의 『율곡시장栗谷諡狀』 등이다. 율곡과 활동 시기가 크게 차이 나지 않는 이항복이 쓴 「신도비명」에는 율곡이 군사력을 강화할 것을 건의했다고 전하고 있다. 하지만 전문가들 대부분은 이 글의 상당 부분은 후대에 윤색 혹은 조작된 것이 분명하다고 본다. 「신도비명」은 율곡에 대해 문성文成이라는 시호를 사용하고 있는데, 이것은 이항복 생전에 내려진 것이 아니라는 게 그 증거다. 시호도 받기 전에 쓰여진 책에 시호가 사용된 셈으로, 역설적으로 후대의 조작을 증명하고 있다. 그나마 이들 후대의 사료 대부분은 율곡이 양병을 건의한 시점을 '일찍이'라는 애매한 말로 표현하고 있는 데 반해 송시열의 「율곡연보」에서만 유독 1583년(선조 16)으로 시기를 못 박고 있다. 임진왜란이 일어나기 10년 전으로 일부러 연도를 맞춘 것이라는 게 이성무 원장의 추론이다. 다시 말해 십만양병설은 율곡 당대의 주장이 아니라 「율곡비명」이나 『선조수정실록』에 기록된 내용이 자꾸 부풀려지면서 구체화된 것인데, 이는 집권 서인이 남인인 서애 유성룡을 공격하는 과정에서 나왔다는 분석이다.

그렇다면 왜 십만양병설이 조작됐을까? 역사학자들은 그것이 등장한 시기에 주목하는데, 즉 조작 시점은 국왕으로는 효종, 집권 세력으로는 서인 노론 집권기였다. 당시 북벌론을 주장하던 효종은 십만양병설을 통해 양병의 명분을 세워 왕권을 강화하려 했고, 이를 통해 적자도 장자도 아닌 자신이 왕위를 계승한 약점을 보완하려 했다. 집권 노론의 영수 송시열은 십만양병설을 통해 임진란을 극복한 남인의 전설적 수장 유성룡에 대해 군사 측면에서 우위에 선 전례를 찾고, 이에 따라 자연스레 남인과 대립하던 노론의 집권 명분을 확립하려 했다는 설명이다.

물론 십만양병설이 단초조차 없던 것을 생짜로 만들어낸 것은 아니다. 서인인 율곡 이이가 임진왜란 발발 전에 원론적으로 국방 강화를 주장한 바 있고, 남인인 서애 유성룡은 민생을 내세워 이를 반대한 적이

율곡 이이와 서애 유성룡의 초상. 율곡이 십만양병설을 주장했다는 통념은 역사적 사실이라고 보기 힘
들다. 실제 율곡은 군사제도를 정비해 국초의 모습을 회복하자는 건의를 올렸을 뿐이며, 유성룡은 국가
경제에 큰 부담을 준다는 이유로 이를 반대했다.

있던 것은 사실이다. 이런 단순한 사실이 나중에 임진왜란을 내다본 십만양병 주장(서인)과 반대를 위한 반대의 신화(남인)로 후대에 집권 서인에 의해 재창조되었다.

이태진 서울대 교수에 따르면 실제 율곡은 군정 개혁에 관한 상소를 대여섯 차례 올린 바 있는데 "국초에 정비된 군사제도가 흔들리니 이를 정비해 과거로 돌아가자"는 내용이었다. 이에 대한 서애의 입장은 현실적으로 국가 경제에 큰 부담을 주므로 반대한다는 것으로 요약될 수 있다. 당시 조선의 인구가 500~1000만으로 추정되는 상황에서 10만 군대는 오늘날 인구로 단순 비교해도 50~90만에 해당되는 대군이다. 농업사회였던 조선이 감당하기 힘든 규모였던 것은 의심의 여지가 없다. 오종록 성신여대 교수는 "십만양병설은 막연한 통념과 달리 실행됐다면 당시 사회에 큰 피해만 입혔을 우려가 큰 사안으로 율곡 같은 대학자가 주장했을 가능성은 의심된다"고 잘라 말한다. 율곡이 십만양병설을 주장했음을 확실하게 입증한 학문적 연구는 아직까지 없다는 게 학계의 일반적인 견해다.

이런 비판적 해독과 해석의 과정을 거칠 필요도 없이 역사 자료의 왜곡과 조작 과정을 보여주는 또 다른 사례가 있다. 바로 조선왕조실록 중 하나인 『광해군일기』가 그것이다. 『광해군일기』는 임진왜란으로 인한 재정 압박으로 4대 서고에 모두 최종 활자본이 비치되지 못하고 태백산사고에는 중간 교열 과정이 남아 있는 중초본만 보관되어 있다. 이에 따라 왕조실록 중 유일하게 정서본과 중초본이 남겨진 사례로 꼽히는데, 곳곳에 내용을 고치고 붉은 먹으로 지운 흔적이 역력하다. 특히 이 일기를 고쳐 쓴 인조반정의 주역들이 광해군을 '대大후금화친론자'로 만들기 위해 자신들에게 불리한 광해군의 발언들을 지우고 없애는 과정이 선명하다는 분석이다.

흔히들 역사를 승자의 역사라고 한다. 그런 점을 감안해도 우리가 믿고 있는 진리의 아주 많은 부분이 사실과 다른 경우가 허다하다. 과연 우리의 상식은 건강한가.

이태진 외, 『유성룡과 임진왜란』, 태학사, 2008
한명기, 『광해군』, 역사비평사, 2000

04. 일반화
무적함대 패배 후 스페인은 더욱 강해졌다

통계로는 물가가 별로 안 올랐다는데 시장에서 구입하는 생필품 가격은 크게 뛰었다든가, 실업률은 줄었다는데 주변에서 취직한 사람을 구경하기 힘든 경우가 있다. 어떤 국가나 기업의 실상을 평가하는 기준으로 통계가 자주 거론된다. 이는 일견 객관적인 듯하지만 실상을 벗어나는 경우도 많다. 어느 한 부분만을 비교하는 통계로 파악할 수 있는 모습은 전체 실상과는 다른 착시 효과를 나타내기 때문이다. 또 '전체는 부분의 단순 합보다 크다'는 말이 있듯 어느 한 부분만으로 전체를 볼 때 무엇이든 오판할 위험성이 커진다.

1588년 영국을 침공하려다 실패한 에스파냐 무적함대의 패배는 세계사의 주도권이 에스파냐에서 영국으로 넘어가는 분기점으로 오랫동안 인식되어왔다. 영국의 상승과 에스파냐의 쇠락을 상징하는 전투로 각인된 것이다. 세계사 개설서 대부분은 이런 관점을 별다른 의심 없이, 혹은 의도적으로 따르고 있다. 하지만 이런 시각은 무적함대의 역할을 지나치게 과대평가했거나 사후적 결과가 나온 상태에서 전투의 의미를 과도하게 부여한 것이라는 게 역사가들의 지적이다.

　보통 일개 전투의 결과는 역사의 대세가 이미 정해진 상황에서 단지 추가적으로 '확인 사살'하는 역할만 할 뿐이라고 역사학자 펠리페 페르난데스 아메스토는 말한다. 그에 따르면 무적함대의 패배는 영국과 에스파냐 사이의 역사가 전개되고 힘의 기울기를 바꾸기까지 큰 역할을 하지 못했다. 오히려 무적함대 패배 후에 '실패를 거울삼아' 함대를 개량한 에스파냐의 제해권이 더욱 강해졌다고 본다.

아메리카 대륙에서 채굴된 막대한 양의 은이 어떻게 사용되고 이동했는지를 살핀 피에르 쇼뉘의 상세한 분석 이후, 역사가들 대부분이 동의하는 바는 에스파냐의 쇠퇴는 아메리카 대륙에서의 은 유입 감소와 그 이전 시기 막대한 은 유입에 따른 기록적인 물가 폭등, 그리고 산업 경쟁력을 확보하지 않고 사치스런 생활에 빠졌던 것 등 다른 요인에서 찾아야 한다는 것이다. 실제 아메리카 대륙에서 은을 가득 실은 보물선의 유입이 멈춘 것은 은이 고갈됐던 탓이지 무적함대 패배로 제해권을 상실했기 때문은 아니었다. 사실 무적함대 패배 소식을 전해 들었던 펠리페 2세는 "원하기만 하면 또 다른 무적함대를 띄우면 된다"는 반응을 보였다. 단순한 말뿐이 아니라 1592년까지 펠리페 2세는 40척의 갈레온선을 새로 건조했고 에스파냐의 무적함대는 사라진 게 아니라 되살아났다.

태풍과 영국군에 의해 격침된 무적함대의 구형 선박들 대신 최신형 전함들이 무적함대가 누렸던 옛 자리를 되찾았고 에스파냐 주력 함대는 전술적인 측면에서도 방어력이 더욱 강해졌다. 이에 따라 아메리카 대륙 서인도 제도와 유럽을 오가는 에스파냐 배들을 습격하던 영국 선박들은 무적함대 격침 후 더욱더 위축되고 쫓기는 형국에 몰렸다.

1589년에는 영국의 드레이크 선장이 에스파냐 선박들에 대한 해적 행위를 사실상 포기하다시피 하며 플리머스 항으로 돌아왔고 그의 해적선 중 상당수는 버려지거나 격침됐다. 1590년에도 에스파냐는 여전히 별 거리낌 없이 보물선을 띄웠고 하킨스 등의 영국 배들을 따돌렸다.

1591년에는 토머스 하워드 경의 함선들이 20척의 에스파냐 갈레온선들에 쫓겼고 영국 선박 중 유일하게 항전하던 리처드 그랜빌 경은 그의 배 리벤지 호와 함께 수장되었다. 1596년에는 드레이크의 죽음과 함께 에스파냐 함선들을 노략질하려는 영국의 시도도 사실상 끝나고 말았다. 무적함대의 패배를 거울삼아 단점을 보완한 에스파냐는 1590년대 후반에 영국 콘월 지방을 공격했고 영불해협 곳곳에서 역으로 영국 선박들에 대한 해적 행위를 펼쳤다.

결론적으로 무적함대 패배 후에 에스파냐의 제해권은 더욱 강해졌다. 1588년 무적함대의 패배 이유는 주로 폭풍 등 자연적인 변수에 의한 것이었고 오히려 영국이 방어력에서 상당한 약점을 드러냈다. 이에 펠리페 2세는 무적함대를 끊임없이 영국으로 보냈는데, 1596년의 함대가 8년 전과 마찬가지로 또다시 폭풍 때문에 물러나야 했다. 그 이듬해 재출항한 무적함대는 과거의 실패를 교훈 삼아 안전한 항구인 폴머스 항에 정박하고는 영국 침공을 노렸다. 이 3차 무적함대는 1588년의 오리지널 무적함대보다 전 체급의 함선 모두에서 숫자도 더 많았고 장비도 개량된 터였다. 오리지널 무적함대가 이름 빼고는 사실상 무적無敵이라고 할 만한 능력을 갖추지 못했던 반면 3차 무적함대는 명실상부한 위용을 드러냈다. 하지만 무방비 상태의 영국 해변에 상륙하려던 3차 함대 역시 영국에 유리하게 작용한 기상변화의 장벽을 넘지 못하고 해협에서 산산이 흩어져 공격에 실패했다. 결론적으로 세계사의 주역이 에스파냐에서 영국으로 교체된 것은 복합적으로 작용한 시대의 대세 탓이지 에스파냐의 함대가 패배한 데 따른 단순한 이유만은 아니라는 설

1588년 에스파냐 무적함대의 패배로 세계의 패권이 영국으로 넘어갔다고 보는 것은 사후적 해석일 뿐이다. 이후 무적함대는 오히려 더 강성해졌는데, 기상이변 등 복합적인 요인으로 인해 그들에게 패배가 주어졌을 뿐이라는 해석이 더 설득력 있을 것이다.

명이다.

이는 1571년 레판토 해전으로 오스만튀르크가 지중해 패권을 상실하고 쇠락에 접어들어 유럽에 위협적인 요소가 사라지기 시작했다는 세계사 교과서의 '일반화'된 기술과도 비슷한 양상을 보인다. 실제 역사에서 오스만튀르크는 레판토 해전 패배 후 짧은 시간 안에 해군을 원상으로 복구시켜 유럽 국가들에 큰 충격을 던져줬다. 터키 측 역사가들은 오히려 레판토 해전 때 오스만튀르크가 타격을 입은 것이 아니라 팽창했다고 본다. 오스만튀르크가 레판토 해전에서 패배한 뒤 일견 '소극적'인 모습을 보인 것은 오스만 제국에 가장 큰 적이 유럽이 아닌 동쪽의 페르시아였고, 이들에 대적하느라 지중해로 들어갈 여유가 없었기 때문이라는 게 이들 '수정주의적' 해석이다.

세사世事는 어지럽고 복잡해 단순명쾌하기보다는 모순되거나 대치되는 요소들이 함께 자리하고 있다. 일반화는 필연적으로 오류를 범하기 마련이고, 어떤 큰일에 대한 실질적인 원인은 우리가 보통 생각하는 것과 다른 경우가 많다. 중요하다고 여긴 것은 실상 미미했고, 단순한 일이 큰 파장을 일으킬 수도 있다.

Felipe Fernandez-Armesto, *The Spanish Armada*, Oxford University Press, 1989

Henry Kamen, *Golden Age Spain*, Macmillan, 1988

John Lynch, *Spain under the Habsburgs* Vol.1, New York University Press, 1984

존 엘리엇, 『스페인 제국사 1469-1716』, 김원중 옮김, 까치, 2000

주경철, 『대항해시대』, 서울대출판부, 2008

05. 명분
최고 명문장가들의 글 못 쓰기 경쟁

한국 사회에서 제기되는 사회 이슈 중 상당수는 명분이나 이념에 얽힌 것이다. 대북 정책이나 북핵, 비정규직과 노동관계 문제, 대학입시와 역사 교과서 편향 논란 등 서로 첨예하게 각을 세우는 이슈에서는 대개 실리 앞에 명분이 놓여 있다. 물론 명분도 중요하다. 하지만 이로 인해 이념전에 치우칠 경우 역사가 부정적인 방향으로 흐를 수도 있음을 잊지 말아야 한다.

이경석은 조선 인조대의 명문장가다. 그러나 이경석은 바로 자신의 뛰어난 문장 때문에 모든 사람이 꺼리는 일을 '국익'을 위해 마지못해 떠맡았다. 하지만 '명분'보다 나라의 '실리'를 중시했던 그의 행동은 자신에게 독이 묻은 화살이 되어 돌아왔고, 지독한 명분사회였던 조선은 그를 파멸로 몰고 갔다.

조선은 병자호란에서 청나라에 굴욕적으로 무릎을 꿇고 만다. 하지만 호란이 끝난 1년 뒤인 1637년(인조 15) 3월 청나라가 조선의 자존심에 또다시 상처를 낸다. 청 태종은 인조로부터 '삼배구고두三拜九叩頭'*

---

* 마지못해 택한 화친론으로 인조가 청 태종을 향해 얼어붙은 맨땅에 절하고 머리를 땅에 세 차례 부딪기를 반복했던 일.

글 못 쓰기 경쟁에서 뒤져 치욕의 삼전도비에 자신의 글을 새겨넣어야 했던 인물이 바로 이경석이었다.

를 받은 수항단 자리에 자신의 치적을 기리는 '대청황제공덕비'를 건립하라고 명한 것이다. 소위 말하는 삼전도비를 강제로 세우게 한 것으로, 조선을 정복한 사실을 금석문으로 새겨 후세에 남기려 한 조치였다.

문제는 비문의 찬술을 누가 맡을 것인가 하는 데서 불거졌다. 애초에는 청나라에서 비문에 새길 글을 주기로 했다. 하지만 돌연 말을 바꾸더니 청은 조선에서 글을 지어 새기라고 명했다. 조국의 '원수'인 청 태종을 칭송하는 비문을 짓겠다고 자임할 사람은 명분사회인 조선에서는 눈 씻고 찾아봐도 없었다. 조선은 시간을 질질 끌면서 좌욕挫辱의 순간을 면하려 했지만 압력은 더 거세졌다. 결국 "문장과 학식이 출중하고 지위도 높은" 당대의 명문장가들이 물망에 올랐다.

첫 후보로 이경석과 장유, 이경전, 조희일이 거론됐다. 예문관 제학이었던 이경석은 대제학이 부재중인 까닭에 제학이 예문관의 수장인 점이 고려되어 1순위로 지목됐다. 장유는 당대의 문장을 대표하는 이로 평판이 났으며, 집안도 후일 효종의 장인이 되는 명문가였다. 이경전은 대북 영수 이산해의 아들로 문장으로 일세를 풍미했던 인물이었다. 조희일은 1601년(선조 34) 진사시에 장원급제한 문장가로서 중국에까지 널리 이름을 드날린 터였다. 게다가 그의 아버지와 아들까지 삼대가 진사시에 장원한 소위 천재 집안의 대표 주자였다. 국가대표 문인을 가려내는 일에 평상시라면 나라 안 온 문장가들이 서로 나섰을 터이지만, 해봤자 본전도 못 건지고 욕만 먹을 이 일에 아무도 나서려고 하지 않았던 것은 당연지사다. 결국 인조는 네 사람 모두에게 비문을 지어보라고 명했다.

문장가로서의 명성이 자신의 목을 조여오자 이들은 일단 보신하고자 회피하는 방책을 택한다. 네 사람 모두 사퇴할 뜻을 상소를 통해 내비친 것이다. 그럼에도 인조가 계속 글을 올리라고 독촉하자 결국 피할 수 없게 된다. 이 가운데 이경전은 때마침 병이 도지는 덕에 자연스레 후보군에서 탈락하는 행운을 누렸고, 나머지 셋은 울며 겨자 먹기로 글을 썼다. 여기서 일부러 글을 '개판으로(!)' 쓴 조희일이 우선 탈락하고 나니 최종 후보는 장유와 이경석으로 좁혀졌다. 두 사람이라고 하여 글을 성의 있게 쓴 것은 아닌데, 장유는 비문의 고사를 잘못 인용하는 등 내용상의 결함이 많고, 이경석은 내용이 소략하다는 청 측 검열관의 비판을 받았다. 특히 청나라 소속 한인 학자들이 장유의 글을 검토하고는 은연중 황제를 얕잡아보는 대목을 발견해 장유는 고초를 겪기도 했다. 그렇지만 '누가 더 못 썼나' 하는 내기에서 장유가 이겨 이경석이 삼전도비의 비문을 쓰는 악역을 떠맡게 된다.

이성무 한국역사문화연구원장에 따르면, 다급했던 인조가 "지금 저들이 비문으로 우리의 향배를 시험하려 하니 나라의 존망이 여기에 달렸다. 오늘의 급선무는 문자로써 저들의 마음을 달래어 사세가 더욱 격화되지 않도록 하는 것뿐"이라며 부탁했다는 내용이 『연려실기술』에 전한다고 한다. 인조의 간곡한 부탁을 받은 이경석은 태도가 돌변해 일필휘지로 다시 글을 써나갔는데, 그것은 청나라 비위에 꼭 들어맞는 백 퍼센트 아부성 명문이었다. "조선의 과오와 무례를 용서한 청 태종의 공덕과 자애로움이 비문에 넘쳐흐른다"는 게 이경석 글에 대한 이성무 원장의 평가다.

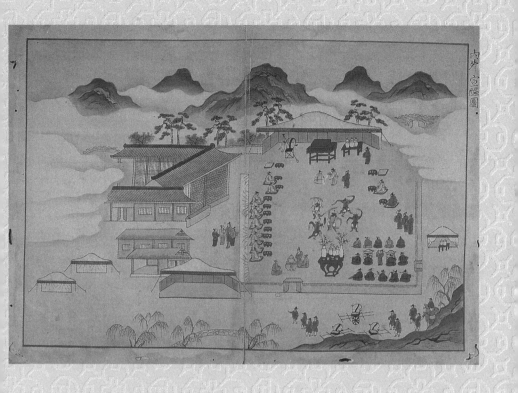

『사계장연회도첩』중「내외선온도」, 한국학중앙연구원 소장. 이경석은 비록 역사의 희생물이었다 하더라도 자신의 이름 석 자에 오명을 남겼는데, 그런 그가 장수까지 해 왕이 내린 궤장을 하사받을 때의 연회 장면을 그린 것이다.

우암초상, 필자미상, 지본담채, 우암종택 소장.
70세가 넘은 노인이 된 이경석을 두고 우암 송시열은 재기 불능의 낙인을 찍었다. 즉, "하늘의 도움을
받아 수이강했다"며 그에 대해 직격탄을 날렸다.

결국 1639년(인조 17) 청 사신 마부대의 감독하에 '대청황제공덕비'가 삼전도 나룻가에 세워졌다. 비문 말미에는 '이경석 봉교찬奉敎撰'이란 글자가 선명하게 각인되어 누가 이 남부끄러운(하지만 눈물겨운) 글을 썼는지를 분명하게 보여줬다.

문제는 세월이 흐르면서 극도의 명분사회였던 조선에서 이경석의 가슴을 메게 하는 '구국의 결단'은 그 상황 논리조차 받아들여지지 않고 맹비난만 받게 되었다는 데 있다. 이경석이 인조, 효종을 거쳐 현종 치세에 이르러 70이 넘은 노인이 되었을 때 당대의 실력자 송시열이 이경석에게 재기 불능의 낙인을 찍어버리고 만다. 송시열은 「궤장연서」라는 글을 지으면서 이경석을 평하기를, "하늘의 도움을 받아 수이강壽而康했다"라며 직격탄을 날린다.

수이강壽而康은 "오래도록 편안하게 살았다"는 뜻으로, 주자가 송나라 사람으로서 금나라에 아부해 만수무강을 누린 손적을 논척할 때 썼던 말이다. '춘추대의'라는 명분론에 떠밀려 국가를 위해 자신을 희생했던 이경석은 "조국을 짓밟은 오랑캐에 아부해 부귀영화를 오래 누린" 파렴치범으로서 인생 말년을 보냈다.

오늘날 한국 사회는 삼전도비문을 둘러싸고 명분에만 얽매였던 조선시대 사람들의 모습과 과연 얼마나 다를까? 이념 과잉과 '선과 악'의 이분법이 넘쳐나면서 자신들의 이념과 가치에만 매몰된 것은 꼭 과거의 일만은 아닌 듯하다.

국사편찬위원회, 『한국사 29 − 조선 중기의 외침과 그 대응』, 국사편찬위원회, 1995
이성무, 『조선왕조사 1』, 동방미디어, 2003

0I. 솔선수범
알렉산더의 리더십과 샤토 탈보의 기원

인간은 사회나 조직의 일원으로 살아가기에 리더나 리더십은 언제나 큰 관심거리다. 정치 지도자, 기업 경영자, 사회운동가, 스포츠 감독 등 조직의 수장은 모든 주목을 한 몸에 받는다. 특히 탈권위, 소통의 시대가 되면서 솔선수범이 리더의 주요 자질로 꼽히고 있다. 그러나 뛰어난 리더십을 발휘했던 역사 속 인물의 삶을 들여다보면 솔선수범은 명과 암의 측면을 모두 가지고 있다.

알렉산더 대왕으로부터 유래한 이란어 '이크산더'는 도둑을 뜻한다. 중과부적의 페르시아 대군과 가우가멜라에서 마주한 알렉산더에게 참모들이 야밤에 기습 공격할 것을 건의했다. 이에 "나는 승리를 도둑질하지 않겠다"고 호언하며 다음 날 아침 정면대결을 택한 알렉산더이지만, 고대 페르시아 제국의 후손인 이란인들에게는 그 이름이 알렉산더 자신의 바람과는 달리 '승리를 도둑질한' 침략자로 각인돼 수천 년을 이어온 듯하다.

알렉산더의 영향은 이처럼 세계 도처에 깊이 배어 당대부터 이집트 콥트교회에서는 성인으로 추앙받았고, 그의 삶을 모티브로 한 신화는 아이슬란드로부터 말레이 반도, 카자흐스탄, 중국(안녹산이라는 이름이 알렉산더의 음차 표현이라는 점을 생각해보라!)에까지 수 세기에 걸쳐 재생산됐다. 오늘날에도 그리스에서는 알렉산더가 어부들의 수호자로서 기도의 대상이 되고 있다.

그가 이처럼 불멸의 명성을 획득한 것은 단기간에 역사적 대제국을 건설했고, 젊은 나이에 죽어 '불패의 이미지'를 남긴 점도 한몫했다. 무엇보다 그가 제국을 건설함에 있어 전장의 최전선에 나서 솔선수범한 공로가 컸다. 나폴레옹처럼 군대의 사기를 최우선으로 생각했던 알렉산더는 전장에서 늘 선두에 섰다. 그런 까닭에 그라니쿠스 전투에서는 도끼에 찍혀 죽을 뻔했고, 인더스 계곡 말리 전투에서는 폐가 창에 찔리는 부상을 입어 사망 직전의 지경에까지 갔다. 그가 일반 병사보다도 더 많은 부상을 당했고, 수하의 어떤 장교보다 더 많은 고통을 당했음은 확실하다. 알렉산더가 유일하게 최전방에 서지 않은 전투는 성벽을 올라타는 전문 기술을 보유한 정예병만 300명을 총동원해 그 10분의 1을 잃을 정도로 치열한 공성전을 벌인 기원전 327년의 소그드 요새 공방전뿐이었다.

케임브리지대의 폴 카틀리지 교수는 "다른 사람들이 모험적인 섹스에서 즐거움을 얻듯이 알렉산더는 전투에서 스릴을 느꼈다"고 평했지만, 그가 선봉에서 위험을 감수한 이유는 머나먼 이역 땅에서 병사들의 사기를 북돋우고 유지하는 데 그만한 방법이 없었기 때문이리라.

조직생활을 하는 이라면 여러 유형의 리더를 만나게 된다. 어떤 직장이나 조직이든 솔선수범하는 리더가 가진 마력은 결코 무시할 수 없다.(반대로 아무런 결정도 못 내리거나 책임을 회피하거나, 이도저도 아닌 지시로 사람 복장 터지게 하는 상사를 만난 경험은 대부분 있을 것이다.) 그리고 이것이 알렉산더의 빛바래지 않는 명성이 전하는 가장 중요한 메시지일 것이다.

한편 모든 것이 과유불급이라고 솔선수범도 지나치면 문제가 된다. 특히 실리가 아닌 명분에 집착해 본보기를 보이면 부작용이 나타나기 마련이다. 알렉산더와 비슷하지만 지나친 솔선수범이 아쉬움을 남긴 예로 백년전쟁시 잉글랜드 측 명장인 탤보트Talbot 장군을 빼놓을 수 없을 것이다. 2002년 월드컵 이탈리아전에서 승리한 뒤 히딩크 감독이 찾았다는, 승리를 상징하는 와인 '샤토 탈보'의 유래가 된 탤보트 장군. 그는 실제 부르고뉴 와인 생산 지대를 오랫동안 지배하기도 했다. 백년전쟁 당시 연전연승하던 그는 프랑스군에게 공포의 대상이었고 가장 꺼리는 적장이었다. 1449년 절치부심하던 프랑스의 샤를 7세는 탤보트가 주둔해 있던 루앙을 공격했고, 소수의 병력으로도 탤보트는 요새를 잘 방어했지만 식량 부족으로 주민들이 성문을 열어버린 탓에 무너지고 말았다. 이때 화의의 핵심 조건으로 탤보트 장군은 프랑스에 인질로 잡혀간다.

이후 영국 측은 막대한 몸값을 지불하고 탤보트 장군을 석방시켰고 탤보트는 노르망디에서 풀려나면서 "다시는 프랑스에 대항하여 싸우기 위해 갑옷을 입지 않겠다"며 프랑스 측과 약조를 맺는다. 이후 탤보트 장군은 영국 시골로 은퇴해 조용한 노년을 보낸다. 하지만 전쟁의 대세가 프랑스로 기울면서 영국은 다시 그에게 손을 뻗었고, 75세의 노장은 프랑스에 다시 상륙해 전진을 계속하다 카스티용 근처에서 앞장서 명령을 내리던 중 집중 공격을 받고 전사한다. "갑옷을 입지 않겠다"는 약속을 어기지 않으려고 갑옷 대신 진홍빛 공단으로 된 가운을 입고, 백발에 대비되는 보랏빛 모자를 쓴, 말을 탄 채 선두에 선 탤보트 장군은 그야 말로 집중 사격의 좋은 타깃이 됐던 것이다.

솔선수범하는 리더는 아름다울 순 있으나 혼자 장렬히 전사해 조직에 엄청난 뒤치다꺼리를 떠맡기는 리더는 결코 반길 수 없다. 만약 탤보트 장군이 프랑스와의 기사도적인 약속을 지키는 데 얽매여 솔선수범하지 않았다면, 지금쯤 우린 샤토 탈보가 아닌 캐슬 탤보트를 마시고 있지는 않을까.

A. B. Bosworth, *Alexander and the East*, Oxford University Press, 1998

Desmond Seward, *The Hundred Years War*, Penguin Books, 1999

Paul Cartledge, *Alexander the Great*, Vintage, 2004 [폴 카틀리지, 『알렉산더』, 이종인 옮김, 을유문화사, 2004]

O2. 근면
리더가 부지런하다고 조직이
꼭 성공하는 것은 아니다

정치 지도자나 대기업을 키운 경영인들 가운데 남다른 근면성을 발휘했던 리더들을 어렵잖게 볼 수 있다. 평생 하루 서너 시간만 자면서 강철 체력을 자랑하는 슈퍼맨 리더들 말이다. 하지만 이런 부지런함은 리더의 필요조건일 뿐 충분조건은 아니다. 사람들이 리더에게 원하는 것도 단순한 부지런함이 아닌 남다른 비전과 통찰력이다. 리더십과 근면, 어떤 관계가 있을까?

당연한 얘기겠지만 부지런한 것이 성공을 보장하진 못한다. 누구나 알고 있듯 성공하는 사람은 거의 백 퍼센트 부지런하다. 하지만 성실한 사람이 반드시 성공하는 건 아니라는 것쯤은 대부분 경험상 알고 있다. 성공을 결정하는 데는 부지런함 외에 많은 요인이 작용할 뿐 아니라 개인의 운도 뒤따라야 하기 때문이다. 이것은 국가와 조직의 운명을 쥐고 있는 리더들에게도 마찬가지로 적용된다.

합스부르크 가문과 에스파냐 전성기의 '해가 지지 않는 제국'을 물려받았던 펠리페 2세가 '부지런했지만 성공하지는 못했던' 불운한 인물이다. 청나라와 조선의 전성기를 주물렀던 옹정제와 정조가 방대한 문서 작업으로 밤잠 제대로 못 자면서 정사에 매달렸듯, 대제국을 물려받은 펠리페 2세는 문서 더미 속에서 정신없이 정무에 시달리곤 했다. 그러나 동양사회의 두 리더가 국가의 전성기와 르네상스를 이끌었던 데 비하면 펠리페 2세는 '물려받은 막대한 재산을 다 까먹었다'는 역사의 비판을 한 몸에 받아야 했다.

펠리페 2세는 세계 제국이라 할 만한 영역을 물려받았다. 그의 재위 기간 동안 제작된 메달에는 "PHILIP II HISP ET NOVI ORBIS REX(펠리페 2세는 에스파냐와 신세계의 왕)"이라는 공식 문구와 함께 "NON SUFFICIT ORBIS(세계는 충분치 못해)"라는 문구가 새겨졌다. "이 세계는 충분하지 못해"라는 모토는 에스파냐가 진출하는 곳마다 도입되는 그들 세勢의 확장을 뜻하는 상징 문구이기도 했다. 그의 제국은 유럽의 시칠리아에서 남미의 쿠스코까지 9시간 시차에 이르는, 장장 세계의 3분의 1 이상을 포괄했다.

이러한 정복욕에 따라 필연적으로 생기는 마찰에 대하여, 펠리페 2세는 세상 물정 모르는 졸부의 아들 같은 모습을 보여주기보다는 합리적으로 대응했다. 제프리 파커 전 예일대 교수에 따르면, 때때로 펠리페 2세가 여러 전선에서 동시다발적인 전투를 수행해야 했는데 그의 제국은 인적·물적 측면에서 이를 충분히 뒷받침해줄 능력이 되었다. 에스파냐는 적어도 1580년대까지는 충분한 생산력을 갖춘 터였고, 잘나가는 경제의 발목을 잡을 만한 걱정거리는 없었다. 펠리페 2세는 군사적인 면 외에도 외교와 선전술, 금융, 무역 압력까지 복합적으로 감당하는 수완을 발휘했다. 군사력도 남용한 편은 아니어서 프랑스와의 전쟁 대부분은 프랑스가 먼저 선전포고를 해와 어쩔 수 없이 치른 것이었다.

그는 오늘날 에스파냐인 하면 떠오르는, 격식을 심하게 따지는 권위주의적인 인간도 아니었다. 오히려 모던한 정치인이라 할 만큼 대중과의 호흡을 중히 여기는 소탈한 모습의 왕이었다. 그에 대해 최소한 일곱 번의 암살 시도가 있기도 했다. 하지만 이에 개의치 않았던 왕은 비무장 상태로 제국의 여러 나라를 다녔다. 별도의 경호원 없이 사람들로 가득 찬 거리를 걷는가 하면 인적이 드문 평원을 아무렇지도 않게 지나갔다. 보통 사람들이 마시는 컵을 함께 사용하기도 했고, 어부가 갓 잡아올려 바친 생선을 그 자리에서 거리낌 없이 받아 먹었다. 대학에 방문해서는 학생들과 함께 공개강좌를 듣기도 했고 종교의식이 진행될 때는 일반인들과 함께 무릎을 꿇고 기도를 올렸다. 옷도 화려한 격식을 차리기보단 별 장식 없는 수수한 검은색 옷을 즐겨 입었다. 무엇보다 그는 서재에서 업무를 보곤 했는데, 그의 방문은 언제나 열려 있었다. 이 때문에 재상들은 외부 공격에 무방비로 노출된 채 홀로 일하고 있는 펠리페 2세를 발견하고는 가슴을 쓸어내리곤 했다.

하지만 너무도 방대한 제국 탓에 일은 산더미처럼 쌓여만 갔다. 에스파냐 합스부르크 제국의 관료 조직은 정교화되었지만, 조직의 비대화라는 부작용은 비켜가지 못했다. 1560년대 그의 제국에서 1500여 명의 인력이 왕을 보좌하고 수백 명의 인력이 정부 조직들에서 저마다 세분화된 업무를 맡고 있었다. 가령 특수정무 전담으로 100명이 넘는 전문 관료가 배치되었고, 프랑스 관련 업무자는 79명이나 있었다. 53명은 카스티야를, 39명은 아라곤과 관련된 일을 맡았다. 이탈리아 전문가는 25명이었고, 그 외의 분야에도 비슷한 규모의 인력을 배치해 그 식솔까지 합하면 4000명 이상의 관료 조직이 움직여야 했다.

펠리페 2세에게는 왕으로서 갖춰야 할 미덕이 열 가지나 있었다 하더라도 "너무 근면했기" 때문에 오히려 물려받은 대제국을 쇠퇴의 길로 들어서게 한 주범이 되고 말았다. 열심히 일하는 것이 리더의 가장 중요한 자질이 아님을 그는 명징하게 보여주고 있다.

이들이 쏟아내는 현안을 처리하느라 펠리페 2세는 앓을 틈도 없이 바빠 지냈고, 제대로 된 행정 중심지를 만들기 위해 바야돌리드와 톨레도를 저울질하다 결국 용수 공급이 원활했던 마드리드에 확고한 행정 중심지를 건설한다. 그는 밀려드는 일에서 벗어나려 했지만 뜻대로 되진 않았다. 당시 마드리드 주재 외교사절의 글은 "황제는 그의 시간 대부분을 차지하는 정무에서 떨어지고자 했고, 일상에서 탈출하길 바랐지만 그는 결코 정부 공문서를 읽고 쓰는 일에서 해방되지 못했으며, 심지어 따분한 관료들로부터 벗어난 마차 안에서도 문서에 파묻혔다"고 전한다. 가령 그는 이탈리아 영지에 있는 신하에게 행정과 사법, 재정 문제를 비롯한 각종 일상 업무는 물론이고 개개인에 대한 사면이나 승진, 평가, 포상 같은 자질구레한 일까지 직접 지시하곤 했다. 하지만 이런 방식은 일을 너무나 복잡하게 만들었고 해외에 있는 행정 관료들로서는 특히나 곤혹스러웠다. 황제의 직접 재가 과정과 본국 행정부 내의 프랑스 담당, 아라곤 담당, 카스티야 담당, 이단심판 담당 기관 등 조직의 관료 행정을 거치면서 늑장 대응이라는 오명에서 벗어나지 못했다. 이에 따라 펠리페 2세는 모든 보고는 행정, 사법, 전쟁, 재무 등 네 개의 카테고리로 모아 압축적으로 진행하라며 개선을 꾀했지만 이 역시 한계에 다다른다.

그는 당면 과제 중 중요한 것에만 집중하려 했지만, 방대한 제국을 운영하는 그로서는 소홀히 하거나 젖힐 만한 일이 거의 없었다. 1574년 5월 펠리페 2세는 네덜란드에서 발생한 전쟁에 총력을 기울이려 했지만, 주변 관료들은 "폐하께서 네덜란드 문제로 처리하실 일이 많다는 것을 잘 압니다. 그럼에도 불구하고 돈 디에고 데 멘도사가 보낸 편지는 검토하시는 게 좋을 듯합니다"라는 식의 메모를 끊임없이 밀어넣었다.

이와 함께 행정 업무를 상대적으로 공개된 형태로 보는 바람에 그가 직접 처리해야 할 문서는 말 그대로 휩쓸려 몰려왔다. 결국 당시 마드리드 주재 프랑스 대사가 "황제는 하루 종일 문서를 처리하는 데 빠져 있다"고 말할 정도였다. 실제로 펠리페 2세는 시간의 대부분을 끝 모르고 밀려드는 편지와 탄원서, 협정안들을 읽고 의견을 내는 데 보내야만 했다. 하지만 문서는 줄기는커녕 늘기만 했고, 그는 그 굴레에서 결코 빠져 나오지 못했다.

그를 좋게 평가하는 이들은 유럽에서 가장 큰 두뇌력을 보여줬던 황제로 기억하기도 하지만, 혹자는 유럽의 '서류 왕'이었다고 비꼰다. 파커 교수가 말하는 펠리페 2세는 엄청나게 유능한 인물도, 비범한 인물도 아니지만 결코 생각 없거나 무능하지 않고, 특히 게으름과는 거리가 있다. 그는 자신에게 주어진 환경에서 최선의 노력을 다했으나 당시의 제도와 인력, 기술로써 모든 것을 다루기에는 그가 물려받은 제국이 너무나 컸고, 다뤄야 할 문제는 너무나 많고 복합적이었다. 결국 그의 재위 기간 중 합스부르크 에스파냐 대제국은 유럽 사회에서 헤게모니를 빼앗기고 쇠퇴해갔다.

펠리페 2세는 쉴 틈 없는 삶을 살았지만, 결과는 그가 의도한 것과는 딴판이었다. 아마 그가 태생이 평민이라면 꽤 높은 평가를 받았을 것이다. 그러나 그는 '모든 것을 결과로 냉정하게 평가받는' 거대 조직의 리더였고, 그렇기 때문에 더욱더 역사의 가혹한 평을 비켜갈 수 없다. 안타깝게 들릴지 모르나 리더는 열심히 일하는 것이 아니라 조직의 성과로 평가받기 때문이다. 그가 열심히 일한 것은 이제 아무도 기억하지 않는다. 역사서들은 그의 시대가 끝나면서 에스파냐의 시대도 끝났다고 담담하게 적고 있다. 그는 과연 엉뚱한 곳에다 헛힘만 쓴 것일까?

Geoffrey Parker, *The Grand Strategy of Philip II*, Yale University Press, 2000

03. 정복

적대자들을 '죽지 않을' 만큼만
정복한 티무르

일본 무협소설에는 "이기는 건 7할이 최상이고 5할은 중간, 완승은 최하다" 라는 식의 표현이 자주 나온다. 보통 어떤 조직이든 경쟁자를 완전히 제거하거나 완승을 거두는 것을 목표로 삼곤 하는데 말이다. 좀 더 높은 목표를 위해 보다 넓은 시야에서 일부러 압승을 거두지 않았던 남다른 리더십의 역사를 살펴본다.

중앙아시아 대제국을 건설했던 티무르Timur, Temur는 전장에서 다리에 화살을 맞아 힘줄을 다치는 바람에 평생을 절뚝거려야 했다. 결국 당대인들로부터 '절름발이 티무르' 라는 뜻의 '티무리 랑'Timur-i lang' 이라 불렸고, 이런 호칭이 서방에 전해져 프랑스어로는 타말렝, 영어로는 타멀레인Tamerlane으로 알려졌다(따라서 영어에서 티무르 제국은 좀 어색한 느낌이 들지만 '엠파이어 오브 타멀레인' 이다). 투르크어로 철인鐵人이란 뜻의 '티무르' 는 전장의 상흔이 얽힌 절름발이란 단어 '랑' 과 결합되면서 그와 상대했던 정적과 피정복민들에게는 두려움의 대명사로 다가왔다.

　트랜스옥사니아 지역 케쉬 근처에 영지를 보유하고 있던 투르크계 바를라스 씨족 귀족 출신인 티무르는 "말 위에서 전쟁으로 인생을 보낸" 위대한 정복자, 뛰어난 전사로 알려져 있다. 그는 몽골족의 모굴한

국과의 투쟁을 통해 성장했고 사마르칸트를 거점으로 삼은 뒤 킵차크한
국에 결정적 타격을 입혔다. 러시아를 가로질러 오스만튀르크를 공격했
고 페르시아 지역을 발아래 두고 이집트 마물루크 왕조와도 대립했다.
인도로도 원정을 떠났다. 그러던 중 중앙아시아를 통일한 뒤 명나라 원
정길에 나서다가 그는 병사하고 말았다. 이 같은 화려한 정복전쟁과 통
치술을 놓고 그를 냉혹한 현실 정치인으로 평가하는 역사학자들이 적지
않다.

20세기 초 프랑스의 역사학자 르네 그루세는 그를 향해 "마키아벨리
적 통찰력을 가지고 국가를 내세우며 일관된 위선을 행한" 인물로 평했
다. 냉혹하고 속내를 드러내지 않는 권모가로 이름을 날린, 푸셰의 영
혼을 지닌 나폴레옹에 비견된 것이다. 그는 권좌에 오르기까지는 치밀
한 계획을 세웠고, 필요하다면 투항을 주저하지 않고 망명을 떠나는 등
산전수전 다 겪으면서 냉정한 판단력과 카리스마를 키운 터였다. 하지
만 오랫동안 티무르의 업적과 관련해 역사학자들에게 남겨진 숙제가
있었다. 세기의 군사적 천재이자 전쟁기계라 할 수 있는 티무르가 의외
로 정복한 지역을 재탕, 삼탕 공격해야 할 정도로 뒤처리가 허술했다는
점이다.

티무르는 바그다드, 부르사, 사라이, 카라샤르, 델리 등을 약탈했고
오스만 제국, 킵차크한국, 모굴리스탄한국, 인도 술탄국을 격파했지만
이들을 완전히 넘어뜨리지는 못했다. 심지어 별 볼일 없던 이라키아랍
지방에 있던 질라이르 왕조마저 그가 지나가자마자 다시 일어섰다. 이
에 따라 티무르는 호레즘을 세 번이나 정복해야 했고, 일리에는 예닐곱

티무르의 숨결이 어린 현재 우즈베키스탄의 사마르칸트는 중앙아시아 최고最古 도시의 하나로, 고대 그리스시대부터 마라칸다로 알려졌고, 중국에서는 남북조 시대부터 수隋 · 당唐 시대에 걸쳐 강국康 國이라고 불렀다. 11세기에는 티무르 왕조의 수도가 되었다.

차례 반복해서 정복 길을 나서야 했다. 더욱이 그는 정복한 지역에 항구적으로 자신의 지배 체제를 뿌리 내리게 하는 데에는 관심이 없어 보였다. 마찬가지 이유로 동부 페르시아에 두 번, 서부 페르시아에 최소 세 번의 원정을 떠나야 했다. 뿐만 아니라 러시아도 두 번 원정했고, 다른 여러 지역으로도 끊임없이 발길을 옮겨야 했다.

그는 의도적으로 적을 도살해 산처럼 시체를 쌓으며 자신을 잊지 못하도록 경고했지만, 살아남은 자들은 그 경고를 잊고는 곧바로 은밀히 혹은 공개적으로 저항을 재개했다. 그러면 티무르는 또다시 처음부터 시시포스처럼 한번 정복한 지역을 다시 정복하는 작업을 반복했다. 결국 대부분의 티무르의 원정은 "반드시 다시 치러져야" 했다. 치밀한 전략이나 완벽한 전술과는 거리가 멀어 보이는 이처럼 허망한 결과를 놓고 대부분의 역사가는 상당히 허탈해하며 그 이유를 캐내지 못했다.

하지만 티무르의 정복전 양상을 살펴보면 이런 허술한 뒤처리가 철저히 계산된 행동이었음을 알고 놀라지 않을 수 없다. 그는 유목민들 사이에서 제2, 제3의 티무르가 등장하는 것을 막기 위해 정복하는 와중에도 피정복민 유목사회의 부족정치 구조를 온전히 보전하는 것을 잊지 않았다. 군사적인 면에서는 부족 군대 지휘권을 자신이 직접 장악했고, 주요 정복지는 자식이나 신임하는 장군을 보내 관리하게 했다. 그는 제국 내에서 불만이 고조되면 약탈물을 전리품으로 나눠주기 위해 정복전을 수행했다. 그에게 잦은 전쟁은 내부 불만을 해소하고 제국을 지키기 위한 방법이었던 것이다. 그에 따라 킵차크한국은 원정에서 결정적으로 격파했음에도 계속해서 원정하기 위해 고의적으로 자신의 지배 영역에 포함시키지 않았다.

다른 지역들도 마찬가지여서 자신의 적대자와 광의의 정적들을 공격해 그들로부터 약탈은 해오지만, 완전히 죽지 않을 정도로만 쳐부수어 계속해서 고혈을 짜낼 수 있는 구조를 만들었다. 적대 국가, 적대 세력들을 모두 멸망시켜버리면 결국 내부 불만을 해소할 출구도 사라지고 지속적으로 제국을 유지할 동력과 자원이 고갈된다는 점을 냉철히 간파해낸 것이다. 결국 그는 의도적으로 한 곳을 쳐부순 뒤 다른 곳으로 이동해 또 다른 정복을 꾀하는 식으로 쉬지 않고 유랑하듯, 방향과 위치만 바꿔가며 전쟁을 수행했던 것이다.

티무르는 지역 패권을 장기적으로 유지하는 방법으로 반대자와 적대 세력에 대한 탄압과 압박을 '죽지 않을 정도'로만 행하고 숨통을 틔워주는 역설적인 길을 택했다. 완전히 찍어 눌렀을 때, 적을 영원한 파멸의 상태로 내몰았을 때, 그 결과가 부메랑이 되어 자신에게 돌아올 것을 알고 있었던 것이다.

Morris Rossabi, *China and Inner Asia: from 1368 to the present day*, Pica Press, 1975

르네 그루세, 『유라시아 유목제국사』, 김호동 외 옮김, 사계절, 1998

04. 관료
속도전이 성공할 수 있는 조건

어떤 조직에 겉보기에 비슷한 제도와 경영 방법을 이식한다고 해도 동일한 수준의 성과를 거두기란 어렵다. 문제의 핵심은 조직의 특성을 정확하게 파악하는 데 있기 때문이다. 이처럼 같은 정책이라도 어느 조직에서는 성공하고, 다른 조직에서는 실패하는 이유가 뭘까?

요즘 때 아니게 '속도전'이란 단어가 자주 들린다. 한동안 북한 관련 뉴스에서나 회자하던 단어, 근대사에나 등장했던 단어가 요즘 뉴스에서 흔히 들려온다. 역사상 속도전의 가장 잘 알려진 예로는 제2차 세계대전 초기 독일군의 폴란드 침공과 프랑스 점령, 소련 공격 전술이었던 '전격전Blitzkrieg'을 꼽을 수 있다. 번개라는 뜻의 독일어 '블리츠'와 전쟁이라는 뜻의 '크리크'가 합쳐진 '블리츠크리크'는 이후 영어권에서 보통명사화되었을 정도다.

하지만 이런 전격전, 속도전은 2차 대전 때 처음 등장한 것은 아니고 나폴레옹 전쟁 이후 유럽 각국의 전쟁 전략, 전술의 기본적인 사고였다.(전략적 핵심 지역이나 전장에 단기간에 병력을 집중시키는 것이 나폴레옹 전술의 핵심이다.) 특히 독일은 이 부분에서 오랫동안 탁월한 성과를 거

보불전쟁 승리 후 베르사이유 궁전에서 독일제국을 선포하는 빌헬름 1세. 스당 전투를 승리로 이끈 프로이센의 관료제는 빌헬름 1세가 추진한 행정 개혁에서 출발하고 있다.

됐다. 독일만이 이 전술을 추구한 것이 아닌데도 유독 그들만이 두각을 나타냈다.

그런 성공 비결이 여실히 드러난 것은 1866년 보오전쟁과 1870년 보불전쟁부터다. 특히 1870년 프로이센과 프랑스 간 보불전쟁에서는 양측이 모두 병력 동원과 철도 이용을 핵심으로 파악해 이 부분에 총력을 기울였지만, 독일만 성과를 냈다. 프랑스는 추구하던 속도전의 이상과 지리멸렬한 현실의 격차 탓에 쓰디쓴 패배를 맛본다.

사실 개전 당시 프랑스는 승리를 과신하고 있었다. 전쟁 결과를 의심하는 프랑스인은 드물었다. 당시 인구수를 비롯해 무기의 성능, 과거의 명성 등 거의 모든 면에서 프랑스는 프로이센보다 우위에 있었다. 하지만 결과는 이미 4년 전 오스트리아와의 전쟁을 7주 만에 끝낸 프로이센이 총참모장 몰트케의 지휘하에 알자스로렌에 침입해 프랑스 스당에서 프랑스 주력군을 포위해 항복을 받는 것으로 종결됐다. 프랑스의 나폴레옹 3세가 포로가 되는 데에는 본격적인 개전 후 한 달이 지나지 않았다.

당시 3600만 인구였던 프랑스는 27만 명의 군을 동원했는데 이는 인구가 적은 프로이센이 38만4000명을 동원한 것에 비하면 턱없이 적은 숫자였다. 1870년 8월 4일 양국 간에 최초의 중요한 전투가 벌어졌고 한 달도 못 돼 프랑스 군대가 패배한 데에는 프로이센의 군사동원 행정체계와 철도의 이용이 결정적이었다. 군대 소집에서부터 결정적인 장소에 집중적으로 배치하고, 효율적으로 진군시키는 조직화와 통신 효율성 모두에서 프로이센은 프랑스를 압도했다. 1866년 오스트리아를 무릎 꿇게 할 때도 프로이센군은 5개의 철도망을 활용해 각지에서 군대를 소집했는데, 1870년에도 철도를 이용한 병력의 집중적인 동원이 빛을 발했다.

폴 케네디 예일대 교수에 따르면 프랑스는 의료품과 탄약 부족이 심각했고 병력이 주먹구구식으로 동원된 반면, 프로이센은 무기 선택, 철도와 전신의 활용, 새로운 전술, 보급 체계의 효율성이라는, 민첩한 요령을 갖춘 군사·정치적 지도력과 신축적인 체제를 보유하고 있었다. 영국 수상 디즈레일리가 '독일혁명'이라고 거창하게 표현한 1860년대 프로이센의 군사 혁신의 핵심은 군제 개편에 있었다. 프로이센의 단기 복무제는 3년간의 정규군 의무 복무와 4년간의 예비 복무에 이어 후방 수비대로 편입되도록 돼 있었다. 이런 체제로 프로이센 육군은 매년 일곱 차례에 걸쳐 신병을 충원했다. 대리복무는 결코 허용되지 않았고 후방 임무는 임방 수비대가 전담해 적은 인구에도 불구하고 유럽의 열강들보다 더 많은 군대를 전선에 내보낼 수 있었다. 이러한 군사행정 조직이 가동되는 데에는 전 국민의 초등교육 수준이 높았다는 점도 한몫했다. 또 군대를 훈련하고 입히고 먹이고 무장하고 전장으로 수송하지 못하면 100만 대군도 무용지물인 현실에서 대규모 군대를 다루기 위한 훌륭한 전문 조직을 프로이센은 갖추고 있었다.

이전에는 평화시에 전투부대와 그것을 지원하는 병참 인사 공병 등으로 군대가 구성되고 전쟁이 시작돼서야 총괄하는 지휘부가 설치되는 게 상례였지만 프로이센은 달랐다. 프로이센은 총참모장 몰트케가 가장 우수한 육군 사관생도들을 선발해 장차 다가올 전쟁에 대비한 작전 계획과 태세를 평상시에 가르쳤고, 훈련 중 언제든지 결정적인 전투지역으로 집결할 태세를 갖춘 대규모 병력을 다루기 위한 연습을 꾸준히 해 왔다.

실패로부터 얻은 교훈을 성공적인 개선책으로 만드는 데에도 역량을 발휘했다. 1866년 보오전쟁에서 프로이센 포의 약점이 드러나자 1870 년 보불전쟁에서는 재빨리 크루프 후장포로 바꿔 효과를 본 것이 대표 적인 예다. 철도 보급 체제에 차질이 생기자 이를 개선하고자 새로운 기 구를 설치하기도 했다. 프랑스와 프로이센 모두 속도전, 전격전을 하려 고 했으나 누가 성공적으로 실행에 옮길 능력을 갖췄는지는 그 실적이 드러내줬다.

대규모 병력을 일선으로 수송하기 위해 쌍방이 모두 철도를 이용했 지만 프랑스의 병력 동원은 비능률적이었다. 프랑스에서는 소집된 예비 병들이 부대를 찾아가면 이미 그들의 소속 연대는 일선으로 떠나버린 뒤라 개별적으로 연대를 찾아 전장으로 가야만 했다. 반면 프로이센군 은 전쟁 포고 15일 만에 30만 이상의 3개 군이 자르와 알자스로 대오정 연하게 진격하고 있었다. 이런 점이 최신 무기의 열세에도 불구하고 유 럽사의 흐름을 바꾸는 전쟁에서 승리를 가져왔다.

이런 프로이센군의 효율성의 밑바탕에는 그들 특유의 관료제가 자리 하고 있다. 프로이센의 관료제도는 방대한 군을 관리하고 감독하기 위 한 총군사관리청을 근간으로 편성이 확대됐다. 18세기 후반 프로이센 을 중심으로 한 근대 독일은 일반적으로 '위로부터의 개혁'이 이뤄졌다 고 하는데, 이 경우 개혁 주체, 개혁 주도 집단으로 관료 계층을 꼽곤 한 다. 19세기 이전에는 프로이센에서도 중앙 고위부서 관리조차 국왕과

스당 전투에서 포로로 잡힌 나폴레옹 3세(왼쪽)와 이야기를 나누고 있는 비스마르크.

의 안면관계에 따라 비상근 호사가들이 임용돼 전문성을 찾아볼 수 없었다. 따라서 당연히 공무처리 책임자라기보다는 국왕의 가신이라는 의식이 강했다. 그러던 중 18세기 말 프로이센이 추구한 행정 개혁의 원칙은 중앙집권적 요소를 강화하고 지방자치 행정의 기능을 감퇴시키는 쪽으로 가닥이 잡혔다. 이에 따라 업적주의 행정, 효율성의 증대를 명분으로 내세웠고 중세시대의 전통인 합의체 결정 방식을 줄이게 된다.

행정 개혁을 주도한 프리드리히 빌헬름 1세는 직무를 등한시하고 멋대로 자리를 비우고 여행을 떠나는 고위 관리를 대폭 제거하면서 관리들의 임지 거주를 의무화했다. 이때 프로이센은 관료 임용에서 신규의 경우 원칙적으로 국가가 시행하는 시험에 합격한 자만 채용했다. 이러한 원칙은 프리드리히 빌헬름 1세 이래 프로이센 일반국법AIR에 법조문화되고 1809년 재차 확정되었다. 이때 시험은 국가 관리가 갖춰야 할 기본 학식이 있는지 알아보는 자격시험이었다. 이후 프로이센은 1817년 직제 규정에 따라 고위직 5단계, 하급 관리 4단계로 나눠 서로 다른 방식으로 공무원을 임용했다.

우선 고위 관리가 되기 위해서는 김나지움을 졸업하고 대학교육을 받아야 했다. 전공과목으로는 행정학, 법학, 재정학 등을 수료해야 했다. 농업국가였던 프로이센의 법학도들에게 고위 공무원은 선망의 직업이었다. 하지만 재정 부족으로 소수만 임용돼 19세기 중반 지방행정 당국 고위 행정직은 500여 명에 불과했다. 특히 정년제도가 없어 기존의 고위 공무원이 사망해서 자리를 비우기 전에는 그 대열에 들어서기도 어려웠다고 한다. 고위 관리 후보자가 1차 자격시험을 통과하면 '보고 할 자격이 있는 자'인 레페렌다르Referendar가 됐는데 이들은 자원봉사자로 실무 경험을 거쳐야만 2차 시험자격을 얻을 수 있었다. 실무 기간은 계속 길어져 2년은 사법부에서, 2년은 행정기관(중앙부서 15개월, 지방부서 9개월)에서 쌓도록 했는데 실제 경험 내용은 잡무만 하면서 '눈치나 보는 능력'을 키웠다는 게 구학서 강릉대 교수의 설명이다. 이후 민법, 공법, 경제학, 재정학 등으로 구성된 2차 시험에 통과하면 한 단계 등급이 높아져 '배석자'가 됐는데, 이 경우 국가가 장차 국가 관리로 의무적으로 임용해야 했다. 하지만 실제 임용까지는 평균 8년이나 걸렸다. 이처럼 대기자가 밀리다보니 공무원 조직도 역피라미드형이 되어 중간 행정부서의 경우 고위 관리의 숫자가 하위직 공무원보다 많았다고 한다.

하위직 공무원의 경우 처음에는 18세기에 원호 대상 병사들이 늘면서 불구 병사들을 하급 관리로 임용해 그들의 마음을 살뿐더러 군대 예산을 절감하기 위한 차원에서 하위 공무원 제도를 도입했다. 이후 1799년부터 국가가 급여를 지급하는 모든 하급 관리직에 군인을 우선적으로 임용했고, 1820년 국왕은 내각 명령을 통해 군인 우대 의도를 분명하게 밝히기에 이르렀다. 이에 따라 하사관은 9년, 나중에는 12년의 복무를 마치면 하급 관리 하위 등급으로 임용되었다(12년간 복무를 해야 한다는 의미에서 츠뵐펜더Zwölfender라는 별명이 생기기도 했다). 결국 하사관으로 장기 복무하는 것은 미래가 보장되는 일이 됐다.

이처럼 자리를 튼 프로이센 관료제는 고위직의 경우 처음에는 귀족 출신이나 고위 관리, 재력가 집안에서 법학 전공 대학생을 배출해 자리를 꿰차는 것이 일반적이었지만 산업화가 진전되면서 변화가 찾아온다. 19세기 후반부로 접어들면서 일반 교육을 하는 김나지움 대신 실질적인 교육을 하는 레알슐레 출신 관리들이 국가 관리로 임용되었고, 이에 독일 관료제도 새로운 경향을 보이기 시작했다.

크로코프 교수에 따르면 프로이센에서 관료가 된다는 것은 사회적 신분 상승의 의미가 컸는데, 30년전쟁 기간 동안 독일 내 원 부르주아 층의 경우, 너무나도 깊고 지속적으로 파괴된 데다 억압적인 관치국가의 압도적 권위에 직면한 상황에서 관료가 되는 길만이 유일한 탈출구였다는 설명이다. 재능 있는 젊은이가 절망적인 현재 상황에서 벗어나 물질적으로 안정적인 삶을 택할 길은 공무원이 되는 것뿐이었고, 그들이 행정 엘리트가 되면서 귀족의 특권에 접근하고, 일종의 근대적 형태의 새로운 귀족제에 편입되어갔다는 것이다. 이처럼 보통 부르주아들이 고위 관료가 되는 데 필요했던 것은 교육이라는 수단이었고 교육과 관료층의 상관관계는 점점 높아져 결국에는 일치하는 것처럼 보였다. 프로이센의 행정 조직은 이후 프로이센의 영토가 확장되면서 독일 전역으로 꾸준히 퍼졌고 독일 통일 이후에도 변화 없이 그대로 제국에 이식됐다.

이렇듯 효율적이고, 어쩌면 중간층의 상승 욕구가 결집된 관료제가 강력한 산업화, 기계화와 결합되면서 창출해낸 결과가 속도전, 전격전의 화려한 대승이었다고 할 수 있다. 속도전이든 무엇이든 단지 부르짖기만 해서 되는 게 아니라는 것을 스당 전투를 승리로 이끈 프로이센 관료제의 역사가 증언하고 있다.

Christian Graf von Krockow, *Preussen: Eine Bilanz*, Knaur, 1994

Hew Strachan, "Military Modernization, 1789-1918," in T. C. W. Blanning(ed.), *The Oxford Illustrated History of Modern Europe*, Oxford University Press, 1996

윌리엄 카, 『독일근대사』, 이민호 · 강철구 옮김, 탐구당, 1993

폴 케네디, 『강대국의 흥망』, 황건 외 옮김, 한국경제신문사, 1994

구학서, 「19세기 후반 독일 관료사회 소고 – 프로이센을 중심으로」, 『유럽사의 구조와 전환』, 느티나무, 1993

이민호, 『근대독일사연구 – 프로이센 국가와 사회』, 서울대출판부, 1992

05. 무능

메로빙거 왕조 말기에 '바보 왕'들이
등장한 이유

현대사회는 경쟁을 조직 운영의 기본 원리로 삼고 있다. 경쟁에 패한 경우 "무능하다"는 딱지가 붙기 십상이다. "무능한 자가 리더의 자리를 유지하는 것은 죄"라는 식의 이야기도 흔히 접한다. 하지만 과연 무능했기에 경쟁에 밀린 것인지, 경쟁에서 밀렸기에 무능하다는 평을 듣는 건지 경계가 모호하다. 리더십과 실패, 무능의 상호 연관성의 역사를 살펴본다.

"무능한 자는 쫓아내도 된다"는 논리는 유럽에서는 메로빙(메로빙거) 왕조가 몰락한 뒤 등장했다. 유럽 대륙에서 로마 제국의 뒤를 이어 등장한 메로빙 왕조는 바로 '메로빙'이라는 그 이름 외에는 사람들의 뇌리에 떠오르는 것이 거의 없다.(오늘날 유럽인들도 자신들의 국가의 시원으로 메로빙 왕조를 떠올리진 않는다. 대부분의 후손에게 그들은 버려진 조상인 것이다.) 보통 카롤링(카롤링거) 왕조가 뒤를 이었다는 사실 정도만 언급되는 이 왕조의 마지막 왕들은 '게으름뱅이'라는 별명을 갖고 있다. 또 "촌스런 달구지를 타고 다니거나" "바지를 거꾸로 입고" "사냥터에서 겁에 질려 토끼에게 쫓기는" 어설픈 모습으로 묘사되곤 한다. 중세사의 대가인 브라이언 타이어니와 시드니 페인터조차 "메로빙조 왕들은 대개 감상적인 퇴행성 환자로 묘사된다"고 말할 정도다. 이런 부정적 기록 속에서 분명한 점은 메로빙조 후기에 왕들이 단명하면서 나이 어린 왕들이 연이어 즉위해 실권을 잃어갔다는 점이다.

어쨌든 다른 기록이 없는 상황에서 메로빙 왕조 후기 왕들에 대한 부정적인 평가는 일종의 상식으로 굳어졌다. 18세기 영국의 역사가 에드워드 기번은 메로빙거의 마지막 왕들에 대해 "위대한 전사로 메로빙 왕조를 개창한 클로비스의 후손들은 모두 전사의 기질을 상실한 채 아무런 권력도 보유하지 못한 상황에서 왕위에 올랐고, 이름도 남기지 못한 채 죽어 무덤에 묻혔다"고 평했다. 메로빙 왕조의 마지막 왕들이 한 일이라곤 "콩피에뉴 근처 한 시골 궁정에서 매년 3월이나 5월에 황소가 끄는 마차를 타고 나와 프랑크인들의 회의 장소로 안내된 뒤 외국 사절을 접견하고 궁재가 한 일들을 승인하는 것"으로 전해진다.

이 같은 메로빙조 마지막 왕들에 대한 이미지는 카롤링 왕조 시기 샤를마뉴의 전기작가였던 아인하르트의 묘사를 그 기원으로 삼는다고 한다. 아인하르트는 '위대한 왕' 샤를마뉴의 일대기를 메로빙조 왕들에 대한 묘사로부터 시작한다. 현직을 띄우기 위해 전직을 깎아내리는 풍토는 그때나 오늘날이나 마찬가지인지, 아인하르트의 저서에서 메로빙 왕조의 마지막 왕들은 하찮은 존재로 묘사된다. 아인하르트는 메로빙 왕조의 킬데리크 3세가 퇴위하기 오래전부터 유명무실한 존재로 왕의 명칭만 달고 살았을 뿐 한 일이라고는 "머리카락과 턱수염을 흩날리며 왕좌에 앉아 있는 것"이 전부였다고 서술한다. 왕이 이동할 때는 "언제나 멍에를 멘 황소들이 끌고, 소 치는 자가 모는 촌스러운 달구지를 타고 다녔다"는 부연 설명과 함께.

이런 이미지는 카롤링조에 호의적인 다른 역사가들에 의해 확대 재생산되어갔다. 샤를 마르텔의 이복동생 킬데브란드 백伯이 재정비한 『프랑크인들의 역사서Liber Historiae Francorum』는 무기력한 킬데리크 3세의 아버지 킬데리크 2세가 "지나치게 경솔한 데다 경박하고, 그가 일으킨 추문으로 인해 받은 경멸 때문에 프랑크인들의 반란이 일어났다"고 평하고 있다. 폭군이나 독재자라기보다는 경멸이나 조소를 자아내는 이미지가 투사된 것이다. 이런 묘사는 카롤링의 왕들을 두고 "온화하고 자비를 베풀었다"거나 "명민한 사령관"이라고 그려내는 것과 극명한 대비를 이룬다고 패트릭 기어리 교수는 말한다. 바로 카롤링 왕조의 정당성을 찾는 방법으로 "메로빙 왕조가 폭정과 악행, 불의, 부도덕 때문에 폐위된 게 아니라 단순히 무능했기 때문에 폐위됐다"는 논리를 펼친 것이다. 왕을 평가하는 데 '정당한 왕과 폭군'이라는 전통적인 이분법 외에 새로운 범주인 '무능한 왕rex inutilis'이라는 범주가 추가됐다는 분석인 셈이다. 이에 따라 메로빙 왕조의 왕들은 그나마 (전통적인 관념에서는) 수용할 만했던 공포와 혐오의 대상이라기보다는 새로운 개념인 무능한 왕들의 전형이 되어 경멸의 대상으로 역사에 기록되었다.

결국 이러한 고정관념은 천 년이 훨씬 지난 오늘날에도 이어져 현대의 프랑스 유치원에서 어린이들이 부르는 노래에까지 메로빙조의 군주 가운데 마지막으로 실권을 쥐었던 다고베르트는 바지를 거꾸로 입고, 사냥터에서 토끼에게 쫓기는 어리석고 무능한 겁 많은 왕으로 그려지고 있다.

이처럼 카롤링 왕조의 역사가들은 무능한 전 왕조를 유능한 현 왕조가 대체했다는 이데올로기를 처음으로 만들어냈지만, 역설적으로 이 이데올로기의 희생자가 되고 만다. 바로 신생 카롤링 왕조의 왕이 전임 메로빙 왕조의 왕을 폐위해 수도원에 보낸 뒤 새 왕으로 선출됐다면, 카롤링 왕조의 왕들이라고 해서 폐위되지 말라는 법이 없기 때문이다. 실제로 한 세기도 지나지 않아 카롤링 왕조 루이 경건왕(샤를마뉴의 아들)이 무능하다는 이유로 왕위에서 끌어내려지는 똑같은 일이 발생했다. 이어 10세기경에 카롤링 왕조는 독일 지역에서는 작센 가문, 프랑스 지역에서는 카페 가문으로 대체돼 각각 작센 왕조, 카페 왕조가 들어서게 된다. 이들 후속 왕조가 자신들의 집권을 정당화한 논리는 바로 카롤링 왕조가 사용했던 '무능한 자를 대체한다'는 이데올로기였다. 결국 후기 카롤링 왕들 역시 게으름뱅이로 낙인찍혔고, 그에 따라 왕조가 교체되는 것은 당연지사로 받아들여졌다.

카롤링 이데올로그들이 의도한 바는 아니겠지만 이런 전통은 꾸준히 이어져 프랑스와 잉글랜드에서는 17~18세기까지 폭군뿐 아니라 무능한 왕도 쫓아내야 한다는 전통이 유지됐다고 한다. 단지 18세기 말에 바뀐 점이 있다면 "지독히도 무능력한 게으름뱅이"라는 선고를 받은 루이 16세가 수도원이 아닌 단두대로 보내졌다는 점이다. 결국 역사는 돌고 돈다는 자명한 진리를 다시 한번 확인시켜주며, 반드시 그런 것은 아니지만 인과응보를 피할 수 없다는 상식을 일깨워준다.

브라이언 타이어니 · 시드니 페인터, 『서양 중세사 ─ 유럽의 형성과 발전』, 이연규 옮김, 집문당, 1995
패트릭 기어리, 『메로빙거 세계 ─ 한 뿌리에서 나온 프랑스와 독일』, 이종경 옮김, 지식의 풍경, 2002

03

한계의 극복과 좌절에 대하여

OI. 한계

견훤은 부잣집 아들, '개천의 용'은 옛날에도 드물었다

사회 내부에서 신분 이동, 계층 이동이 점점 어려워지고 있다는 기사를 자주 접하게 된다. 특히 부모의 경제적 여건이 자녀의 교육 결과에까지 미치는 영향이 큰 게 현실이다. 그런데 이런 우울하고 갑갑한 소식이 유독 오늘날에만 두드러지는 것일까?

우울한 얘기지만 요즘 '개천에서 용 나는' 것이 예전보다 어려워졌다고들 한다. 하지만 역사서들을 읽다보면 '개천의 용'이 넘쳐날 것으로 여겨지던 시대에도 막상 구체적으로 따지고 들어가면 그렇게 분류될 만한 인물은 별로 없었던 듯하다. 하긴 어느 시대, 어떤 사회에서든 사회구조와 체제의 장벽을 개인의 힘만으로 단기간 내에 뛰어넘는다는 게 어디 쉬운 일이겠는가.

　사회가 밑바닥부터 뒤집혀 새로운 시대가 열린 것이라는 인상을 받는, 따라서 개천의 용들이 다른 어느 때보다 많았을 것으로 여겨지던 후삼국시대에도 '개천의 용'은 드물었다. 골품제 신라사회의 꽉 막힌 현실에 도전장을 내고 사회를 뒤엎은 인물로 여겨지던 견훤의 경우만 봐도 그를 '개천의 용'이라고 하긴 어려울 듯하다. 굳이 오늘날로 치자면 견훤은 명망가 집안은 아니지만 땅 부자가 된 부모의 아들이라 할 수 있기 때문이다. 개천의 용의 범주를 넓게 잡더라도 당대에 자수성가한 것이 아니라 신분 변화에 적어도 두 세대의 시간이 필요했던 것이다.

『삼국사기』「견훤열전」에 따르면 원래 김씨 성이었던 견훤의 아버지 아자개는 '이농자활以農自活'하여 가家를 일으켜 장군에 이르렀다. 견훤 가문은 신라 중앙정부의 통치력이 약화됨에 따라 지방 외거 귀족과 호족 등이 장군을 자칭하며 소농민의 부세를 자신들이 징수하고 중앙의 부세 독촉에 저항하면서 세력을 키워나간 대표적인 사례인 셈이다. 탄탄한 지역 경제력을 바탕으로 전장田莊 경영에 몰두하면서 신라 조정에 항거하고 독자적인 통치 영역을 수립한 세력은 결코 밑바닥 인생은 아니었다. 사실 이 시기 왕건과 견훤을 비롯한 수다한 호족들은 해상에서 혹은 '역농力農'으로 입신하고 출세한 이들이었다. 신라 하대 지방 세력의 정치적 성장을 전하는 사서의 기록들은 대부분 이들이 당초 역농으로 시작해서 급기야 대지주가 되었음을 말하고 있다. 또 모두 당대에 거부로 성장했다기보다는 신라 하대의 혼란기에 세대를 거치며 집안의 세력을 키워온 경우가 많았다.

이들 호족의 부의 규모는 오늘날의 기준으로 보더라도 결코 작지 않다. 청주 한씨의 시조 태사공은 1만 명의 군인을 먹일 만한 재력가로 알려졌으며, 실제 태조 왕건의 삼군三軍이 향량餉糧을 결식하는 위기를 면하게 했다고 한다. 양천 허씨의 시조 허선문은 왕건이 견훤을 징벌할 때 곡식을 날라 군향軍餉을 구제했다고 전해진다. 문화 유씨의 시조 차달車達 역시 왕건이 남정할 때 차승車乘을 다수 내줘서 양도糧道를 통하게 했다. 대농과 대장원을 소유·경영하던 이들의 경제력 규모를 짐작케 하는 기록들이다. 이런 점을 염두에 둬야 고故 이기백 교수가 "후삼국이 분열돼 병립할 수 있는 사회적 기반이 바로 호족의 존재"라고 평한 사실이 쉽게 이해된다.

이런 후삼국시대의 기록들을 또 다른 격변기라 할 만한 한국 현대사에 견주어보면 지난 40여 년간의 급속한 경제 성장과 정주영 회장 등 진정한 의미의 '개천의 용'들이 다수 배출된 것은 유례를 찾기 힘든 일로 보인다. 이와 관련해 프랑스 파리 1대학 다니엘 코엔 교수가 한국 경제의 급격한 성장 배경으로 일본의 패망 후 곧바로 점유 토지를 국유화해 농지 개혁을 실시함으로써 사회 불평등을 상당 부분 해소했고, 한국전쟁으로 인해 과거에 비해 '평등한' 사회를 상속받았기 때문이라고 지목한 점은 인상적이다.

일제의 강점으로 과거의 전통적인 신분제와 지배 체제가 흔들렸고, 일제의 패망과 농지 개혁으로 다시금 사회의 근본 틀이 바뀌었으며, 한국전쟁으로 또다시 사회의 지각변동이 일어남과 동시에 대부분의 사람에게 동일한 출발선이 제공됐기 때문이라는 설명이다. 만약 일제의 패망이나 한국전쟁, 압축성장 정책 등 근본을 흔드는 외부 변수가 없었다면 그 많은 개천의 용들은 어떻게 됐을까. 세계사의 격변기에 견훤 같은 2퍼센트 부족한 '개천의 용'들이 나오는 게 그나마 최선은 아니었을까. 오늘날 개천의 용이 씨가 마르고 있다는 시절에 다시금 절로 우리 자신의 모습을 되돌아보게 된다. 우리는 다시금 틀 속에 안주할 수밖에 없는 시대에 진입하고 있는 것일까.

다니엘 코엔, 『세계화와 그 적들』, 이광호 옮김, 울력, 2007

이경식, 『고려전기의 전시과』, 서울대출판부, 2007

이기백, 『고려 귀족사회의 형성』, 일조각, 2000

O2. 명칭

나라 이름도 남이 정해준 조선,
화령왕조가 될 뻔하다

한국인이라면 초등학교 때부터 '영광스러운' 민족사에 대한 교육을 받는다. 하지만 지나치게 민족의 광영만 강조한 교육은 민주사회에 적합한 미래 지향적, 객관적 역사 인식을 갖추는 데 방해가 되기도 한다. 특히 외국인이나 외국 학자의 한국에 대한 인식을 알게 되면 강한 이질감이나 반발심까지 생긴다. 때로는 한발 더 나아가 국수주의적 역사관으로 흐르거나, 학문적인 객관적 근거가 없는 유사역사학에 매몰되는 경우도 있다. 하지만 한국사는 여느 민족, 국가와 마찬가지로 영광과 함께 좌절과 한계의 역사도 지니고 있을 뿐이다. 중요한 것은 역사의 진실을 객관적으로 바라보는 데서 출발해야 한다는 것이다. 조금은 부끄러울 수도 있는 한국사의 한 장면을 소개한다.

조선왕조의 국명 '조선'은 오늘날 너무나 자연스럽게 받아들여진다. 하지만 하마터면 조선이 아니라 '화령'이라는 이름이 국호가 될 뻔했다. 조선과 화령은 종이 한 장 차이로 운명이 갈렸다.

　과거 고조선시대의 국명 '조선'을 그대로 가져온 이 나라 이름의 유래에 대해 혹자는 '아침朝' '밝음' '해'라는 뜻과 밀접한 관련이 있는 고조선의 수도 '아사달'에서 그 연관성을 찾기도 한다. 또 근거가 확실하진 않지만 '쥬신' '숙신' 등 프로토코리언Proto-korean을 지칭하는 범칭에서 유래한 것으로 보는 재야 사학계의 시각도 일반에 널리 퍼져 있다. 어쨌든 그 원뜻을 알기는 매우 어렵지만 이 단어가 한반도에 존재했던 마지막 왕조의 공식 국명으로 채택된 데에는 오늘날의 시각에서 보자면 매우 껄끄러운 사연이 있다. 조선이란 국명에는 나라 이름을 우리

스스로 정하지 못하고 중국의 허락을 받아 채택해야 했던 과거가 있기 때문이다.

위화도 회군 이후 역성혁명의 성공으로 새 왕조를 개창한 태조 이성계는 정당성의 결여를 명 황실의 책봉으로 메우려 했다. 1392년 7월 17일 즉위한 이성계는 바로 다음 날 명에 사신을 보내 왕조의 교체 사실을 알린다. 이 문서에 이성계의 직위는 '고려 문하시중'으로 표현됐다. 이어 하루 뒤인 7월 19일에는 왕조의 교체 사실을 승인해달라는 사신을 별도로 보낸다. 이때 태조의 직위명은 '권지고려국사'로, 임시로 고려의 국사를 맡아보는 사람이라는 뜻이었다. 외교적으로 아직 이성계는 개국시조가 아니라 고려의 유신으로 표현되고 있었던 것이다. 이에 대해 명나라 측에서는 자발적으로 자신들을 '대국'으로 섬기면서 요동 공격을 철회하기도 했던 이성계에게 자연스레 호의를 보였다.

명으로부터 왕으로 인정한다는 칙지를 받은 이성계는 즉각 정도전을 명 황실에 보내 사은의 예를 올리고 말 60필을 바치는 표문을 올렸다. 그 내용은 후세들이 보기 조금 민망스러운데 소개하자면, "황제의 훈계가 친절하고 황제의 은혜가 넓고 깊어 신이 온 나라 신민들과 더불어 감격함을 이길 수 없습니다. (…) 은혜를 마음속에 새겨서 잊지 않을 것이며 쇄골분신이 되어도 보답하기 어려울 것입니다. 성심을 다해 억만년이 되어도 항상 조공하고 축복하는 정성을 바치겠습니다"라는 내용이다. 중세인이 아닌 근대인의 시각에서 중국 황실에 대한 충성을 서약하는 이 표문을 보면 영 마음이 불편한 게 사실이다.

이러한 이성계의 표문에 중국 측에서 답신을 보내온다. "동이는 중국

送朝天客歸國詩章

海域航珍
貢篚壯遊萬里浪
帝畿輕舠選歌才坐投
中朝江山耀偉輝鶉
國洲造孤樹吉風
鳳凰下五雲飛俄空為報湖年
思光的日歸
使延寮抄史日胡金

조선 사신을 배웅하는 명 관리, 중국 명, 103.6×163㎝, 국립중앙박물관 소장. '조선' 이란 국호는 이를 세운 이성계가 명으로부터 허락을 받아 확정된 이름이었다. 명이 '화령' 을 택했다면, 왕조의 국호는 화령이 되었을 것이다.

이 통치할 바가 아니다. 동이 백성을 편안하게 하고 변방의 혼란을 발생시키지 않는다면 사절이 왕래할 것이니 그 나라의 복일 것이다. 이 문서가 도착하면 국호를 어떻게 고칠 것인지 빨리 달려와서 보고하라."이성계에게 새로 세운 나라의 국호를 무엇으로 할 것인지 정하라는 주문이었다. 이에 이성계는 중국 황제의 칙지에 '감격'해서 즉각 우인열을 중국으로 파견한다. 이때 보낸 표에서는 "신은 매양 사대에 전심해 절개를 굳게 지킬 것"이라며 말 30필을 황제에게 바친다.

이와 함께 이성계는 명 황제에게 조선朝鮮과 화령和寧 가운데 국호를 선택해달라고 간청한다. "가만히 생각해보니 나라를 차지하고 국호를 세우는 것은 소신이 감히 마음대로 할 수 없는 일입니다. 조선과 화령 등의 칭호로써 천총에 주달하오니 삼가 황제께서 제가해주십시오"라는 말과 함께…. 화령은 이성계의 출생지로 자신의 지지 기반을 대표하는 지명인 셈이었다. 이성계의 이 같은 일련의 행동은 "중국 황실에 나라 이름을 짓는 것도 위임하면서 자신의 결여된 정당성을 확보하려 했다"는 게 진덕규 전 이화여대 교수의 해석이다.

이에 대해 중국은 "동이의 국호로 조선의 칭호가 아름답고 또 그것이 전래한 지가 오래됐으니 그 명칭을 근본으로 삼아 본받을 것이며 하늘을 본받아 백성을 다스리라"는 답을 내린다. '화령' 대신 '조선'을 간택해준 것이다. 만약 이때 화령이 채택됐다면 아마도 '화령왕조 500년' '화령 중기 정치제도사 연구' '화령 후기 지성사 연구' 같은 표현들이 우리 주변에 넘쳐나지 않았을까. 물론 종합 일간지 하나는 '화령일보'가 됐을 테고, 월드컵 예선 남북 대결의 상대는 '화령민주주의인민공화국'이었을 가능성이 높다.

아무튼 이성계는 중국 황실의 결정에 감읍해 "종사와 백성에 한없는 복"이라며 이를 중앙과 지방에 널리 알린다. 이후부터 고려라는 이름을 없애고 조선으로 쓰게 했으며 새 국명이 반포된 1393년(명나라 홍무 26) 2월 15일 이른 새벽부터 이전의 이죄二罪 이하의 죄수는 사면하라고 지시한다.

국사편찬위원회, 『한국사 19 – 고려 후기의 정치와 경제』, 국사편찬위원회, 1996
이성무, 『조선왕조사 1 – 건국에서 현종까지』, 동방미디어, 2003
진덕규, 『한국정치의 역사적 기원』, 지식산업사, 2002

O3. 경호
최강의 경호만 골라 뚫었던
극강의 암살자들

노무현 전 대통령의 투신으로 인해 대통령 경호의 기본 수칙이 제대로 지켜졌는가에 대한 논란이 한때 일었다. 사회 유명 인사나 연예인 경호에 대한 기사도 간혹 눈에 띈다. 테러가 빈번히 발생하는 중동지역 소식을 통해서도 경호의 중요성과 한계를 분석하는 기사들을 자주 접할 수 있다. 철통 경호와 그 경호를 뚫기 위한 세력 간의 끝없는 싸움의 역사를 살펴본다.

철통같은 경호를 무색하게 만드는 암살단이 있었다. 암살이라는 단어를 만들어낸 이들은 암살 대상으로 당대 최고의 실력자들만 골랐다. 십자군 전쟁시 예루살렘 라틴 왕국의 왕이던 콘라드와 두 명의 칼리프, 셀주크 튀르크의 실력자였던 니잠 알 물크를 비롯해 수많은 이슬람과 십자군 지도자를 비명에 보냈고, 사자심왕 리처드와 이슬람권의 영웅 살라딘의 목숨도 노렸다. 바로 암살이라는 뜻의 '어새신assassin'의 어원이 된 '하시시'라고 반대파들이 부르던 전설의 산상노인[*]이 지휘하던 암살단이 그 주인공이다.

암살자단은 시리아와 이란을 무대로 공포를 확산시켰고, 철저한 충

[*] 마르코 폴로의 『동방견문록』에도 나온다.

성심에 자기희생, 대의명분을 위한 죽음으로 천국에 갈 것이라는 '희망'을 특징으로 하고 있다. 서구 학자들은 오늘날 이슬람권 테러조직과 암살단의 유사성에 주목해 이들을 최초의 테러리스트라 부르기도 한다. 이슬람 시아파 중 7대 이맘파, 혹은 이스마일파로 불리는 이들을 중심으로 조직된 암살단은 보통의 예상과는 달리 주 타깃을 십자군이 아닌 주류 수니파 무슬림에 두고 있었다. 기존 무슬림 지배층에 저항하면서 이슬람권 내부에 영향력이 큰 이슬람 엘리트들을 목표 대상물로 삼은 것이다.

그들은 일반적으로 세속의 군주와 리더들, 즉 왕과 장군, 재상, 종교 지도자 같은 강력한 권한을 지닌 거물들만 대상으로 삼았다. 돈을 벌려고 일반인을 건드리는 일은 없었던 것이다. 무기도 오직 단도뿐이었다. 당시에도 화살과 독약 등 장거리에서 사용할 수 있는 안전한 무기가 있었지만 그들은 단도만을 고집했다. 가장 접근하기 어려운 최고의 경호를 받는 타깃들만 선정해서 가장 치명적인 수단으로 공격한 셈이다. 이들 암살단은 암살 후 탈출하려 하지도 않았고 개인의 목숨을 중히 여기지도 않았다. 오히려 암살 미션에서 살아남는 것을 수치로 여겼다.

당대인들은 이들 암살단을 두고 "피에 굶주린 자들로 악마와도 같지만 마치 천사처럼 변장해서는 천사의 언어와 몸짓, 의복, 관습 행동을 모방해 양의 탈 속에 숨어 있다가 결정적일 때 죽음을 선사하는 이들"이라며 두려워했다. 그들에 대한 자세한 정보를 구할 길은 없었고, 일반인과 구별해낼 방법도 없어 무자비하고 완벽한 킬러로 인식됐다. 그들에 맞서 주요 인사들을 경호하던 자들은 그야말로 완전히 실신할 수밖에 없는 지경이었다. 특히 이들은 '산상의 노인'이라 불리는 전설적인 인물의 지휘를 받는 것으로 알려지면서 많은 부분이 신화화됐다.

암살단에 대한 최초의 언급은 1175년 신성로마 제국 황제 프리드리히 바르바로사가 이집트와 시리아에 보낸 사신들에 대한 기록에서 나온다.

다마스커스와 안티오크, 알레포 인근에는 산에 사는 사라센의 한 종족이 있는데 그들은 스스로를 '헤이세시니Heyssessini'라 부른다. 그들은 무법자들이며 사라센인의 법을 위반해 돼지고기를 먹는다. 어머니와 자매 구분도 없이 여자들을 공유하며 산속 요새에 거주한다. 그들의 지도자는 모든 사라센 제후들과 인근 기독교인 영주들에게 공포의 대상인데, 아주 깜짝 놀랄 만한 방법으로 목숨을 빼앗는 습관이 있기 때문이다.

여기서 말하는 '깜짝 놀랄 만한' 방법이란 산중 성곽 인근 목동의 자녀들을 아주 어렸을 적부터 데려다 키우는 것이다. 라틴어와 그리스어, 로마어, 아랍어 등을 어린 시절부터 성년이 될 때까지 집중적으로 교육시킨 뒤 산상 노인이 명령하는 것은 무엇이든 수행하도록 양육하는 것으로 알려졌다. 이들은 산상 노인의 말에 복종하면 사후 천국이 보장된다는 의식을 주입받고, 이에 따라 황금 단도를 받은 뒤 죽이고자 하는 자에게 보내지면 무조건 임무를 수행한다고 전해졌다.

몇 년 후 티레의 교주 윌리엄이 십자군의 역사를 기술하면서 암살단은 다시 한번 등장한다. 윌리엄은 "10개의 강력한 산상 요새를 가지고 6만 명이 넘는 백성이 살고 있는 나라가 있다고 한다. 지도자는 세습이 아닌 능력에 따라 선출되며 지도자를 '연장자'라 부른다. 지도자에 대한 복종과 경외심이 대단해서 아무리 위험하고 어려운 일이라 해도 열정을 다해 이뤄낸다. 지도자가 단도를 주고 어떤 사람을 죽이라고 하면 결과는 생각지 않고 무조건 그 일을 해낸다"라고 기술한다.

이보다 후대의 기록에서는 좀 더 신화적으로 각색된 내용이 전해진다. 이야기인즉슨, 산상 노인이 거대한 계곡에 상상할 수 없을 만큼 크고 아름다운 정원을 숨겨놓았는데, 그곳에는 와인과 꿀, 우유와 물이 끝없이 흐르고 세상에서 가장 아름다운 여인들이 널려 있어 그곳을 방문하는 사람은 누구든지 파라다이스에 온 것으로 착각하도록 만들었다. 하지만 이 산상 노인은 자신의 명령에 복종하는 '아시신ASHISHIN'이 되지 않으려는 사람은 이 정원에 들어설 수 없게 했고, 아시신이 되고자 하는 20대의 세속 청년들을 우선 혼절시킨 뒤 정원에 데려와 깨어난 뒤 천국을 맛보게 했다. 그렇게 해서 천국을 경험한 청년들은 세속에 내려가 산상 노인의 임무를 완수하고 죽으면 이곳에 다시 올 수 있다고 믿었고 그에 따라 죽음을 불사하고 암살 임무를 수행했다는 것이다.

아무튼 이들 암살단의 실체는 아랍권과 기독교권 모두에게 베일에 싸여 있었지만 그들이 주는 공포심은 대단했다. 이스마일파였던 이들은 시아파 등 소수파는 제외한 채 수니파 지도자들을 주로 노렸고 종교적으로 적대관계였던 기독교에 대해서도 칼날을 세웠다.

1192년까지 암살단의 단도 아래 수많은 무슬림 왕과 제후들, 고위 관료, 십자군 인사들이 쓰러져갔다. 예루살렘 라틴 왕국의 왕이었던 몽페라의 콘라드도 그 희생자 중 한 명이었다(골목길을 돌다 단도에 찔렸다).

암살단은 1127년 이스마일파를 탄압한 아랍 태수를 말시장에서 암살한 것을 시작으로 동쪽으로는 베르크야루크와 산자르, 서쪽으로는 살라딘과 사자심왕 리처드까지 암살 목표 명단에 올렸었다. 실제 셀주크 왕조가 이란에서 확고한 위치를 차지하는 데 혁혁한 역할을 했던 거물급 태수 니잠 알 물크가 1092년 목숨을 잃었고, 두 명의 칼리프도 암살단에 의해 운명을 달리했다. 이슬람권의 영웅 살라딘(살라 웃 딘 아유브)에 대한 암살 시도도 있었다.

이처럼 암살단은 너무 유명해서 머나먼 유럽에서도 "암살단이 보냈다"는 풍문이 도는 일이 적지 않았다. 신성로마 제국의 프리드리히 바르바로사가 1158년 밀라노를 포위했을 때 자칭 암살단 소속이라는 한 사람이 바르바로사의 캠프에서 체포됐고, 1195년 사자심왕 리처드가 시농에 있을 때는 암살단을 자임하는 최소 15명의 자객들이 체포됐다. 그들은 프랑스 국왕도 죽일 참이었다고 토설하기도 했다. 반대파들에 의해 '하시시'로 불리는 이들이 이처럼 유명해지면서 영어 및 유럽어권에서 암살을 뜻하는 '어새신assassin'이라는 단어가 만들어졌다. 아랍어 하시시hashish의 원뜻은 약초인데, 일반적으로 환각 작용이 있는 마약을 복용해 몽롱한 상태에서 암살에 나섰다는 의미로 알려졌다.

하지만 이런 매혹적인 설명에 대해 중동사의 권위자 버나드 루이스 프린스턴대 교수는 사실이 아니라고 반박한다. 암살단이 활약할 당시 하시시의 약효는 널리 알려졌던 것으로 이스마일파든 일반 수니파든 그것에 속을 사람은 없었다고 한다. 결국 암살단에 대한 반대파들이 암살단의 '신비한' 실적을 폄하하려는 뜻에서 낮춰 부른 이름에 불과했다는 것이다. 그 사실 여하야 어떻든 이처럼 중동과 근동, 유럽에서 이름을 날리던 암살단은 몽골군의 철저한 파괴전으로 인해 역사 속으로 사라지면서 신화 속의 한 장으로만 남게 된다.

한국 사회에도 전직 대통령에 대한 부실한 경호가 문제된 바 있으며, 특히나 기본적인 경호 수칙이 여러 차례 무시된 게 확인되어 총체적 기강 해이가 지적된 바도 있다. 이처럼 '실패한 경호의 역사'를 쓴 상황을 접하면서, 최강의 경호만 골라서 뚫었던 암살단을 떠올리지 않을 수 없다. 암살단이 돌파했던 당시 최고 수준의 경호는 구멍이 과연 어느 정도였을까.

Bernard Lewis, *The Assassins — A Radical Sect in Islam*, Basic Books, 2003

Edward Burman, *The Templars — Knights of God*, Destiny Books, 1986

Francis Robinson(ed.), *Cambridge Illustrated History of Islamic World*, Cambridge University Press, 1998

Hans Eberhard Mayer, *The Crusades*, Oxford University Press, 1990

Steven Runciman, *A History of the Crusades 2 — The Kingdom of Jerusalem*, Penguin Books, 1990

04. 출세
단 한 번도 군림하고 지배하길
포기한 적 없는 존재

신문 뉴스 지면의 상당 부분은 여전히 정부 기관 및 그들이 내놓은 정책 관련 내용으로 채워진다. 한국사회에서 관의 지배력은 예전에 비해 약해졌다고는 하나 여전히 막강함을 자랑한다. 한국인의 삶 곳곳에는 관료 조직에 의해 만들어진 각종 정책과 법령이 지배해온 흔적이 배어 있다. 과연 언제부터, 어떻게 관료와 그 조직이 영향력을 지니게 됐는지 그 근원을 찾아가본다.

잘 알려진 동양 민화 장르로 '일로연과도一鷺蓮果圖'가 있다. 연꽃이 열매를 맺은 배경으로 백로 한 마리가 거니는 그림인데 여름철새인 백로와 연밥이 매달리는 가을은 현실에서는 이뤄질 수 없는 조합이라는 데 핵심이 있다. 이 그림은 한걸음에 대과大科와 소과小科를 연달아 통과하라는 뜻의 일로연과도一路連科圖와 발음이 같아 시험합격 선물용으로 널리 유통되기도 했다. 오늘날로 치면 '사시와 행시를 단번에 통과하라'는 정도의 의미를 담고 있는 셈이다. 과거 합격을 향한 전통사회 식자층의 열망을 절실히 담고 있는 풍속의 한 편린인 것이다. 일찍이 학문의 즐거움을 권한 '진종황제 권학문眞宗皇帝 勸學文'에서도 "책 속에 천종의 봉록이 있고, 화려한 집이 있으며, 얼굴이 옥 같은 여자가 있다"고 노래했듯이 공부의 목적도 과거에 급제해 관료가 되는 데 있었다.

실제 전통 동양사회에서는 과거시험에 개인은 물론 온 가족의 운명이 달렸었기에, 그것 하나로 인생이 뒤바뀐 얘기가 많이 전한다. 그 극적인 인생역전 과정을 일본의 동양사학자 미야자키 이치사다는 '시험지옥'이라 불렀는데, 수많은 군상이 합격을 바라보며 인고의 시절을 보내기도 하고 천태만상의 편법이 동원되기도 했다. 또 과거시험을 둘러싼 흥미로운 민담들도 양산됐다.

무엇보다 이 과거제도는 후대로 갈수록 시험을 위한 시험으로서의 성격이 강해졌다. 대표적인 것으로 '팔고문八股文'을 들 수 있다. 팔고문은 유일한 용도가 과거시험용으로, 공사 문서나 논저, 편지 등을 막론하고 아무 데도 쓰일 데가 없는 글이었다. "이루 셀 수 없이 많고, 독서가들은 소장하려 하지 않으며, 도서관에서도 받지 않아 장독덮개나 불쏘시개가 될 글"이지만 명·청 500년간 천하에 범람했다는 바로 그것이다. 팔고문은 장황한 내용(논리적인 내용이 중요한 글은 아니다)과 화려한 대구, 엄청난 과장으로 구성된, 글을 위한 글이었다.

중국 역사학자 진정은 이런 '쓸데없는' 글이 나오고 이것이 공부의 핵심으로 떠오른 근원으로, '먹물'들의 출세 지향 욕구를 간파한 지배층이 사대부를 통제하는 당근으로 과거제를 활용했다고 분석한다. 과거제라는 미끼를 덥석 문 관료와 예비 관료들은 지배자인 군왕들에게 순치되어 통제 가능한 종복들로 스스로 안주하고 말았고, 시대와 왕조가 바뀌더라도 과거제를 통해 지배자에 대항하는 도전성을 거세당한 관료와 사대부의 속성은 변하지 않았다는 것이다. 이런 분석에 따르면 과거에 목숨을 건 사대부, 학자 관료층은 과거제에 기생하면서 왕조의 영원

동양사회에서 과거급제를 향한 욕망은 끝을 향해 치달을 정도였는데, 이에 대해선 핵심적인 지배 수단을 확보하기 위한 것이라는 분석도 있는 반면, 나라에서 오히려 사대부를 통제하기 위한 '당근'으로 활용했다는 분석도 있다.

한 지배를 위한 도구로 전락하게 된다.

하지만 누가 진정 동양사회를 영원히 지배해왔는가에 대해서는 정반대의 시각도 있다. 바로 매력적인 시놀로지스트(중국학자)인 에티엔 발라스를 대표적으로 꼽을 만하다. 20세기 전반 파리에서 활동한 헝가리 출신의 발라스의 저술은 중국으로 대표되는 동양사회에서 변함없이 지배자의 자리를 차지한 것은 다름 아닌 관료로, 그들이야말로 동양의 가장 큰 특징이라고 지적한다. 한마디로 에티엔 발라스에게 중국은 '영원한 관료제 사회'였다. 그리고 중국에서 관료제의 대안이 될 만한 것은 오랫동안 무정부주의밖에 없었다는 것이다.

이처럼 학자 관료층이 수천 년간 통치 계급으로 살아남은 이유로 발라스는 이들이 역사 기록과 책력의 반포, 대규모 공공사업의 관리, 농산물의 생산과 분배의 통제, 크고 작은 정부기관의 행정 업무를 독점적으로 수행한 데서 찾고 있다. 무엇보다 이들이 힘을 갖게 된 가장 중요한 배경으로 교육 기능에 대한 독점을 든다. 일반적이고 인문주의적인 교육만이 공무를 수행하는 유일하고도 적합한 준비라고 주장하고 이를 체계화한 것이 지배 체제의 핵심 방어 수단이 되었다고 본 것이다.

학자 관료층은 문자를 독점했고 이 점에서 문맹인 피지배층과 가장 대조를 보였다. 교육의 독점과 이를 통한 지배 시스템의 공고화라는 원칙은 단 한 번도 공개적으로 천명된 바 없는데, 이는 특수한 전문적 기능을 갖춘 사람들이 엘리트층에 들어오는 것을 허용할 경우 그들만의 엘리트 문화가 파괴될 것을 우려했기 때문이다. 학자 관료층은 기술자와 전문가들에게 단지 명령을 내리며 그들을 관리 대상으로 여길 따름이었다.

발라스는 이들 학자 관료가 지배적인 위치를 유지하기 위해 많은 정책과 전략에 관심을 가졌다고 보았는데, 그중 대표적인 것이 법의 사용이었다고 한다. 비록 유가들은 공식적으로는 법가의 과도한 법 집행에 대해 비난하는 모양새를 취했지만, 실제로는 법을 사회 안정의 주요 도구로 활용하는 데 있어 결코 뒤처지지 않았다. 오히려 법을 가혹하게 적용하는 데 앞장섰다. 발라스는 "유가나 법가나 사회 하층민들에게 가장 엄격한 법의 잣대를 적용할 필요가 있다는 데에는 의견을 같이했다"고 평한다. 단지 법가와 유가의 차이는 법가가 신분 차별 없이 법이 일반적으로 적용돼야 한다고 본 반면, 유가는 신분에 따라 법 적용을 달리했다는 정도이다.

또 이들 학자 관료의 주도로 선포한 제국의 칙령들에는 이미 구축된 힘의 균형을 깨뜨릴 만한 그룹들을 통제하는 수많은 수단이 포함되어 있었다. 발라스는 특히 상업 행위에 대한 제약을 지적하는데, 학자 관료 집단이 세금이라는 수단을 통해 부르주아 층이 자신들에게 도전하는 것을 방지하는 국가독점 체제와 정치적 압력을 창조해냈다고 논증한다. 관료들은 농민과 상인이 힘을 합치는 것을 두려워했고 이를 방지하는 데 많은 노력을 기울였다는 것이다. 동양사회의 전통이라 할 만한 가부장적인 특징도 이런 관료 학자들의 노력에서 기인한 것으로 파악한다.

따라서 전통사회의 지배 계층인 학자 관료들이 지속적으로 농업의 우위와 시골생활의 우월성을 강조한 것은 계급 이익을 지키기 위해 선동주의적으로 만들어낸 신화에 불과하다고 발라스는 지적한다. 학자 관료들에 의해 주창된 대부분의 중국 농촌 개혁들은 토지에서 세금을 더욱 안정적으로 뽑아내는 데 주안점이 두어졌고, 정치적 질서를 유지시키는 이득은 대부분 학자 관료들에게로 돌아갔다.

발라스는 그런 점에서 유교는 현재의 권력 구조를 유지하고 정당화하기 위한 이념의 시스템에 불과하다고 못 박는다. 유교는 발생 당시와 달리 그 모호성과 다의성으로 말미암아 시대가 지나면서 변질되었는데 그 레토릭 뒤에 학자 관료층의 이해와 이상, 이념이 숨겨져 있다는 것이다. 이에 따라 '효'의 덕목은 중국을 순종적인 대중을 생산해내는 거대한 공장으로 만들었다고 평한다.

이런 차원에서 학자 관료들이 담당한 역사 기록도 결국 "관료를 위해 관료들이 역사를 썼다"는 설명이 자연스레 뒤따른다. 중국사와 동양사를 관통하는 핵심 본질로 발라스는 중국사의 지속성과 안정성을 가져온 관료주의를 꼽는다. 이는 달리 말하면 학자 관료층의 지배가 진 시황 이후 20세기까지 끊임없이 이어져왔다는 표현으로 대치된다.

한국에서도 서슬 퍼런 새 정부가 등장하면서 관료제에 대한 강한 비판과 함께 관료 조직에 칼을 들이댄 적이 있다. 당시 "비효율적이고, 책상머리에 앉아 현실을 모르면서, 국민과 기업 위에 군림하는" 관료제를 효율적으로 바꾸겠다는 명분을 내세웠다. 그런 시각에서 인수위 시절 '권한이 지나치게 큰' 재정경제부를 축소하고, '하는 일 없이 덩치만 큰' 교육부와 산업자원부를 폐지하고, '부패한' 건설교통부를 수술하겠다는 명분을 내세우며 정부 조직 통폐합을 추진했다. 하지만 결과는 재정경제부는 더욱 커져 공룡 부처인 기획재정부가 됐고, 없어질 것이라던 산업자원부와 교육부, 건설교통부는 다른 부처들까지 흡수 합병하면서 공룡 조직이 되어 권한은 더욱 커졌다. 결국 힘센 부처의 관료 조직 논리가 새 정부의 수장과 스스로 잘났다고 착각에 빠진 정치인들을 가지고 논 셈이다. '영혼이 없다'고 비아냥거림당하지만 곰곰이 뜯어보면 현대사회에서도 누가 지배하는가 하는 문제에서 관료는 그 후보군에서 빠질 수 없다는 점을 여실히 보여준 사례가 아닐까?

Etienne Balazs, *Chinese Civilization and Bureaucracy*, Yale University Press, 1967

Ichisada Miyazaki, *China' s Examination Hell: The Civil Service Examinations of Imperial China*, Yale University Press, 1981

진정金諍, 「중국과거문화사 ― 중국 인문주의 형성의 역사」, 김효민 옮김, 동아시아, 2003

05. 측근
꽉 막힌 소통이 가져온 비극적 결과:
노인 정치와 주방 내각

정치권이든 기업이든 새로운 환경 변화에 따라 소통의 중요성이 강조되고 있다. '고인 물이 썩는다'는 표현에서 보듯 소통이 제대로 이뤄지지 않는 조직이 건강하게 굴러갈 수 없다는 것은 상식이 되었다. 냉전시대, 공포의 상징이었다가 한순간에 무너진 동유럽 공산권의 몰락 이유로는 소통의 부재가 주원인으로 꼽힌다. 바로 그 소통 없음으로 인해 발생한 비극적 상황을 되짚어본다.

제론토크라시Gerontocracy. 고대 그리스의 노정치가 제론의 이름에서 유래한 이 단어는 노인정치 또는 노인의 지배라는 의미로 사용된다. 특정 집단의 리더군이 장기집권 등으로 인해 단체로 노쇠화되어 사고와 행동의 유연성이 떨어지고 폐쇄적 성격을 띠며 조직 대다수와의 소통이 마비되는 현상을 일컫는다. 조직의 세대교체가 원활하지 않거나, 물리적으로는 젊더라도 소통이 제대로 이뤄지지 않는 시스템에 두루 적용될 수 있다.

역사적으로 브레즈네프 집권 후반기부터 고르바초프 집권 이전까지의 소련이 대표적인 노인정치의 예로 꼽힌다. 1982년 브레즈네프가 75세의 나이로 죽었을 때 소련 공산당 서기국의 평균 연령은 70세를 웃돌았고, 브레즈네프의 후계자는 비교적 젊은 68세의 안드로포프였다. 그러던 중 집권 15개월 만에 안드로포프가 죽자 72세의 체르넨코가 공산당 서기장에 오르는 등 소련은 1970년대 중반부터 1985년까지 전형적인 제론토크라시 상태였다.

하지만 소련을 지배한 일군의 노인들과 비슷한 시기에 '주방 내각'이라는 더 한심한 용어를 만들어낸 동독 역시 제론토크라시 측면에서는 결코 소련에 뒤지지 않았다. 냉전시대 동독은 40여 년의 분단 기간 동안 언제나 체제 경쟁에 크게 영향을 받았고, 서방과의 본격적인 비교가 이뤄지고 개방될 경우 곧바로 무너질지도 모른다는 두려움에 싸여 있었다고 서방 학자들은 전한다.(냉전 종식 후 터져나온 서구 주류 학자들의 이런 시각은 냉전시대 사회주의권의 효율성과 이념의 경쟁력에 대해 지나치게 과소평가한 인상마저 있다.) 동독 경제는 1980년대까지만 해도 서방에서는 매우 효율적인 것으로 알고 있었지만 실은 기초에 금이 가던 상황이었다.

이렇듯 좋지 않은 상황에서 동독의 실권자 호네커는 나이와 생각이 비슷한 소수의 조언 그룹에 의존하는 비중이 심각하게 높아졌다. 특히 에리히 밀케와 귄터 미타크에게 절대적으로 기댔다. 또 이 둘만큼은 아니지만 정부의 다양한 의사결정에 있어 한두 명의 소수 그룹에 의존하는 경우가 절대적이었다. 이에 동독의 외교 정책은 정치국 회의나 공산당 중앙대회 같은 공식 석상보다는 호네커와 밀케가 사적으로 사냥 모임을 하는 중에나 함께 산책하면서 결정되는 경우가 많았다. 또는 그보다는 다수의 참여라고 할 수 있겠지만, 정치국 바깥에서 사적으로 몇몇이 모여 정하는 경우가 다반사였다. 이런 호네커의 극소수 '노친네' 정책 결정 집단에 대해서는 '키친 캐비닛' 즉 '주방 내각'이라는 비아냥

구소련의 지도자 체르넨코(위)
와 동독의 지도자 호네커. 과거
사회주의 국가의 이른바 '철권
정권'의 몰락은 바로 이들처럼
키친 내각에 의한 정치가 지배
했기 때문일 것이다.

거림이 흘러나왔다.

한편 호네커와 밀케를 비롯해 최고위급 지도자들과 일군의 정치 엘리트들은 '자신들만의 호화 구역'에서 황제 같은 삶을 살면서 대중과의 소통에는 점차 귀를 닫았다. 동독의 정치 엘리트와 그 가족들은 베를린 북쪽 반들리츠에 위치한 전용 거주 구역에서 삼엄한 경비 속에 호화판 생활을 누렸다. 이들은 동독의 일반 국민과는 동떨어진 삶을 살았고 당연히 생각하는 것도 평균의 동독인들과는 차이가 컸다. 이들 당 지도부의 집단 거주지역은 '볼보그라드'라고 불렸는데, 이 지역 거주자들은 당시 동독에서는 보기 드물었던 고급 차량인 볼보를 마음대로 몰고 다닐 수 있어 생긴 단어였다.

상황은 이러했건만 이에 대한 비판의 목소리는 찾아보기 힘들었다. 비록 이들 핵심에 속하지 못한 사람들로부터 일부 볼멘소리가 나오긴 했지만 공산당 서기장인 호네커에게 직접적으로 대놓고 목청을 높인 이들은 없었다. 공산당 고위급 인사라 해도 찍소리 못 하고 예스맨이 될 수밖에 없었던 것이다. 물론 호네커를 비롯한 동독의 노인 정치인들이 처음부터 그렇게 고집불통이었던 건 아니다. 사실 동독의 핵심 지도부는 2차 대전 이전부터 공산주의 운동을 하면서 나치와 히틀러에 대항했던 '화려한' 이력을 자랑했다. 하지만 이들은 나치와의 목숨을 건 투쟁 속에서 생겨난 융통성 없는 경직된 정치 리더십을 집단적으로 공유했다. 게다가 생물학적으로 나이가 들어가면서 이런 면이 더욱 고질화되어갔다.

과거의 반파시스트 투쟁 경험을 자랑으로 여겼지만, 이런 것으로는 새로운 시대에 나타나는 경제 문제의 압력을 줄일 수 없었고, 새로운 기술 문제에 대처하는 데에도 도움이 되지 못했다. 그럼에도 불구하고 이들 지도부는 옛 방식만 고집하는 옹고집이 되어갔고 '듣기 싫은' 소리에는 귀를 닫았다.

상황이 계속 악화되자 전후 세대로서 좋은 교육을 받고, 과거 정파나 역사적 경험에 덜 얽매이면서 능력까지 갖춘 중간층 젊은 정치 엘리트들이 등장해 호네커 체제에 마찰과 균열을 일으키기 시작했다. 여기에 경제적 문제와 세대교체, 후계 구도의 불확실성 등이 겹쳤다. 엎친 데 덮친 격으로 소련에서 고르바초프가 등장하면서 호네커의 기반은 흔들렸고, 이어 1989년 발생한 동유럽 벨벳혁명(반공산독재 시민혁명)으로 호네커는 실각하고 러시아로 망명한다. 하지만 곧바로 독일로 소환된 그는 재판에 회부되는 등 모든 것을 잃고 만다.

어떤 조직이든 흥하려면 확고한 리더십의 기준 위에서 다양한 의견을 열린 마음으로 듣고, 이를 수용하고 개선해야 한다는 것은 만고의 진리인 듯싶다. 하지만 '듣기 싫은' 소리는 거부하고, '나와 생각과 환경이 비슷한' 사람만 찾는 것을 훨씬 많이 목격하게 된다. 동독 철권 정권의 몰락 과정은 원활한 소통과 유연한 사고가 조직의 성공에 얼마나 중요한가를 여실히 보여주는 반면교사일 것이다.

Karl Dietrich Bracher, *Propyläen Geschichte Europas 6: Die Krise Europas seit 1917*, Propyläen Verlag, 1992

Mary Fulbrook, *Anatomy of a Dictatorship: Inside the GDR 1949-1989*, Oxford University Press, 1995

04

역사 속 더불어 살기의 다양한 형태

OI. 처세

다섯 왕조, 여덟 성姓,
열한 명의 황제를 섬긴 풍도

일반인들은 별 관심이 없는 듯하지만 신문에서 의외로 가독성 높은 것이 인사 관련 기사다. 정부 부처의 굵직한 요직부터 기업의 '별'이라는 임원 인사를 비롯해 사내 인사 소식은 대다수 사람의 삶에 큰 영향을 미치기 때문이다. 보통 '줄을 잘 탔다'는 평은 유교적 문화가 강한 한국사회에서는 부정적 의미를 풍기기 쉽다. 하지만 역사를 살펴보면 이런 간단한 윤리만으로는 재단하기 힘든 처신 사례들을 어렵잖게 발견할 수 있다.

풍도馮道(882~954)는 중국사의 대표적 분열 시기인 오대五代시대에 다섯 왕조 아래에서 여덟 개의 성을 지닌 11명의 황제를 섬긴 인물이다. 그가 섬긴 나라를 나열해보면 후당, 후진, 요, 후한, 후주 등 오대의 단명 왕조들을 모두 섭렵했고, 모신 주군의 성씨만도 후당의 이씨, 후진의 석씨, 요의 야율씨, 후한의 유씨, 후주의 곽씨와 시씨로 한 손에 꼽기 힘들 정도다. 후당의 장종부터 후주의 세종까지 11명의 주군을 연이어 모신 풍도의 관록을 상징하는 표현으로 '오조팔성십일군五朝八姓十一君'이라는 고유명사가 있을 정도다.

풍도는 유주 남쪽 180킬로미터 지점에 있는 영주(현 하북성 창주)의 중소 지주 가문에서 태어났다. 유주 절도사 유인공 휘하에서 하급 서기관으로 관료생활을 시작한 그는 유주가 속한 노룡번진이 진왕 이존욱에게 정복된 뒤 후당이 건국되자 천자의 조칙의 기초를 맡아보는 한림학사로 임명된다. 이어 후당 명종 연간에는 명종의 추천으로 재상의 자리에 올라 명문 출신자와 어깨를 나란히 했다. 당나라 시대까지 견고하게 구축되어오던 폐쇄적 혈연·지연에 기반한 엘리트 가문 시스템이 오대의 혼란기를 거치면서 흔들린 점도 풍도의 출세에 한몫했다. 이처럼 가문을 배경으로 삼지 않고 자신의 능력만으로 최고위직에 오른 그는 현대 한국사에서 처세의 대가라 할 수 있는 JP가 '형님'이라고 부를 만하게, 왕조는 변하더라도 자리는 꾸준히 지켰다.

그런데 풍도가 재상 자리에 20여 년간 있으면서 특기할 만한 점은 "백성의 구제에 힘쓰고 무인정치의 잔혹함을 완화시키기 위해 노력했다"는 평을 들었다는 것이다. 특히 요나라 태종인 거란 야율덕광이 화북 일대를 점령해 "천하의 인민을 어떻게 하면 고통에서 구제할 수 있냐"고 묻자 풍도는 "석가모니가 온다 해도 구제하지 못합니다. 백성을 구제할 수 있는 존재는 황제 폐하뿐입니다"라는 아부성 대답으로 거란 군대가 중국인을 몰살하지 않도록 하는 '결정적 한마디'를 던졌다.

연호를 '대통'이라고 칭하며 황하 유역에 진출한 야율덕광은 중국식 관료제를 도입하며 중국 지배를 확고히 하려 했으나, 이민족으로서 새로운 지역을 항구적으로 지배하기란 불가능함을 깨닫자 '약탈'과 '도륙'으로 정책을 전환했던 인물이다. 실제 중국 지배가 비용이 많이 든다고 판단되자 그는 홀연히 아무 미련 없이 개봉을 떠나 거란의 홈그라운드로 돌아갔다. 이런 '예측 불가능'한 외부 지배자 밑에서 스스로 지배자가 되지 못하는 이상 풍도는 황제가 누구든 상관없이 그를 격려해

인민을 위해 선정을 펼치도록 하는 것이 자기 책무라고 여겼다. 혼돈의 시대, 약자의 생존이 키워드가 된 때에 가장 뛰어난 현실 정치인의 모습을 보인 것이다.

풍도 자신이 만년에 스스로를 '장락로長樂老'라고 부르며 은거생활을 하던 중에 쓴 「장락로자서」라는 글에는 그의 세계관이 잘 녹아 있다. 그 스스로 70년 인생을 묘사한 것이다.

아래로는 땅을 기만하지 않고, 가운데로는 인간을 기만하지 않으며, 위로는 하늘을 기만하지 않는 삼불기三不欺를 인생의 대원칙으로 삼아 성실히 생활했다. 그 결과 하늘의 도움으로 여러 차례 곤경에 처했음에도 불구하고 많은 복을 받았다. 일찍이 이민족의 지배하에 들어간 적도 있지만 중원 왕조로 돌아올 수 있었다. 이는 나의 능력이 아니라 하늘의 보살핌 덕이다.

「천도天道」라는 시에서는 "겨울이 지나가면 얼음은 반드시 풀리고, 봄이 오면 초목은 자연히 피어난다"라고 하여 암흑시대에 살면서도 희망을 잃지 않았음을 읊고 있다.

이 같은 풍도에 대한 평가는 전통적으로도 극단을 오갔다. 당대인들은 그를 관대한 장자라고 칭찬하며 "옛사람의 풍격을 갖춘 거대한 산과 같은 인물"이라 평했다. 송대 왕안석도 "풍도가 자신을 돌보지 않고 남을 편안히 한 것은 부처나 보살의 행동과 같다"며 그를 대인으로 추켜세웠다. 반면 『신오대사』를 쓴 구양수와 『자치통감』의 저자 사마광 같은 정통파는 "풍도가 여러 왕조를 받들며 핵심 지위를 장악하고 이를 자랑한 것은 절조도 없고 부끄러움도 모르는 대신의 표상"이라며 통렬하게 공격했다.

북송시대 이후부터는 풍도의 인민 구제 노력을 높이 사면서도 지조를 지키지 못했던 행적을 비난하는 정반대의 평가가 병존해왔다. 당시 새로운 지배층으로 지위를 확립한 사대부층이 이상적인 사대부 상을 모색하던 시기와 맞물렸던 것이다. 풍도의 어느 면을 중시할 것인가는 북송 사대부들의 생활 태도와 밀접한 관련이 있는 문제였다. 이에 따라 실제 정치에서 실무 관료 양성을 지향한 왕안석은 풍도를 높게 평가했던 반면, 성인의 도를 체득한 군자를 자임하며 관료의 덕행을 중시한 구양수와 사마광은 그의 변절을 그냥 보아 넘길 수 없었던 것이다.

이후 송에서 정통파 주자학이 세를 얻으면서 사대부 사이에서 풍도를 비판하는 목소리가 힘을 얻었고 그는 파렴치한 재상의 전형으로 낙인찍힌다. 풍도 개인의 삶은 어떻게 보느냐에 따라 평이 천차만별이겠으나, 국민을 우선으로 한다는 대의를 위해 어떤 좁은 시각에 구애받지 않고 유연한 모습을 보였다는 점에서 당파 논리에만 파묻혀 사고의 유연성과 포용의 '큰 정치'를 보여주지 못하는 오늘날 시사하는 바가 적지 않다.

F. W. Mote, *Imperial China 900-1800*, Harvard University Press, 1999

Hoyt C. Tillman · Stephen H. West, *China under Jurchen Rule*, State University of New York Press, 1995

Morris Rossabi(ed.), *China among Equals: The Middle Kingdom and Its Neighbors 10th-14th Centuries*, University of California Press, 1983

이토 미치하루 외, 「중국 역사-하권」, 신서원, 1993

02. 예의

기사와 깡패는 종이 한 장 차이?

기사騎士는 낯선 존재가 아니다. 어린 시절 가지고 놀던 레고 장난감에서부터 만화와 영화, 컴퓨터 오락 등을 통해 친근하게 접하게 된다. 성인이 된 후에는 '기사도'라는 용어 때문에 일종의 고정관념도 갖게 되는데, 실제 기사의 모습은 우리의 생각과는 크게 달랐다.

유치원생들도 영어를 유창하게 구사하는 시대라고 한다. 요즘 같은 세상에서는 보기 드물 뿐 아니라 상상하기도 힘들겠지만 필자는(그리고 아마도 필자 또래 상당수는) 중학교에 들어가서야 알파벳이라는 것을 처음 배웠다. 영어 교과서도 국정 교과서라 전국의 또래들이 같은 내용을 배웠는데 "하이 인호, 하이 순이. 하우 아 유?" 같은 비교적 쉬운 내용도 지나고 보면 암기할 것이 꽤 많았다. 더듬더듬 영어단어를 읽을 정도가 됐을 때 등장했던 것이 바로 스펠링은 있지만 소리는 나지 않는 '묵음'.

별다른 설명도 없이 밤을 뜻하는 단어 '나이트night'와 기사를 의미하는 '나이트knight'가 스펠링은 다르지만 발음은 같다는 점을 무조건 받아들이고 암기해야만 했다. 왜 기사를 의미하는 'knight'에서 k의 소리는 나지 않는 것인지, 또 소리가 나지 않는 단어라면 왜 x나 z, t가 아닌

하필이면 k가 들어가야 했는지에 대해 충청도 시골의 나이 지긋한 선생님은 설명해주지 않았다. 처음 영어를 배울 때 잠시 뇌리를 스쳤다 망각 속으로 사라졌던 이 의문의 실마리가 풀린 것은 대학에 들어가고 나서였다.

계기가 된 것은 유럽 봉건제의 잘 이해되지 않는 낯선 직책과 신분에 대한 정보를 접하면서부터다. 기사騎士를 뜻하는 독일어 '리터Ritter'나 프랑스어 '쉬발리에Chevalier'가 모두 말 그대로 '말을 타는 사람'을 의미해 어원에 대해 고민할 필요가 없었다.*

하지만 영어단어 나이트knight는 독일어로 '놈, 녀석'을 의미하는 '크네히트Knecht'와 같은 뿌리를 두고 있었던 것이다. '크네히트'라는 독일어는 현대 독어에서는 거의 사용되지 않는 고어일 뿐 아니라 어감도 많이 순화되긴** 했지만, 마르크스를 비롯해 역대 독일인들이 부끄러운 과거로 여겼던 독일 용병부대 '란츠크네히트Landsknecht' 등의 단어에 흔적이 남아 있듯, 노예의 굴종이란 의미와 함께 한 덩치 하는 건들건들한 '어깨'들이 연상되는 단어 아닌가. 기사를 의미하는 단어들의 뿌리를 좀 더 찾아볼수록 '말 탄 사람'이라는 칭호와 함께 '건달' '깡패'가 연상되는 단어와 연관을 맺고 있는 경우가 적지 않았다.

대역사가 마르크 블로크에 따르면 기사의 뿌리와 관련해 노르만 정

---

* 독일어의 말을 타다 reiten은 영어의 ride에 해당되고 Ritter는 rider라고 생각하면 된다. 불어의 cheval은 말을 의미하고 Chevalier는 말을 탄 사람이 된다. Chevalier에서 기마병, 현대의 기갑부대 등을 의미하는 영어단어 '캐벌리cavalry'도 파생됐다.

** 어린이를 뜻하는 Knabe로 변했다.

복 이전 잉글랜드에서는 국왕을 둘러싼 무장한 충성 서약자들이 등장하는데, 이들 근위전사를 지칭하는 단어가 우후죽순 격으로 등장했다고 한다. 블로크는 "이들 명칭이 공유하고 있던 음향은 이 근위전사들이 원래 상당히 낮은 신분에 속해 있었고 가사家事와 관련 있었음을 보여준다"고 지적한다.

블로크는 구체적으로 국왕의 근위전사를 가리키는 게시트gesith를 비롯해 같은 방의 동료를 뜻하는 게셀라gesella, 식사를 같이 하는 동료를 뜻하는 게네아트geneat, '젊은 시동侍童'이라는 뜻의 세인, 하인 또는 노예를 뜻하는 독일 말 크네히트와 똑같은 말인 나이트 등이 원래 상당히 낮은 신분이었음을 드러내는 단어라고 열거하고 있다. 여기에 잉글랜드에서 크누트 치세 때는 스칸디나비아어 가운데 '집안의 시종아이'를 뜻하는 하우스칼housecarl이라는 용어를 즐겨 차용했다. 반면 영주는 '빵 덩어리를 주는 사람'이라는 뜻의 흘라포르드hlaford라고 불렸는데, 이 흘라포르드에서 현대 영어의 '주인'을 뜻하는 '로드lord'가 나왔다.

한마디로 기사는 '원탁의 기사'에 등장하는 낭만적 존재라기보다는 주인이 던져주는 빵 덩어리를 받아먹기 위해 궂은일 마다 않고, 일반 농민(서민)들에게는 주먹으로 짓밟는 공포감을 주는 존재였다. 그나마 먹여 살려주던 우두머리가 죽으면 새로운 '재물 분배자'를 찾아 방랑자의 신세가 된다는 데 이르러서는 기존의 기사상이 송두리째 사라졌다.

중세사가 조르주 뒤비에 따르면 중세 초 유럽이 완전한 굶주림에서 단순한 궁핍 상태로 완화된 것은 영주가 관용을 베풀었기 때문이며, 왕의 경우도 위신 자체가 관용을 베푸는 데서 비롯됐다고 한다. 결국 왕과 영주들은 보다 관대하게 베풀기 위해 끊임없이 약탈을 해야 했다는 것이다. 그리고 그 떡고물을 받아먹고 약탈의 수단이 된 존재들이 바로 기사였다.

실제 한량, 건달, 깡패에 더 근접했던 '나이트'는 시대가 지나면서 그 험한 언어의 이미지를 벗기 시작했다. 국왕이나 영주의 무장 근위 세력들이 차츰 보유지를 나눠 받으면서 가내 거주자 전체에 대한 군사적 봉사를 수행하게 된 가내 무사를 가리키는 새로운 용어가 필요했고, 여기에 '나이트'가 낙점된 것이다. 결국 먹고살 만해지면서 기사들의 생활양식도 변해갔다. 중세 화폐경제의 발달과 함께 의복도 사치스러워지고 갑주도 세련미를 갖췄다. 거주지도 흙언덕에 세운 목조 요새에서 석조 성채로 바뀌었다. 12~13세기에 이르면 소위 '기사도'라는 것이 등장한다. 전투에서 다른 기사를 잡으면 몸값을 치를 때까지 손님으로 대접하고 무장하지 않은 기사를 공격하지 않는 식이 된 것이다. 이에 따라 전쟁터에서 상대편 기사를 죽이는 것은 무의미해지고 "죽은 기사는 가치가 없고 몸값을 지불할 산 기사만이 가치 있는" 상황에까지 이른다. 특히 이론상으로는 오직 '명예를 위해' 싸우는 것으로 바뀌는 상전벽해의 변화를 맞이하게 된다.

하지만 이처럼 순화되었다고는 하나 여전히 기사는 당대 대부분의 사람에게는 '두려움'의 존재였다. 기사의 존재가 상당히 낭만화된 15세기에도 "무장한 사내, 그를 두려워할 것이다"라는 행진가가 사람들 사이에서 널리 불렸다. 이 세상의 허다한 다른 예들이 그러하듯, 기사와 깡패도 본질적으로 종이 한 장 차이에 불과했다.

'기사도 정신'을 낭만적으로만 볼 것은 아니다. 문학을 통해 그들은 '순화된' 존재로 그려질지 모르나, 역사를 살펴보면 생존을 위해서라면 잔인한 일도 마다 않던 부류였던 것이다.

Rodney Hilton, *Bond Men Made Free: Medieval Peasant Movement and the English Rising of 1381*, Methuen, 1973

Sidney Painter, "The training of a Knight," in Stanley Chodorow(ed.), *The Other Side of Western Civilization: Readings in Everyday Life*, Vol. 1, HBJ, 1984

마르크 블로크, 『봉건사회 1』, 한정숙 옮김, 한길사, 2001

브라이언 타이어니 · 시드니 페인터, 『서양 중세사 — 유럽의 형성과 발전』, 이연규 옮김, 집문당, 1995

에마누엘 부라생, 『중세의 기사들 — 그 영광과 쇠락』, 임호경 옮김, 동문선, 2006

조르주 뒤비, 『전사와 농민 — 유럽경제의 초기성장 7-12세기』, 최생열 옮김, 동문선, 1999

03. 규율
군대에서 병사들 '노는 꼴'을
못 보게 된 이유

대한민국 남성 대부분은 군 복무를 통해 국방의 의무를 치른다. 이에 따라 군대에서 체득된 군사 문화는 한국인들의 삶에 지속적인 영향을 미치고, 병역 문제는 민감한 사회 이슈로 수그러들 기미가 없다. 군에 다녀온 사람들이 공통으로 회고하는 군 문화의 특징은 '가만히 놀게 놔두지 않는다'는 것인데, 이는 한국만의 독특한 문화일까? 만약 그런 게 아니라면, 언제 어떤 이유로 그런 전통이 만들어진 것일까?

군대를 다녀온 사람은 다 알듯 군에서는 사병들이 가만히 노는(쉬는) 꼴을 보지 못한다. 잠시라도 빈둥거릴라치면 하다못해 청소를 시키든지 땅을 파게 한다.(군사 문화의 유산이 남아 있는 상당수 직장에서 형태는 달라졌지만 내용은 비슷한 경우를 제대 후에도 경험할 수 있다.)

'쓸데없이 땅을 팠다가 다시 덮는 식'으로 대표되는 군대 문화가 케인즈 식 유효수요창출 이론에 따라 마련됐을 리는 만무하다. 보통 무식한 '군바리' 문화의 한심한 작태 중 하나로 여겨지다 시간이 지나면 잊히기 마련이지만, 이런 '노는 꼴 못 보는' 군대 문화에도 나름 뼈대가 있다. 바로 수백 년 전 총포의 등장과 함께 근대 국가가 성립되던 패러다임 전환기의 유산인 것이다.

근대 유럽의 군사력 증강은 총포나 성채의 발달과 궤를 같이한다. 할

레 교수의 표현에 따르면 '창과 칼'을 들고 싸우던 것에서 총과 대포를 활용하는 것으로 전쟁의 패러다임이 바뀌면서 전쟁 수행을 위해 요구하는 것도 달라졌다. 즉 개인의 용맹함보다 기술의 중요성이 높아지면서 전쟁의 승패는 거대한 인적 자원과 물자를 어떻게 효율적으로 통제하느냐에 달린 것이다. 그러기 위해서는 징집된 군인들이 지휘에 잘 따르는 것은 기본이었다. 즉 장정들을 저마다 알아서 움직이고 판단하는 '사람'이 아니라 지휘관의 명령에 일사분란하게 움직이는 '군인'으로 개조하는 것이 필수 사항이 됐다.

이런 군인으로의 개조 작업의 교본을 만들어낸 이가 바로 나사우 백작으로 잘 알려진 네덜란드 오라녜 공작 마우리츠(1567~1625)였다. 당시 네덜란드는 합스부르크 왕가 소속이었다가 독립을 선언해 전쟁을 벌이던 상태였다. 상대적으로 적은 병력과 물자로 전쟁에서 승리하기 위해 마우리츠는 세 가지를 강조했다. 첫째, 군인은 최소한 자기 몸을 방어하도록 삽질로 구덩이를 파고 그 위에 방어벽을 만드는 일을 스스로 할 수 있어야 했다. 특히 이런 작업은 개인적이기보다는 집단적·조직적으로 해야 했다. 열심히 삽질한 결과 성을 포위 공격할 때 마우리츠의 군대는 사상자를 상대적으로 적게 낼 수 있었다. 특히 마우리츠는 성벽 한곳에 집중 포격을 가해 틈을 만든 뒤 적군을 설득해 적군이 명예롭게 퇴각하도록 하면서 성을 차지하는 실리적 전술을 애용했다. 이후 유럽 전장에서 포위 공격은 마우리츠의 방침을 받아들여 일종의 엔지니어링으로 정착했다.

이런 변화는 군인의 자세나 생활을 뒤바꿔놓기도 했다. 무엇보다 군

오라네 공작 마우리츠

인들이 아무 할 일 없이 노닥거리는 것을 막을 수 있었다는 게 주경철 서울대 교수의 설명이다. 그에 따르면, 마우리츠가 가장 싫어하는 것이 바로 게으름이었다고 한다. 결국 이에 대한 대책으로 별일 없을 때는 땅을 파게 했고, 땅 팔 일이 없으면 제식훈련을 시켰다.

둘째, 제식훈련으로 병사들이 총을 장전하고 발사하기까지 복잡한 과정을 몇 개의 기계적인 경로로 구분해 반복 연습을 통해 숙달의 경지에 오르게 했다. 마우리츠 이전에는 군인들이 발 맞춰 이동한다는 관념이 거의 없었는데, 이제 그의 덕(?)에 부대의 이동과 사격 등에서 거의 모든 것을 지휘관이 통제하게 됐다. 특히 첫 번째 줄이 총을 쏜 뒤 뒤로 이동해 장전하는 동안 두 번째 줄이 총을 쏘는 연속 발사 방식을 마우리츠의 군대가 유럽 전장에 도입하면서 승률을 크게 높였다.

셋째, 마우리츠는 지휘관의 지시가 잘 전달되도록 부대 편제를 바꿔 500명 대대를 다시 중대, 소대로 나눠 소단위 전투원들이 독립적으로 움직이면서도 전체 부대와 유기적인 관계를 유지하게 했다. 이에 따라 근대 유럽의 군대는 개인의 용맹성이 아니라 마치 기계 부속품처럼 반복된 훈련에 따른 일치단결된 기량을 펼치는 존재로 변해갔다.

하지만 사람은 기계가 아니기에 이러한 군대 개혁도 한계와 허점을 노출했고, 이에 부속품들의 숨통을 틔워주기 위해 도입된 것이 행진할 때 박자를 맞추는 군가와 스트레스 해소용 술이었다고 한다. 17세기 이후 군대의 작은 톱니바퀴가 돼야 했던 군인들에게 날마다 일정량의 브랜디가 배급돼 조직에서 일탈하지 않도록 하는 일종의 윤활유 역할을 했다는 것이다.(필자가 군 복무할 때는 담배를 피우지 않는데도 불구하고 담배를 나눠주곤 했다.)

　이어령씨가 언론에 기고한 한 글에서 어린 시절 일본 군국주의자들의 정책 경험담을 전하면서 "닫힌 사회에서는 언제나 사람을 들볶는 것을 일하는 것으로 착각하고 있는 이들이 윗사람으로 앉아 있다"고 말한 것에서 문득 우리나라의 군대 문화가 연상될 수밖에 없었다.

J. R. Halle, "Armies, Nations and the Art of War," in R. B. Wernham(ed.), *The New Cambridge Modern History Vol. 3: The Counter-Reformation and Price Revolution 1559-1610*, Cambridge University Press, 1981

Roger Lockyer, *Habsburg and Bourbon Europe 1470-1720*, Longman, 1993

버나드 로 몽고메리, 『전쟁의 역사 1』, 승영조 옮김, 책세상, 1995

주경철, 『문화로 읽는 세계사』, 사계절, 2005

04. 역할

"갈리아군이 쳐들어온다"고 외치는 게
유일한 역할인 신神

그리스 로마 신화는 이제 고전으로 확고하게 자리 잡았다. 하지만 그리스 로마 신화를 읽는 것은 생각보다 쉬운 일이 아니다. 여기에는 등장하는 신들의 숫자가 적지 않다는 점도 한몫한다. 게다가 그리스 신화는 어느 정도 대중적인 접근로가 생겼다 해도 로마 신화는 여전히 생소하기만 하다. 로마에는 로마만의 신들이 적지 않았고, 저마다 고유의 역할이 있었다고 한다. 분업의 시작이라 할 만한 눈에 띄는 로마 신화를 살펴본다.

초기 로마의 신들에게는 저마다의 역할이 있었다. 대단히 지역적이면서도 가정적인 로마의 신들에 대해 학자들은 신인동형으로서의 특성보다는 제한된 기능을 지닌 일종의 정령numen으로서의 성격이 강하다고 말한다. A. H. M. 존스 교수에 따르면 로마의 토착 종교는 가족 지향적이면서 민간 종교로서 씨족의 삶에 밀착해 있었고 수확과 전쟁, 일상생활을 관장하는 여러 신을 달래는 데 초점이 맞춰져 있었다고 한다. 이처럼 저마다의 소임을 맡은 신으로 가장 눈에 띄는 것은 '일어나 말하라' '어떤 사실을 소리쳐 알려주는 자'라는 특이한 뜻의 이름을 지닌 '아이우스 로쿠티우스Aius Locutius'였다.

리비우스에 따르면 이 신의 임무는 평소에는 누워 있다가 다른 적도 아니고 오직 갈리아군이 접근해올 때만 "갈리아군이 몰려온다"고 경고

바티칸에 있는 로마의 신 야누스상. 야누스는 다른 공간 사이에 존재하는 신으로 여겨져 문을 관장했다. 두 개의 얼굴은 사람들의 생활을 하나에서 다른 것으로 옮겨준 것을 상징한다.

하는 것이었다. 로마의 토착 신들은 그리스 신들과 달리 신화를 배경으로 삼지 않으며, 신들의 숫자는 오늘날 인도 힌두교 신처럼 무한했고 각신의 역할은 분리돼 있었다. 잘 알려진 대로 야누스는 문을 관장했고, 페나테스는 창고를 담당했다. 세레스는 곡물을, 플로라는 꽃을 전담하는 신이었다. 포모나는 열매를 관장했다. 농장의 경계를 결정하는 신은 테르미누스였다. 농경에 관련된 신들은 특히 세분됐는데 세이아는 땅속에서 곡식의 씨앗을 지키는 신이었고, 룬키나는 곡식의 땅 윗부분을 관장하는 신이었다. 세게티아는 곡식의 전반적인 성장을 관장하는 신이었고 투틸리아는 창고에서 곡식을 돌보는 신이었다. 이 밖에 찬장의 신 페나테스, 가정의 신 라레스, 가축의 신 팔레스, 전쟁의 여신 벨로나 등이 로마인들의 가정과 일상생활 곳곳에 자리 잡았다.

모든 행동은 특정 신의 권위 아래 행해졌고, 의식은 그 신에게 합당한 장소에서 이뤄져야 했다. 침실은 사랑의 여신 베누스의 구역인 만큼 야외에서 사랑을 나누는 것은 베누스 신에게 불경한 행동을 저지르는 것이었다. 마찬가지 이유로 전쟁터에서는 최고의 위력을 발휘하는 군신 마르스도 도시 내에서는 별 볼일 없었다.

야누스는 다른 공간 사이에 존재하는 신으로 여겨져 문을 관장했다. 이에 따라 시골에서 도시로, 자기 집에서 거리로, 전쟁에서 평화로 전환될 때 로마인들은 야누스의 문을 지난다고 생각했다. 해가 바뀌어 12월에서 1월이 되면 '야누스의 달Ianuarius'이라고 불렀는데 이는 오늘날 영어 '제뉴어리January'의 기원이 된다. 야누스의 얼굴이 둘인 이유는 사람들의 생활을 하나에서 다른 것으로 옮겨준 것을 상징했기 때문이다.

이런 이유로 야누스 신전에는 문이 두 개였고 이 문은 전쟁의 문으로 불렸다. 전쟁은 새로운 문을 여는 것, 즉 평화에서 새로운 상황으로 전환하는 것이라 여겼던 로마인들은 전쟁할 때는 야누스의 문을 열어놓고, 평화로울 때는 닫았다. 사실상 제국이 존속되던 내내 전쟁에 시달렸던 로마에서 야누스 문이 닫혀 있던 때는 거의 없었다고 한다.

로마에서 종교적 리더십은 명문가에서 뽑힌 사제들의 집합체에 부여됐는데, 이들은 종교 제의와 관련된 일정을 통제하면서 권력을 확대해 나갔다. 공공 행위와 비즈니스는 공휴일에는 행해질 수 없었고, 달력이 부정확해 끊임없이 고쳐나가야만 했던 로마에서 달력 수정의 권한을 지닌 이들 사제 집단은 그 권한을 이용해 정치적 영향력을 행사했다.

기원전 196년 로마가 그리스 지역에 대한 지배권을 확립하면서 그리스 등 동방지역의 종교가 로마에서 영향력을 넓혀갔고 로마의 종교 문화를 바꿔갔다. 로마인들의 삶에 동방 밀교적이고 비밀주의적인 종교도 확산됐다. 이와 함께 가난하고 배우지 못한 자의 종교였던 기독교의 영향력도 커지면서 토착 로마 종교의 위상은 점차 약해졌다.

하지만 너무나도 다양했던 로마의 신들은 로마 제국 말기까지 사라지지 않고 존속했다. 기독교를 국교로 삼은 테오도시우스 황제가 소위 '이교'에 반대해 내린 칙령 중에는 라레스와 페나테스에 대한 가정의례를 금지시키는 것이 포함돼 있을 정도였다. 또 로마 토착 종교 상당수는 기독교 속에 녹아들어갔다.

A. H. M. Jones, "The Social Background of Christianity in the Roman Empire," in Stanley Chodorow (ed.), *The Other Side of Western Civilization: Readings in Everyday Life*, Vol. 1, HBJ, 1984

최혜영, 「로마의 종교 이교 혹은 비기독교를 중심으로」, 허승일 외, 『로마 제정사 연구』, 서울대출판부, 2000

O5. 책임
아테네 최후의 날을 뒤덮은 '남의 탓'

일이 잘 안 풀릴 때, 좋지 않은 일이 발생했을 때 이를 '남의 탓'으로 돌리는 건 어찌 보면 인류의 보편적인 현상이다. 특히 정치·경제적 혼란기에 책임 전가 현상은 눈에 띄게 늘어난다. 역사에서도 이른바 남 탓이 극단적인 불행을 가져온 장면을 쉬이 발견할 수 있다.

'모든 게 ○○○ 탓이다'라는 말은 아마도 "요즘 애들 못쓰겠어" 못지 않은 오래된 역사를 지닌 표현일 것이다. 화장실 갈 때와 나올 때 마음 다르다고 절박한 시점에 '눈물을 무릅쓴 결단'을 내린 희생자들에게 위기에서 벗어나자마자 모든 책임을 전가하는 일을 역사 속에서 어렵지 않게 볼 수 있다. 대표적인 예로 고대 아테네에서 있었던 일을 들 수 있다. 민주주의의 발상지라는 아테네 최후의 순간을 뒤덮었던 것도 책임을 남에게 돌리는 바로 '남 탓'과 '비난'이었다.

아테네와 스파르타 간에 일어난 펠로폰네소스 전쟁은 기원전 410년 경부터 전세가 스파르타 쪽으로 확연히 기울기 시작했다. 410년까지만 해도 아테네는 주요 항구도시인 필로스를 보유하고 있었지만 기원전 406년이 되면 그만 한 규모의 항구도시들을 모두 잃고 만다. 반면 육군

국가인 스파르타는 후대의 비잔티움이라 불리던 지역과 칼케돈을 장악했고 보스포루스 해협의 통제권을 확보하면서 아테네의 생명줄을 움켜쥔다. 406년 아테네는 반격을 가해 일시적으로 보스포루스 해협을 다시 차지하지만 치명적인 재정 부족 상태를 못 버텨낸다. 페르시아의 지원을 등에 업은 스파르타의 공세에 아테네의 재정은 계속 고갈돼갔고 병력은 점점 달렸다.

이런 상황에서 아테네에 대한 결정적 타격이 가해진 것은 기원전 405년이었다. 헬레스폰트 해협 근처 아에고스포타미 해전에서 아테네의 남은 전력이 그야말로 전멸된 것이다. 그나마 남아 있던 자원을 모두 긁어모아 총동원했던 아테네 해군은 아에고스포타미에서 뤼산데르가 이끄는 스파르타군에게 전멸당한다. 얼마 안 되는 자원을 '몰빵 투자' 한 최종 결론은 '쪽박'이었던 것이다. 이제 아테네는 스파르타의 공격에서 방어할 군대도, 자금도, 동맹군도 남아 있지 않은 절체절명의 처지가 됐다.

뤼산데르가 이끄는 스파르타군은 아에고스포타미 해전이 끝나자마자 아테네 외곽부터 점령하고 나섰다. 아테네의 옛 우방 도시들에 대해 조공을 부과함으로써 이들 지역의 주인이 아테네 제국에서 스파르타 제국으로 교체됐음을 명확히 하고 나선 것이다. 이어 뤼산데르가 사모스 섬으로 진군하자 이때까지 아테네에 충성을 다하던 도시들은 성문을 활짝 열고 스파르타군을 맞이한다.

다시 뤼산데르는 기원전 405년 10월 150척의 함선을 이끌고 아테네로 진군해왔고, 스파르타 본국에서도 대규모 육군을 파병하며 해상과 육상 모두에서 아테네로 빠른 속도로 다가갔다. 거의 동시에 스파르타

펠로폰네소스 전쟁에서 아테네가 제국의 몰락을 자초한 데에는 다른 무엇보다 모든 것을 '남의 탓'으로 돌린 것이 큰 원인이었을 것이다.

는 아테네에 "기나긴 공성전은 무의미하다"며 항복을 권유한다. 아르고스를 제외한 펠로폰네소스 반도 동맹군 대부분이 스파르타 편에 서서 아테네 공략에 나섰다. 스파르타의 왕 파우사니아스의 지휘하에 주력군이 아테네 외곽에 다다랐고, 이곳에서 아기스가 이끄는 다른 스파르타 군대와 합류했다. 기원전 6세기 이래 두 명의 스파르타 왕이 동시에 전장에 직접 나선 첫 사례가 된 것이다.(스파르타는 왕을 두 명 둬서, 한 명은 본국에 있고 다른 한 명은 전장에 나가 싸우는 전통이 있었다.)

크세노폰에 따르면 당시 아테네는 "해상과 육상에서 포위되어 무엇을 해야 할지 몰라 허둥댔다"고 한다. 한마디로 "아테네인들은 배도 없고 돈도 없었을 뿐 아니라 식량조차 없는 상황"이었다. 아테네의 몰락이 확실해지자 스파르타의 동맹국인 테베와 코린트 등은 아테네를 완전히 파괴해버리려는 의도를 숨기지 않았다. 그동안 아테네에 짓눌렸던 복수심이 솟아오른 것이다. 그들은 아테네 시를 처참히 부숴버리고 아티카 전체를 초지로 만든 뒤 시민들을 죽이든지 노예로 팔아버리든지 하자고 주장했다.

이러한 강경책의 배경에는 강력한 이웃이 사라지면 그 기회를 활용해 영향력을 확장하려고 한 테베 등 각 도시국가들의 이해관계가 자리하고 있었다. 하지만 아테네를 어떻게 처리할지를 두고 동맹군 내에서도 각자 이해득실을 따졌고, 스파르타 내에서도 의견이 엇갈렸다. 뤼산데르 제독은 강경책을 선호했고 파우사니아스 왕은 펠로폰네소스 반도로 물러난 뒤 아테네와 우호적인 협력관계를 맺는 '전통적인' 방법을 원했다.

스파르타가 결정을 못 내리는 것을 본 아테네는 시간을 벌기 위해 우선 강한 저항을 결의했다. 아테네의 이러한 조짐에 스파르타는 파우시나스 왕의 군대는 뒤로 빼는 대신, 아기스의 군대를 내세워 육지에서 포위전에 나서게 했고, 뤼산데르는 해상에서 아테네 봉쇄에 나서는 무력시위를 했다. 처음 몇 주간 아테네는 스파르타와 접촉하지 않고 잘 버텼으나 11월이 되자 비축했던 식량이 바닥나기 시작했다. 이에 아테네는 강화협상을 모색하고 나선다. 아테네는 아기스 왕에게 "아테네 성벽을 그대로 유지하게 해주고 피라에우스의 영유권을 인정해달라"는 조건을 내걸며 강화를 요청하는 사절단을 스파르타에 보냈다. 이미 잃어버린 제국을 포기한다는 조건 아닌 조건을 내세운 것이다. 또 전쟁에 패해 항복은 하지만 아테네의 자치권과 자체 방어력은 그대로 유지하겠다는 주장이었다. 이에 아기스는 "나는 독자적으로 결정할 권한이 없다"며 사절이 스파르타로 갈 것을 권유하면서 사실상 아테네의 제안을 묵살했다. 스파르타로 향하던 아테네 사절단은 스파르타 시내에 들어가보지도 못한 채 "더 진전된 안을 가지고 다시 오라"는 면박만 듣고 말머리를 아테네로 되돌려야 했다.

이때 스파르타가 아테네에 제시한 최소한의 항복 요건은 10스타디아(6000피트)에 달하는 아테네의 긴 성벽을 허물라는 것이었다. 이 요구는 아테네인들에게 자기 스스로를 파괴하고 노예로 굴복하라는 뜻으로 받아들여졌다. 하지만 협상을 더 끄는 것은 시민들을 굶겨 죽이는 일이기도 했다. 시간이 흐를수록 아테네의 기아 상태는 심해졌고 결국 지도자 테라메네스가 직접 화친을 모색하고 나섰다. 지루한 협상이 진행됐고 아테네 도시를 보전하고 시민들의 자유를 유지하고 자치권을 확보하는 게 아테네의 최대 협상 목표가 됐다.

하지만 입지는 좁아져만 갔다. 결국 테라메네스는 거대한 성벽을 허물고, 아테네가 몇 척의 배를 보유할지를 뤼산데르가 결정하며, 아테네인들이 개인 토지는 그대로 소유하되 전에 거주했던 도시들에서 물러나는 것을 골자로 하는 스파르타의 요구안을 받아들였다. 자존심을 지키자는 원론파의 반대에 부딪히긴 했으나 굶어 죽을 상황에 몰린 아테네에서는 사람들이 모여 "무조건 항복을 하자"고 주장하고 나섰다. 스파르타의 마음이 바뀌어 자신들을 모두 죽이기 전에 항복해 살아남자고 요구한 것이다. 결국 아테네는 펠로폰네소스 전쟁이 시작된 지 27년이 지난 기원전 404년 3월 스파르타에 항복하고 말았다.

아테네의 유서 깊은 난공불락의 성벽은 파괴되고 아테네의 적들은 모여 춤추고 즐거워했다. "적들은 여인들의 플루트 소리를 들으며 아테네의 성벽이 허물어지는 것이 헬라스(그리스)의 자유의 시작이라고 생각했다"고 크세노폰은 당시 상황을 전한다.

이처럼 오직 살아남기 위해 모든 자존심을 버리고 항복을 택한 아테네인들이지만 일단 살아남자 곧바로 생각이 바뀌었다. 크세노폰은 "불과 몇 년 뒤 이런 절박했던 상황을 새까맣게 잊은 아테네인들이 '보다 좋은 조건으로 강화조약을 맺을 수 있었을 것'이라며 강화를 맺은 주역들을 비난하고 나섰다"고 전한다. 아테네 제국의 마지막을 차지한 것은 다름 아닌 '남의 탓'이었다.

지난 몇 년간 어려운 경제 상황과 복잡한 사회상에 대해 '모든 게 노무현 탓'이란 말이 유행했다. 근자에는 '모든 게 이명박 탓'이란 말도 어렵잖게 들을 수 있다. '모든 게 ○○○ 탓이다'라는 말이 나도는 것은 두 지도자의 부족한 리더십 탓인지 혹은 모든 것을 '남 탓'으로 돌리기 좋아하는 군중의 속성인지는 모르겠지만, 문제를 '남 탓'으로 돌리는 사회를 정상이라고 하긴 힘들다. 아테네 최후의 날을 뒤덮었던 '남 탓' 돌리기의 역사를 보면서 불행한 역사가 반복되지 않기만을 바란다.

Donald Kagan, *The Fall of the Athenian Empire*, Cornell University Press, 1991

05

정상과 비정상, 그 미세한 차이

OI. 동성애

쌍화점의 자제위에서는 정말
동성애가 이루어졌을까?

동성애는 오랫동안 금기시되었고, 지금도 사회적 시각이 곱지 않다. 하지만 동서고
금의 역사에서 그에 대한 기록은 어렵잖게 찾아볼 수 있는데. 한국사의 경우도 예외
는 아니다. 특히 많은 사람에게 친숙한 고려 말 공민왕대에 동성애가 실제로 이루어
졌는지, 관련 역사적 기록들을 비판적으로 독해해본다.

영화 「쌍화점」에 나오듯, 고려후기 설치된 '자제위'는 과연 왕의 변태
적 욕구를 충족시키기 위한 조직이었을까?

사실 공민왕대 이후 고려사 기록은 매우 주의해서 읽어야만 한다. 조
선 건국의 정당성을 확보하기 위해 공민왕 이후의 왕인 우왕, 창왕은 왕
씨의 후손이 아닌 신돈의 자식이라는 '비왕설'을 기반으로 사서가 작성
됐기 때문이다. 따라서 신돈 등장 이후 고려 왕들은 엽기적인 성적 방종
의 타락한 모습을 보인 것으로 묘사되곤 한다. 갑작스런 즉위 당시부터
출생의 정통성에 약점을 드러냈지만 위화도 회군 이후 일정 시점까지
공민왕의 자식임이 의심되지 않았던 우왕은 한순간에 '잡놈의 자식'이
돼서 그에 걸맞은 패륜을 저지른 것으로 기록돼 있다.* 정사는 제쳐두
고 유흥과 사냥에 탐닉하고 길을 지나가다 괜한 사람을 때려죽이는가

하면 여염집 여인들을 덮치는 것이 바로 왕의 모습이다. 어느 정도 사실을 바탕으로 한 것도 있겠지만, 악의적 왜곡과 진실 사이의 경계를 구분하기가 쉽지 않아 보인다.

같은 맥락에서 조선시대에도 존경을 받았던 공민왕은 집권 후기 역시 아주 일그러진 모습으로 전해진다. 공민왕대에 설치된 자제위도 마찬가지다. 신돈의 등장 이후 공민왕의 실정을 부각시키는 기록들 가운데 등장하는 자제위에 대한 고려사의 묘사는 매우 비판적이다.(유교적 편견까지 가미돼 있다.) 『고려사 세가』43 공민왕 21년 10월의 기록은 다음과 같다.

자제위를 두어 나이 어린 미소년들을 뽑아 이에 예속시켰다. 왕은 천성이 색을 즐기지 않았고 또 능히 감당하지 못하였으므로 (노국대장) 공주의 생시에도 행차함이 드물었다. 공주가 죽자 비록 여러 비를 맞이해 이들을 별궁에 두었으나 가까이하지 못하고 밤낮으로 슬피 공주를 생각하여 드디어 심질心疾을 이뤘다. 항상 스스로 화장하여 부인의 모양을 하고, 먼저 내비內婢 중 나이 어린 자를 방 안에 들어오게 하여 보자기로 그 얼굴을 덮고는 김흥경 및 홍륜의 무리를 불러 난행하게 했다. 왕은 옆방에서 구멍으로 들여다보다가 은근히 마음이 동하면 곧 홍륜 등을 데리고 왕의 침실로 들어가 왕에게 음행하게 하기를 남녀 간에 하듯이 해 번갈

* 그나마 우왕과 창왕의 기록들은 왕씨 출신의 정통 왕이 아니라며 고려사의 세가(사대주의에 따라 왕의 행적도 본기가 아닌 세가에 기록했다)가 아닌 열전에 기록이 적시됐다.

공민왕 부부 초상, 조선, 화가미상, 81.5×65.5㎝, 국립고궁박물관 소장. 고려 제31대 공민왕과 원나라 출신의 왕비 노국대장공주 부부의 초상화이다. 공민왕의 '성적 방종'은 공주의 죽음과 후사에 대한 비정상적 집착에서 비롯되었다고 보기도 한다.

아 수십 인을 치르고서야 그치곤 했다.

고려 정치사를 연구하는 민현구 고려대 교수에 따르면 "공민왕은 노국대장공주가 죽은 다음 해부터 후사를 위해 새로이 비妃들을 선입했으나 왕은 공주와 같은 사람이 없다고 하며 가까이하지 않았다"면서, "신돈의 건의에 따라 후사를 위해 궁중에서 큰 법회를 열었고 미소년들을 궁중에 끌어들여 자제위를 설치하고 그들로 하여금 왕비와 관계하게 하여 그 소생을 후사로 삼으려 했다"며 고려사 기록을 존중하는 입장을 취한다.

공주와 후사에 대한 공민왕의 비정상적인 집착은 인간적 미련에서 출발해서 결국 질병으로 발전했다는 것이다. 당대 사서에서는 심질心疾로 표현하는데, 치세 중반기 여러 변란으로부터 받은 정신적 타격이 바탕을 이룬다는 해설도 덧붙이고 있다. 김영수 박사 역시 "공민왕의 성적 방종은 정도를 넘어섰다"며 "자제위는 명칭상으로는 왕의 경호를 위한 귀족 자제 집단이지만 사실은 왕의 동성애를 만족시키기 위한 기관으로, 공민왕은 동성애자였고 관음증과 사디즘적인 경향이 있었다"고 못 박는다. 그는 자제위의 책임자인 김흥경은 시중 김취려의 증손으로 명문가 출신이었지만 자제위에 들어온 이상 신체의 자유를 박탈당해 거의 궁녀와 같은 처지였고, 항상 왕의 내침에서 왕을 모셔야 해 1년 내내 휴가를 얻지 못했는데 이러한 점이 공민왕을 암살하는 데 크게 작용했다고 평하고 있다.

이에 반해 현대판 정사라 할 수 있는, 국사편찬위원회가 편찬한 『한국사』는 다른 입장을 취하고 있다. 원명 교체기의 혼란한 국제 상황에서 왕권 강화를 위한 공민왕의 후반기 개혁정치 기구로 자제위를 이해하는 것이다. 김광철 동아대 교수가 대표로 집필한 국사편찬위원회의 『한국사』 고려후기편에 나온 자제위에 대한 평가는 이렇다. 신돈의 정권이 몰락한 후 다시 권력을 장악한 무장 세력은 왜구 침입이 가속화되는 가운데 권력 기반을 강화하면서 정국을 주도하며 공민왕의 왕권을 제약하고 있던 상황이었다. 반면 신진사대부들은 공민왕의 왕권을 뒷받침하기에는 아직 역부족인 처지였다. 이런 상황에서 공민왕은 자제위를 설치하는 등 자신의 왕권을 강화하고 명의 압력에 대비하려는 적극적인 모습을 보였다는 것이다.

김 교수는 자제위와 관련한 기존 연구들을 인용하며 "자제위는 공민왕의 변태적 생활과 관련된 것이기보다는 개혁을 추진하고 원명 교체기에 실지 회복을 위해 설치된 것으로 이해된다"는 입장을 취하고 있다. 자제위가 실제로 동성애와 변태적 섹스 행각을 위한 기구였는지, 혹은 왕권 강화와 실지 회복을 위한 개혁 기구였는지를 판단 내릴 순 없다. 다만 한 가지 떠오르는 것은, 자제위가 당시까지 고려에 큰 영향을 미치던 원의 숙위제인 '케쉭Keshig' 제도의 영향을 받은 듯하다는 것이다.

1189년 칭기즈칸의 1차 즉위시 처음 등장하는 케쉭은 원래 '은총'이란 뜻으로 은총을 가진 자, 은총을 받은 사람으로 의미가 확장됐다. 초기에는 주군의 옆에 있는 자들이란 의미로 양치기goruichi, 주방장 baurchi, 활통 드는 자gorchi로 구성됐다. 1203년 이후에는 야간 보초인 숙위kebteud와 낮의 보초인 삼반turghand으로 구성됐고 주야간 각각 150

명 규모였다. 1206년 쿠릴타이(몽골의 합의제도)로 칭기즈칸이 대칸에 취임한 이후에는 케쉭제도가 대대적으로 확장돼 숙위 1000명에 삼반 8000명, 활통 드는 고르치 1000명 등 총 1만 명의 친위병으로 확장됐다.

『몽골비사』에 따르면 이들 케쉭은 만호와 천호, 백호, 십호의 장들의 자제들에서 충원됐다고 한다. 김호동 서울대 교수는 이 케쉭제도는 유목 귀족에 대한 특권이자 혜택인 동시에 일종의 인질 효과도 있었다고 본다. 케쉭은 칸을 호위하며 황실의 가사를 돌보아 몽골 제국의 중앙 행정을 담당하는 관료 역할을 했다는 것인데, 충忠자 돌림의 왕을 여럿 뒀던 부마국 고려로서는 원의 제도에 익숙했고 자연스레 대내 개혁 작업에도 유사한 기구를 도입하지 않았을까?

국사편찬위원회, 『한국사 19 – 고려후기의 정치와 경제』, 국사편찬위원회, 1996
강만길 외, 『한국사 6 – 중세사회의 성립』, 한길사, 1995
김영수, 『건국의 정치 – 여말 선초, 혁명과 문명의 전환』, 이학사, 2006
고병익, 『동아교섭사의 연구』, 서울대출판부, 1994
민현구, 「공민왕 – 개혁정치의 꿈과 좌절」, 이기백 편, 『한국사시민강좌 31집 – 실패한 정치가들』, 일조각, 2002
유원수 역주, 『몽골비사』, 혜안, 1994

02. 연쇄살인

연쇄살인을 한 사도세자는
사이코패스였을까?

잊을 만하면 좀처럼 상상하기 어려운 연쇄살인 뉴스가 들려오곤 한다. 이런 범죄와 관련해 낯익게 등장하는 단어가 '사이코패스'다. 한국사에서 오랫동안 연민의 대상으로 여겨졌던 한 인물에게서 '사이코패스' 하면 떠오를 법한 여러 특질에 대한 기록이 남아 있는데, 약간의 논리적 비약이 있을 수 있겠지만 조선시대 궁중에서 발생한 연쇄살인과 사이코패스의 가능성에 대해 생각해본다.

사도세자는 '사이코패스'였을까? 연쇄살인범 강호순 때문에 널리 알려진 사이코패스는 별 이유 없이 사람을 죽이고, 죄책감을 느끼지 못하는 데다 평소 동물 학대나 살해도 서슴지 않는다고 한다. 이런 살인마의 모습 중 상당 부분은 『한중록』이나 『조선왕조실록』에 묘사된 사도세자의 모습과 겹친다. 보통 사도세자는 당쟁의 희생양이었다고 평가되고, 그에 대한 기록의 상당 부분은 후에 아들 정조가 즉위하면서 수정되고 덧칠돼 모호해졌다. 그렇지만 그가 이런저런 심리적 이유로 주변 사람을 연쇄적으로 죽였다는 사실 자체만은 변하지 않는다. 어쩌면 그가 사이코패스였을지도 모르는 묘사들도 눈에 띄곤 한다.

　사도세자의 부인인 혜경궁 홍씨가 쓴 『한중록』 곳곳에서는 사도세자가 살인을 하는 모습이 발견된다. 마치 경찰의 사건 조서를 보는 것처럼 묘사가 세밀하다. 반면『조선왕조실록』에는『한중록』에서 사도세자가 사람을 죽였다고 기술한 날에 대해 일언반구의 언급도 없다. 다만 애매모호한 표현으로 세자가 살인을 저질렀음을 전하는 기록이 훗날 작성되었을 뿐이다. 명확하게 세자의 살인을 전하는 실록의 기술은 뒷날 세자를 폐하고 서인으로 강등할 때가 돼서야 등장한다. 기록을 보면 "병이 발작할 때에는 궁비宮婢와 환시宦侍를 죽였다"고 짤막하지만 명확하게 세자의 연쇄살인을 언급하고 있다. 우선『한중록』에 묘사된 사도세자의 살인 모습을 살펴보면 다음과 같다.

그해(1757) 6월부터 경모궁의 화병이 더해 사람을 죽이기 시작했다. 그때 당번내관 김한채라는 이를 먼저 죽이셨다. 그 머리를 들고 들어와 나인들에게 효시하였다. 내가 그때 사람 머리 벤 것을 처음 보았는데 흉하고 놀랍기가 이를 데 없었다. 사람을 죽인 후에야 마음이 조금 풀리시는지 그때 나인을 여럿 죽였다.

사도세자가 왜 사람을 죽였는지, 요즘으로 치면 경찰 수사 결과 같은 심경 토로도 있다. 강호순이 평소 키우던 개를 가혹하게 죽였다는 사실이 연상되는 발언도 있다.

사도세자: 제 마음속에 울화가 나면 견디지 못하고 사람을 죽이거나 닭 짐승을 죽여야 마음이 낫습니다.
영조: 어찌하여 그러느냐?

『한중록』은 실록과 달리 사도세자가 연쇄적으로 사람을 죽인 모습을 세밀히 기록하고 있다.

사도세자: 마음이 상해 그렇습니다.

이어 혜경궁 홍씨는 사람을 죽이고도 별다른 죄책감을 보이지 않는 사도세자의 모습을 다음과 같이 전한다. "그러고는 사람 죽이신 수를 하나도 감추지 않고 (영조에게) 세세히 다 말씀드렸다."(무인년, 1758년 2월 27일)

사도세자의 연쇄살인은 여기서 그치지 않았다. 혜경궁 홍씨의 말을 들어보자.

경진년(1760) 이후에는 내관과 나인이 상한 일이 많아 다 기억하지 못한다. 두드러진 예는 내수사 차지 서경달이다. 소조(사도세자)께서는 내사의 일을 느리게 한 일로 서경달을 죽이고 출입 내관도 여럿 상하게 하고 선희궁에 있는 나인 하나도 죽이셨다. 점점 어려운 지경이 됐다.

이처럼 사도세자가 내시들을 도륙할 때 정사인 『조선왕조실록』은 침묵하고 있다. 다만 모호한 표현으로 사도세자의 칼질을 암시하는 장면들이 후일의 기록에서 유추될 뿐이다. 영조 34년 3월 6일 임진일조 기록이 대표적이다.

근래에 기氣가 올라가는 증세가 때로 더 심함이 있어 작년 가을의 사건(나인을 죽인 일)까지 있었는데, 이제 성상께서 하교하신 처지에 삼가 감읍感泣함을 견디지 못하겠다. 지나간 일을 뒤따라 생각하니 지나친 허물임을 깊이 알고 스스로 통렬히 뉘우치며, 또한 간절히 슬퍼한다. 내관 김한채金漢采 등에게 해조該曹로 하여금 휼전恤典을 후하게 거행하여 나의 뉘우쳐 깨달은 뜻을 보이라.

막상 김한채를 죽인 날에는 아무 기록이 없다가 다음 해에 김한채를 죽인 일을 후회해 보상금을 후하게 주라는 기록이 나오는 것이다. 이런 사도세자의 연쇄살인이 실록에 명확하게 적시되는 때는 결국 영조에 의해 세자 자리를 잃고 그가 서인이 됐을 때다. 영조 38년(1762) 윤5월 13일 을해일조 기사를 보자.

임금이 창덕궁에 나아가 세자를 폐하여 서인庶人을 삼고, 안에다 엄히 가두었다. 처음에 효장세자孝章世子가 이미 훙薨하였는데, 임금에게는 오랫동안 후사가 없다가 세자가 탄생하기에 이르렀다. 천자天資가 탁월하여 임금이 매우 사랑하였는데, 10여 세 이후에는 점차 학문에 태만하게 되었고, 대리한 후부터 질병이 생겨 천성을 잃었다. 처음에는 대단치 않았기 때문에 신민들이 낫기를 바랐다. 정축년, 무인년 이후부터 병의 증세가 더욱 심해져서 병이 발작할 때에는 궁비와 환시를 죽이고, 죽인 후에는 문득 후회하곤 하였다. 임금이 매양 엄한 하교로 절실하게 책망하니, 세자가 의구심에서 질병이 더하게 되었다. 임금이 경희궁으로 이어하자 두 궁 사이에 서로 막히게 되고, 또 환관·기녀와 함께 절도 없이 유희하면서 하루 세 차례의 문안을 모두 폐하였으니, 임금의 뜻에 맞지 않았으나 이미 다른 후사가 없었으므로 임금이 매양 종국宗國을 위해 근심하였다.

실록에서 정치적 패자이자 목숨까지 잃은 희생양인 사도세자에 대한 평이 좋을 까닭은 없겠지만 사도세자가 사람을 잇달아 죽인 것만은 그에 대한 평을 떠나 부인할 수 없는 사실이다. 이들 기록이 그가 사이코패스였다고 확증하기에는 부족함이 있고, 자료의 편향성과 모호성 때문에 앞으로 사이코패스 여부가 명확하게 밝혀지는 것도 아마 불가능할 것이다. 하지만 기록처럼 사도세자가 양심의 가책 없이, 단지 울적한 마음을 풀기 위해 습관적으로 사람을 죽인 게 사실이라면 그가 사이코패스가 아니라고도 단언하긴 힘들 것 같다.

뒤주 속에서 굶어 죽었다는 비운의 세자의 삶 못지않게, 아무 이유 없이 죽어간 내시와 궁녀들의 억울한 죽음은 어떻게 평가되어야 하는 것일까? 그들의 억울한 죽음은 누구에게 보상을 청구해야 하는 것일까?

혜경궁 홍씨, 『한중록』, 이선형 옮김, 서해문집, 2008
국역조선왕조실록(국사편찬위원회 온라인 서비스)

03. 재판
결투, 정말로 정의로운 자가 승리했을까?

뉴스에서 빠지지 않는 것이 법원에서 발생하는 각종 송사에 관한 소식이다. 크고 작은 재판 결과와 진행 상황들은 인간사의 다양한 모습들을 가감 없이 보여준다. 특히 재판에 참여하는 당사자들은 저마다 승소를 꿈꾸고 자신이 정의롭다고 생각하는데, 오늘날 당연시되는 이런 재판은 언제부터 존재해온 것일까?

"신은 정의로운 자의 편에 선다."

정말로 그럴까? 20세기 초까지 결투는 "정의로운 자가 결투에서 승리한다"는 암묵적인 전제와 믿음하에 이뤄졌다. 하지만 결투의 실상은 힘이 세거나 칼싸움을 잘하는 자가 승리하는 것이었다. 물론 칼이 아닌 권총을 사용한 결투에서는 보다 재빠른 자가 이기는 경우가 많았다. 이 경우 신이 편을 든 '운이 좋은 자'가 권총 결투에서 승리했다고 볼 수 있지만 그가 꼭 더 정의로운 자였는지는 의심해볼 만하다.(아름다운 시를 썼고, 결투로 생을 마감한 시인 푸슈킨이 불의한 삶을 살았다고 믿고 싶진 않다!)

대부분의 결투에서는 '정의로운 자가 누구인지'에 대한 복잡한 철학적 논의가 차지할 자리는 없었다. 결투에 나서는 사람들은 저마다 자신이 '정의의 편'이라고 여겼기 때문이다.(논의된다고 해도 정의가 무엇이고, 누가 보다 정의로운지를 가리는 것이 얼마나 어려운 문제겠는가. 누가 정의와 부정의를 가를지도 문제이고, 부정의로 지목된 사람이 이를 인정할지는 또 다른 문제다.)

하지만 실상은 정의로운 자와 불의한 자의 싸움이라기보다는 저마다의 이해관계를 지닌 자 간의 대립이었거나, 원초적이고 원시적인 감정 싸움이 확대된 경우가 대부분이었다. '정의로운 자가 승리한다'는 것은 결투의 결과를 사후적으로 정당화하는 데 사용된 헛된 믿음이었을 뿐이다. 하긴 지킬 박사와 하이드처럼 순수한 선인과 악인을 구분하는 것도 불가능하고, 대부분의 사람은 정도의 차이는 있지만 선과 악이 모두 섞여 있는 존재이다. 특히 분쟁이 발생해 힘으로 해결하려고 하는 데에서는 절대선과 절대악을 나누는 것 자체가 난센스이다.

이러한 '결투'의 문화는 유럽 역사에서 '시죄' 또는 신성 재판神聖裁判이라는 용어로 번역되는 원시적 재판의 일종인 '오딜Ordeal'의 여러 형태 중 하나가 사라지지 않고 남은 것이라 할 수 있다. 중세 이전부터 유럽에서는 "신은 무고한 사람을 돕는다"는 전제 아래 고통스러운 시련을 이겨내거나 겪어낸 사람은 무죄로 판단하곤 했다.

현대인의 관점에서는 비합리적이기 그지없는 이 전근대 시대의 사법 절차는 보통 불로 달군 돌 위를 걷거나, 불덩이를 손에 쥐거나, 물에 빠뜨렸을 때 아무런 육체적 손상이 없다면 무고한 사람으로 판단하는 방법으로 진행되곤 했다. 이런 '잔인한' 사법 절차가 가능했던 배경에는 '신의 판단'이 개입해 정의를 판가름한다는 '믿음'과 '확신'이 있었다.

보통 불이나 물로 가한 고문에도 기적적으로 아무런 상처를 입지 않거나, 상처를 입고서는 일정 기간(보통 3일)이 지난 뒤 어느 정도 회복을 보인다면 무죄로 선언됐다.(사실 현실적으로 그럴 가능성이 거의 없으니 대부분은 유죄로 처벌받았다.) 때로는 무죄로 선언받는 게 현실적으로는 더 좋지 않은 결과를 가져올 수도 있었다. 바로 죽음이 무고함의 증거가 되는 경우도 많았기 때문이다. '죄 많은 영혼은 물도 거부하고, 죄 없는 영혼은 물도 받아들인다'는 논리로 호수에 빠뜨려 가라앉으면 무죄, 떠오르면 유죄가 됐는데 무죄인들 죽으면 무슨 소용이었겠는가.

원시 게르만어로 '판단하다'라는 뜻의 'uzdailjam'에서 유래했다는 영어의 ordeal과 독일어의 Urteil, 네덜란드어의 oordeel은 보통 불과 물을 사용해 자신의 결백을 증명하는 형태로 발전했다. 보통 귀족계급의 결백을 증명하는 데에는 불이, 사회 하층 평민에게는 물이 활용되는 차이는 있었다. 불에 의한 오딜은 대개 9피트 거리에 불에 달군 물건을 깔아놓은 뒤 그 위를 걷는 방식으로 진행됐다. 때로는 (11세기 중반 윈체스터 대주교와 간통했다는 이유로 고소됐다가 무죄가 선언된 노르망디의 엠마의 경우처럼) 한 점 불에 덴 흔적이 없어야 무죄로 인정됐고, 보통은 붕대로 화상 부위를 감고는 사흘 뒤 사제가 회복 정도를 보고 무죄 여부를 선언하는 식으로 진행됐다.

물로 인한 오딜의 경우도 가혹하고 현대적 시각에서 비합리적이긴 마찬가지였다. 이 경우 찬물 더운물 가릴 것 없이 재판 참여자에게는 재앙이었다. 끓는 물이나 기름에 돌을 넣어두고 이를 맨손으로 건진 뒤 손에 화상을 입지 않으면 무죄로 판단하기도 했고 그게 아니면 찬물(호수나 강)에 빠뜨려 수장시키곤 했기 때문이다. 뜨거운 물에서 돌을 꺼내는 재판의 경우는 7세기 투르의 그레고리가 가톨릭 성자의 사례를 소개하면서 널리 알려졌다.

영국에서는 1166년 헨리 2세가 "도둑질이나 살인한 자는 물의 시련(오딜)을 받아야 한다"고 법령에 명시해두었다. 이보다 앞서 유럽 대륙에서는 6세기 게르만족의 살리 법전에 끓는 물에서 돌을 꺼내는 재판이 언급된다. 12세기 가톨릭 사제들은 범죄를 저질렀을 법한 사람들에게 끓는 물 시험을 한 뒤 사흘이 지났는데도 상처가 낫지 않으면 유죄를 선언하고 가혹한 처벌을 시행했다.

마법을 부린다고 지목된 사람을 강물에 빠뜨렸다가 살아남으면 무죄로 인정하는 찬물 오딜의 경우, 프랑크 법에 명시돼 있다가 829년에 루트비히 경건왕에 의해 폐지됐다. 하지만 이 법은 중세 후기인 1338년 밀렵금지법인 '드라이아이허 빌트반Dreieicher Wildbann'에서 부활했다. 여기엔 밀렵꾼에 대해 세 번 물통에 집어넣은 뒤 바닥에 가라앉으면 유죄라고 판단하는 규정이 도입됐다.

594년 사망한 투르의 그레고리의 경우 범죄 혐의자에게 목에 돌을 매단 후 물에 빠뜨려보면, "죄의 무게를 지지 않은" 순진무구한 사람이라면 물 위로 떠오를 것이라고 설파했다. 하지만 16~17세기 마녀사냥과 오딜이 연결되면서 찬물 오딜의 판단 기준은 180도 바뀐다. 즉 무고한 자는 물속으로 가라앉을 것이고, 마법을 부린 자는 물 위로 떠오른다는 것이었다. 마녀들이 악마들에게 "세례받지 않겠다"고 선언한 만큼 물이 거부한다는 논리도 있었고, 스코틀랜드의 제임스 6세(후일 잉글랜

중세에 행해졌던 '오딜' 장면들. 불로 지지거나(왼쪽) 물속에 빠뜨리는 등의 잔인한 오딜이 널리 행해졌다. 물론 그 명분은 "정의를 행한다"는 것으로 교묘하게 포장되어 있었다.

드의 제임스 1세)는 "물은 너무나 순수한 존재여서 죄인을 받아들일 수 없다"는 논리로 물에 가라앉은 자들이 무죄라는 논거를 만들었다. 이런 재판에서는 무죄이면 익사하고 유죄이면 화형을 면치 못하는 옴짝달싹 못하고 죽을 수밖에 없는 상황이 펼쳐졌다. 이런 찬물 오딜은 1728년 헝가리에서 마지막 사례가 집행될 정도로 질긴 생명력을 자랑했다. 이 밖에 맹독성이 있는 칼라바르 콩을 먹게 한 뒤 토하는지의 여부를 본다든지, 쓰디쓴 액체를 먹인 후 반응을 살펴본다든지 하는 등 다양한 방식의 오딜이 존재했다. 용의자에게 빵 덩어리를 주고 씹지 않고 삼키게 한 다음, 목에 걸려 질식하면 유죄이고 질식하지 않으면 무죄를 인정한 경우도 있었다.

오딜의 전통은 그러나 1215년 제4차 라테란 공의회에서 금지된 이후 점차 세를 잃어갔다. 서구사회에서는 시대의 흐름과 함께 오딜이 합리적인 법적 소송의 형태로 전환되어갔다.(물론 결투처럼 문화적 형태로 남아 있는 경우도 있었다.)

모든 사람은 자신이 올바른 편이고 정의의 편이라고 확신한다. 특히 자신의 정치적 신념이나 종교적 믿음에 따른 경우에는 타협의 여지가 거의 없다. 하지만 한발 물러서서 보면 과연 무엇이 정의이고 올바른 것인지, 어느 편이 정의를 독점할 수 있는지, 정의의 이름으로 불의를 행하고 있는 것은 아닌지 복잡해진다. 대부분의 경우는 일도양단하는 것이 사실상 불가능하다.

정의를 행한다는 이유와 명분으로 '오딜'과도 같은 잔인하고 비합리적인 처벌이 오랫동안 행해지기도 했다. 그 근원에는 원시적 욕구와 적

대감을 표명하거나 자신의 신념과 믿음을 강요하는 데 있어 '신의 뜻'
이 교묘하게 포장되기도 했던(나만이 옳은 편이라는 확신의) 역사가 자리
잡고 있다.

O. F. Robinson · T. D. Fergus · W. M. Gordon, *European Legal History: Sources and Institutions*, Butterworths, 1994

마르크 블로크, 『봉건사회 1』, 한정숙 옮김, 한길사, 2001

페르디난트 자입트, 『중세의 빛과 그림자』, 차용구 옮김, 까치, 2002

최종고, 『서양법제사』, 박영사, 1996

온라인 백과사전 위키피디아

04. 복수
"여자들 이리로 와",
소련군이 배운 첫 독일어

인간성이 상실되는 전쟁터에서는 각종 반인륜 범죄가 발생하는데, 그중 가장 큰 피해를 보는 것은 여성과 아이들이다. 때로는 이런 피해자가 전쟁을 도발한 전범국에서도 발생하는데, 역사의 복잡성과 복합성을 보여주는 예를 소개한다.

  "프라우 콤!Frau Komm((어이 거기) 여자, 이리로 와.)"
  제2차 세계대전 당시 독일지역에 진주한 소련군 '붉은 군대' 병사들이 처음 배웠다는 독일어 표현이다. 이 표현은 수십 년간 동부 독일 지역 주민들을 몸서리치게 만들었지만 그 누구도 당시의 일을 입 밖에 내놓지 않는 게 불문율이었다고 한다. 2차 대전 당시 독일의 유대인 대학살이나 레닌그라드 전투의 참혹상 등 소련 국민이 당한 참상은 비교적 잘 알려져 있는 편이지만, 연합군의 독일 진주 후 그곳에서 행해진 연합군의 '복수혈전'에 대해선 대부분의 역사서가 침묵해왔다. 1차 대전과 달리 2차 대전 때는 히틀러라는 워낙 분명하고 사악한 가해자이자 전쟁 범죄자가 존재했기 때문이다. 또 반인륜적 범죄를 저지른 가해자 독일로서는 자신들이 당한 것에 대해 항변할 자격조차 박탈됐던 까닭도 있으리라.

하지만 종전 후 수십 년이 지나면서 일부 독일 내 '우익'(우파보다 강한 표현이다!) 역사가들을 중심으로 자신들이 당한 피해에 대한 목소리가 나오기 시작했고, "나만 잘못한 게 아니다"라는 항변이 수면 위로 떠올랐다. 유명한 1980년대 '역사가 논쟁Historikerstreit'을 계기로 독일 나치즘과 소련 공산주의가 서로를 증오하면서도 닮아갔고, 상대방에 대한 두려움을 기반으로 자신의 존재 의미를 찾으면서 상호 간에 상승 작용을 일으켰다는 등의 논의가 상세히 진행된 것이다. 이런 논쟁적인 해석을 제외하고라도 실제 전쟁 양상, 연합군의 복수극 역시 잔혹하고 반인륜적인 측면이 많았다는 점은 분명하다.

구체적으로 1943년 11월부터 1945년 5월까지 영미 연합군은 베를린에 있는 20개 주요 건물 가운데 19개를 완파했고, 1945년 4월 13일 포츠담은 문자 그대로 '가루'로 분쇄돼버렸다. 마그데부르크도 그해 1월 사실상 거의 모든 건물이 파괴됐고 중세 도시인 할버슈타트 역시 미군의 폭격으로 그해 4월 8일 건물의 90퍼센트를 상실했다. 드레스덴은 지도상에서 사라지다시피 했다. 동부 전선에서는 소련군이 전투기 폭격보다는 포격으로 동부 독일을 박살냈다. 소련군의 포격으로 단치히, 마리엔부르크, 알렌슈타인, 브레슬라우, 프랑크푸르트 암 오데르가 파괴됐다.

독일군이 소련 영토 깊숙이 진격한 덕분에 1944년까지 이들 동부 독일의 슐레지엔과 폼메른, 동프로이센 지역들은 전화로부터 비교적 안전해 각지에서 몰려든 피난민들로 가득 찼다. 그러나 1944년 중순부터 이곳들에도 공격이 개시됐고 1944년 여름 영국 공군에 의해 쾨니히스베

제2차 세계대전 중 독일은 워낙 가해자로서의 이미지만 있었는데, 일부 지역의 여성들은 소련군에게 강간당하거나 목숨이 경각에 달리기도 했다. 소련 군인들이 내뱉었던 "프라우 콤(여자 이리 와)"은 독일인들을 공포 속으로 밀어넣는 말이었다.

르크 시가가 파괴됐다. 그해 10월에는 소련군이 동프로이센 지역에 진입했다.

이때 동프로이센의 어느 마을에 소련군이 단 하루 머물렀는데 그 짧은 시간에 72명의 여성과 1명의 남성이 살해됐다. 84세의 노인을 포함한 여성들은 모두 강간당한 뒤 처형됐고 일부는 십자가형에 처해지기도 했다. 어린아이들은 머리가 박살났고 총살형을 당한 경우는 운이 좋은 편에 속했다. 소련의 언론인 일리야 에렌베르그는 "붉은 군대는 그들의 조국에서 당한 바를 결코 잊지 않았다는 것을 확실하게 보여줬다"고 전하고 있다.

동부지역에서 독일군이 마지막으로 저항해본 곳은 철학자 칸트가 활동했던 쾨니히스베르크*였다. "최후까지 항전하는 요새"로 선언된 그곳은 밤낮으로 폭격을 받았으며 3개월간의 저항 후 소련군이 1945년 4월 8일 진입했다. 50만 명의 독일인이 얼어붙은 하프 강을 건너 탈출을 시도했고 그 수면 위로 소련군이 폭격을 가해 수많은 사상자를 냈다. 해상으로도 2만5000여 명이 탈출을 시도하다 사망했는데, 7000명이 탄 고야 호의 침몰은 그 유명한 루시타니아 호 격침이나 타이타닉 호 침몰에 비해 사상자가 더 많았다.

당시 이 지역에서 소련군에 잡혔다 살아난 의사 한스 렌도르프의 회고록에 따르면, 그의 간호사는 소련군 진주 당시 병원에서 환자를 수술하던 중 강간당한 뒤 자살했고 자신은 생명의 위협을 받으며 거리 여기

---

* 현재는 도시명이 러시아의 칼리닌그라드로 바뀌어 있다.

저기를 끌려다녔다고 한다. 소련군은 진주한 날 밤 "다바이 수다Дава
йСуда(처분해버리자)"라고 외치면서 도시의 모든 여성을 한 명씩 끌고
갔다. 후일 소련군은 이 말에 해당하는 독일어 표현을 배웠는데 이후 이
표현은 한 세대 동안 동부 독일인들을 떨게 만든 말로, "프라우 콤(여자
이리 와)"이었다고 한다.

구금과 강간, 살해는 옛 프로이센의 소련 점령지에서 점령 첫주에 광
범위하게 일어났다. 팔다리가 잘려 산 채로 돼지 먹이가 된 경우도 있다.
또 기력이 남아 있는 남성 대부분과 일부 여성이 가축들과 함께 소련으
로 끌려갔다. 도시에 남겨진 사람들은 죽은 사람들의 고기를 먹으면서
연명했고, 항복한 11만 명의 쾨니히스베르크 시민 가운데 2만5000명만
이 소련에서 3년 반 동안 수용소 생활을 견딘 끝에 살아남았다.

독일이 2차 대전의 전범국인 것은 분명하고 그들이 소련을 비롯한 각
지에서 잔혹한 짓을 했다는 데에는 이견이 없다. 그렇지만 그 반대편 역
시 완전한 절대적 '선'은 아니었음이 분명하고, 이에 따라 그 전쟁에서
가장 큰 피해를 입은 것은 양편의 힘없는 일반 시민들이었다. 파시즘의
폭거에 대한 영웅적인 연합군의 승리라는 공식 역사 해석의 이면에는
반인륜적인 전쟁의 참상이 빠지지 않았다.

대부분의 역사적 사실들은 칼로 무 자르듯 명확하게 설명되지 않는
다는 데서 후대에 지속적인 문제를 남긴다. 사실 이는 인간의 삶 자체가
서로 얽혀 있고 복합적이기 때문에 나오는 필연적인 문제이기도 하다.
그렇더라도 역사적 격변기에는 자신의 의사와 관계없이 수많은 희생자
가 나오는 것을 어떻게 해야 할까. 그들 희생자는 과연 누구에게 자신의

피해에 대한 보상을 청구할 수 있을까. 또 비극적인 일이 다시는 발생하지 않길 바라는 것 외에 다른 방법은 없는 것일까.

Bienka Pietrow-Ennker(Hrsg,), *Präventivkrieg?: Der deutsche Angriff auf die Sowjetunion*, Fischer, 2000

Giles MacDonogh, *Prussia*, Mandarin, 1995

에른스트 놀테, 『유럽의 시민전쟁』, 유은상 옮김, 대학촌, 1997

06

꿈과 현실, 엄청난 간극

OI. 대화

소크라테스로부터 플라톤 떼어내기

사람들은 누군가의 생각이나 사상을 제3자라는 중간자를 통해 전해 듣는 경우가 많다. 위대한 사상가의 철학이나 종교 지도자의 말도 직접 전달받기보다는 다른 사람을 통해 접하곤 하는데, 이럴 때 과연 어느 정도나 사건의 실체와 사상을 제대로 알게 되는 것인지 의문이 생긴다. 세계 4대 성인 중 한 명이자 직접 쓴 저술을 남기지 않은 소크라테스의 경우를 통해 이런 문제를 고민해본다.

철학자 가운데 가장 유명한 사람으로 흔히 소크라테스를 꼽을 것이다. 하지만 자신이 직접 저술을 남기지 않은 (그래서 그 사상의 실체를 알기 힘든) 소크라테스가 어떻게 해서 가장 위대한 철학자, 사상가의 반열에 오를 수 있었을까? 석가모니도, 공자도, 예수도 모두 직접 쓴 저서를 남긴 것은 아니지만 소크라테스보다는 사정이 낫다. 이들 3인 역시 후대의 조작과 윤색, 왜곡의 위험성에서 완전히 자유로운 건 아니나, 플라톤이라는 걸출한 제자를 통해 모습이 전해지는 소크라테스보다는 본연의 모습이 확연히 드러나기 때문이다. 반면 소크라테스의 모습은 상당 부분 플라톤과 복잡하게 뒤섞여 있는 게 사실이다. 그런 까닭에 '소크라테스로부터 플라톤 떼어내기'가 오랫동안 서양 사상계의 과제였다.

　오늘날 우리가 알고 있는 소크라테스의 모습은 전적으로 플라톤에 의존한다. 소크라테스에 대한 약간의 기록을 크세노폰의 작품 일부에서 찾을 수 있다고는 하지만, 어쨌건 대부분의 내용은 플라톤의 작품 속에 있다. 플라톤은 자신의 저술 속에 스승 소크라테스를 주인공이나 주요 화자로 등장시키는데, 문제는 그것이 소크라테스가 하는 말과 행동을 그대로 드러낸 것이라고 확신할 수 없다는 데 있다. 플라톤이 자신의 생각을 소크라테스의 입을 통해 말했을 수도 있고, 어디까지가 플라톤이 만들어낸 소크라테스인지도 불분명하다.

소크라테스의 생애와 철학이 플라톤의 『대화』편을 통해 기술한 소크라테스와 일치하는지의 문제는 한마디로 '소크라테스 자신Socrates himself과 플라톤의 소크라테스Plato's Socrates를 구별하는 것'으로 요약될 수 있을 것이다. 그렇다면 플라톤은 왜 후대인들을 괴롭게 만드는 대화체의 형태로 글을 썼을까?

이에 대해 정치학자 레오 스트라우스는 "플라톤의 대화편에 다양한 인물들이 등장해 대화를 나누지만 플라톤 자신은 어떤 대화편에서도 스스로 말하고 있지 않다"는 데 주목한다. 각 대화편에서 말하거나 상대방의 얘기를 듣는 사람은 소크라테스일 뿐이라는 것이다. 소크라테스가 등장하지 않는 대화편은 플라톤 최후의 작품인 「법률」하나에 불과하다고 한다.

레오 스트라우스는 플라톤이 대화 형식으로 글을 쓴 이유를 구체적으로 박해와 글쓰기 기술의 상관관계에서 찾는다. 즉 공직 참여를 자제하고 재야의 철학자로만 남으려 했던 소크라테스조차 정치권력에 의해 박해당하고 처형당하는 것을 반면교사로 삼았다는 분석이다. 플라톤이

소크라테스의 사상은 그의 제자 플라톤의 입을 빌려서만 전해지기에 어디까지가 소크라테스 본연의
모습인지에 대한 논쟁이 있다. 어떻든 간에 '대화'라는 간접적인 형식을 빌려 자신의 사상을 전개한 덕
에 그의 사상은 다양한 측면에서 해석될 여지를 남겨둔다.

자기 목소리로 직접 말하는 것을 꺼려 남들로 하여금 자신의 생각을 대신 말하게 하는 대화 형식을 취했다는 것이다. 물론 이럴 때는 익명으로 책을 쓰는 것도 한 방법이 되겠지만 진실을 말해야 하는 철학자의 '체면'이 있기에 다른 사람의 입을 빌려 자신의 생각을 표현했다는 것이다.

여기에 대화라는 형식이 '스스로 생각하는' 능력을 훈련하고 발달시키는 좋은 방법이라는 점도 고려됐다는 분석이다. 대화는 진리를 추구하기 위한 화자 간의 이성적인 논의 방법이며 자기 자신과의 이성적 대화라는 주장이다. 대화를 통해 끊임없이 질문을 던지고 그 답을 추구하는 과정에서 철학이 발전한다는 신념을 플라톤이 가졌을 것이라고 스트라우스는 유추한다. 또 플라톤이 대화를 강력한 설득의 수단으로 여겨 대화의 형식을 통한 지식의 확립과 진리 추구가 도움이 된다고 여겼을 것이라고 상상한다.

무엇보다 주목되는 것은 시인 추방론을 주장했던 플라톤은 젊은 시절부터 시인을 꿈꿔왔으며, 단순히 철학자로 남는 게 아니라 위대한 시인이 되기 위해 대화 형식으로 이뤄지는 철학드라마 장르를 선택했을 것이란 시각이다. 더구나 '현자'와 '천박한 상놈'들을 구분하는 것을(대중 교육의 발달에 의해 극복될 수 없는) 인간 본성 탓이라고 생각하는 플라톤의 엘리트주의도 '행간의 뜻'을 읽어내야만 하는 대화식 서술의 배경이 됐다. 플라톤에게 철학과 과학은 선택받은 소수만을 위한 것이었으며, 무식한 대중으로부터 미움의 대상이 되기 쉬운 철학은 일반 대중에게는 은폐된 형식으로 전해질 필요가 있는 것이었다. 선택받은 능력을 지닌 자들은 '개떡같이' 대화 속에서 떠들어도 그 숨은 뜻을 '찰떡같이' 알아낼 수 있다는 것.

모든 형태의 억압과 박해는 역설적으로 글쓰기의 기술을 발전시킨다고 한다. 편향적이고 직설적이기만 한 글은 격이 떨어지고 운치도 없겠지만, 모든 글이 행간의 숨은 뜻을 파악해야만 한다면 그것은 글이 쓰여진 시대가 불행한 시대임을 방증하는 것이다.

Leo Strauss, *Persecution and the Art of Writing*, University of Chicago Press, 1988

김영국 외, 「레오 스트라우스의 정치철학」, 서울대출판부, 1995

O2. 조기 어학교육
조기교육의 피해자, 몽테뉴

한국사회는 교육 열풍이 지나치다 못해 광풍이란 표현을 쓴다. 특히 영어 교육에 대한 열기는 대단해서 아이 적부터 영어, 중국어 교육에 몰입하는 경우도 흔하다. 이런 조기 외국어 교육의 득실에 대한 사회적 공감대는 아직 이뤄지지 않은 듯한데, 전통시대 조기 외국어 교육의 최고 성공작이자 희생자인 몽테뉴의 삶을 통해 그 문제를 생각해본다.

프랑스의 철학자이자 사상가인 몽테뉴는 조기교육의 수혜자인 동시에 피해자였다. 그의 위대한 사상과 문필력은 어찌 보면 비정상적이라고 느껴질 정도의 조기교육의 산물이었고, 그의 사상 곳곳에는 어린 시절 받은 교육의 그림자가 드리워져 있다. 하지만 다른 한편으로 그는 조기교육 탓에 주변과 제대로 융화되지 못하고 아웃사이더로서 외로운 삶을 살아야만 했다. 그리고 그것은 그가 택한 길이 아니었다.

1533년 프랑스 서남부 보르들레와 페리고르 접경 지역에서 법복 귀족의 자식으로 태어난 몽테뉴는 당시 돈 많은 부르주아지 관습대로 어머니의 젖이 아니라 시골 농부 아내의 젖을 먹고 자랐다.(요즘 많은 아이들이 부모 아래서 자라지 못하는 것과 비슷하다.) 이어 어린 몽테뉴는 아버지의 각별한 관심 속에 엄청난 수준의 조기교육을 받으며 어린 시절을 보내야 했다. 처음 배운 언어는 당시 관례대로 가정교사로부터 습득한 라틴어였는데, 방법이 유별났다.

몽테뉴의 아버지는 프랑스어를 모르는 독일인 교사에게 아들을 맡기면서 라틴어가 모국어가 되도록 가르치라고 당부했다고 한다. 이에 따라 가정교사와 라틴어로 대화한 것은 물론, 몽테뉴는 성 안의 사람들과 대화를 할 때 라틴어만을 쓰도록 강요받았다. 아버지, 어머니, 하녀도 모두 몽테뉴가 있는 곳에서는 라틴어로만 말했다.

에라스무스에서 기원한 것으로 보이는 이런 교육법은 오늘날 한국의 유아 영어 교육이나 중국어 교육 열풍처럼 "라틴어를 모국어처럼 쓰게 하자"는 목표로 도입됐다. 하지만 대부분 모국어인 불어를 자연스레 익힌 뒤에 라틴어 교육을 실시했던 반면, 몽테뉴의 두뇌 속에는 불어에 대한 정보가 들어오기 전부터 오직 라틴어만이 주입됐다. 결국 몽테뉴는 여섯 살이 되면서 선생 뺨칠 정도로 라틴어를 유창하게 말할 수 있게 됐다. 하지만 완벽한 라틴어 교육에는 한 가지 치명적인 약점이 있었다. 바로 몽테뉴가 발을 딛고 살아가던 페리고르 지방의 모국어이자 향토어인 불어와 페리고르 지방어를 할 수 없었던 것이다. 그는 주위 모든 사람이 자유롭게 사용하는 말을 잘 몰랐으며, 결국 그가 대화를 나눌 수 있는 사람은 극소수에 불과했다.

문제는 대화를 나눌 사람이 적었을 뿐 아니라 대화 수준도 심각할 정도로 낮았다는 데 있다. 몽테뉴 주변에서 수준급 라틴어를 구사할 수 있는 사람은 몽테뉴 자신과 선생님 그리고 선생의 조수 두 사람 등 몇몇에 불과했다. 몽테뉴 아버지의 라틴어 실력도 초급 수준을 벗어나지 못했고, 어머니는 아버지보다 실력이 달렸다. 당연히 하인들은 "식사하세요"나 "물 떠와" 같은 수준의 아주 기초적인 회화밖에 할 수 없었다. 결국 몽테뉴는 어린 시절부터 주변과 의사소통의 벽에 부딪혀야 했고 이는 평생 해결하지 못한 문제였다. 그의 대표작 『에세(수상록)』에서도 여러 형태로 언어 소통의 문제가 제기되었다. "말은 절반은 그것을 말하는 사람의 것이 되고 절반은 듣는 사람의 것이다"라며 몽테뉴가 발화자와 수신자 사이의 소통의 문제에 천착한 것은 다 그만한 이유가 있었던 것이다.

몽테뉴는 여섯 살이 되자 보르도 지역의 명문 학교인 콜레주 드 기엔에 보내졌는데 학교생활에 잘 적응하지 못했다. 그곳에서 수준급의 라틴어 교육을 받았지만 이미 모국어로 라틴어를 쓰는 몽테뉴에게는 너무 시시한 수준이었기 때문이다. 이환 서울대 교수의 표현을 빌리자면 "키케로의 글 한 쪽을 구절구절 해부하고 암송하고, 격변화와 동사변화를 암기하는 수업은 (네이티브 스피커인) 몽테뉴에게 무의미했을 뿐 아니라 권태로웠다"고 한다.

게다가 몽테뉴는 학급 친구들과도 쉽게 어울리지 못했다. 처음부터 상급반에 편입된 그에게 급우들은 서너 살 위의 형들이었고, 게다가 친구들은 대개 프랑스어나 그 지방 방언으로 얘기해 몽테뉴는 자연스레 왕따가 됐다. 결국 그는 학업에서나 친구들과의 공동생활에서나 모두 정상적인 테두리 밖에 있는 존재였다. 이런 어린 시절의 경험 역시 그가 『에세』에서 아동 교육을 논하다 학교를 "포로가 된 젊은이들의 진짜 감옥"으로 묘사하며 부정적으로 바라보게 하는 빌미가 된다.

『수상록』의 작가로만 잘 알려진 몽테뉴는 조기 교육의 가장 큰 피해자이기도 했다. 라틴어만을 강제로 써왔던 그는 어렸을 적 또래들과 소통할 기회를 박탈당했고, 그것은 그를 지극히 정상적인 삶의 테두리 바깥으로 밀어내는 경험이기도 했다.

최근 한국사회에서도 아이가 뱃속에 있을 때부터 영어로 태교하고, 유아 시절부터 영어 교육을 시키고 아이를 봐주는 중국 동포(조선족)들로부터 중국어 조기 회화 교육까지 받는 경우가 많다고 한다. '영어 울렁증'이 적지 않은 구식 세대인 나에게 이런 모습은 부러운 면이 있기도 하지만, 마음이 불편한 것도 사실이다. 하지만 한동안 이런 문제는 남의 일이었는데 최근 들어서는 꼭 남의 일만은 아니게 됐다. 말이라고는 아직 '아빠' '엄마' '차' '새' 정도밖에 못하는 어린 자식을 보면서, (굳이 지금 그런 것을 가르칠 필요가 없다는 것을 잘 알면서도) 그 또래 다른 아이들이 영어, 중국어 교육을 받는 모습과 비교해 나만 애를 '방목' 시키는 것이 아닌가 하는 생각(걱정)이 문득 들었다. 교육 문제의 정답은 어떤 것일까?

이환, 『몽테뉴의 '엣세' — 근대 자아 최초의 자화상』, 서울대출판부, 2004

03. 크기
단 한 번도 써먹지 못한 슈퍼헤비급
탱크 '마우스'

한국사회에서 종종 큰 것에 대한 신화나 콤플렉스가 느껴지는 현상을 접하곤 한다. 취직 대상으로는 대기업이 첫손에 꼽히고, 부동산 관련 뉴스에서는 대형 평수 아파트에 관심이 쏠린다. 차도 대형차가 인기다. 하지만 크기가 모든 것을 만족시킬 수 없고, 크다고 장점만 있는 것은 아니다. 크기에 대한 믿음이 만들어낸 허상의 역사를 살펴본다.

제2차 세계대전 후반기 독일의 히틀러는 포르쉐 박사에게 무적의 전차를 만들 것을 명령한다. 상대방 전차를 한방에 박살내는 난공불락의 '이동하는 요새'를 원한 것이다. 이에 따라 만들어진 것이 역사상 가장 크고 무거운 전차라는 '명성(?)'을 얻게 된 '마우스'다. 길이 10.1미터에 높이 3.66미터, 폭 3.67미터의 큰 덩치에 무게도 188톤에 이르는 기네스북에 등재된 가장 크고 무거운 전차였다.

마우스Maus(쥐)라는 이름은 적군 스파이가 전차의 정체를 제대로 파악할 수 없도록 하기 위해 의도적으로 작은 동물인 쥐를 선택해 붙인 것이다. 당초에는 큰 덩치에 어울리게 '맘모스'라고 부를 것을 고려했지만, 귀여운 느낌이 물씬 묻어나는 작은 쥐Mäuschen로 바꿔 부르다가 최종적으로 '마우스'로 결정됐다. 사실 독일이 마우스 같은 100톤이 넘는 슈퍼헤비급 전차를 개발하게 된 동기는 그들 스파이의 잘못된 정보 파악 탓이다. 1942년경 소련이 'T-100'이라는 헤비급 전차를 개발한다는 정보가 입수되자, 아무 생각 없이 그것을 100톤 급 전차를 만드는 것으로 파악했다는 것이다.

마우스는 개발 과정에서 장갑 능력이 강화되고 화력이 세지면서 몸무게가 계속 비대해져 완성 단계에서는 무려 188톤의 무게를 자랑했다. 히틀러가 구경이 큰 대포를 장착할 것을 명령하면서 당초 계획보다 두 배 가까이 큰 뚱보 탱크가 된 것이다. 전쟁 말기 자원 한 푼이 아쉬운 상황에 독일은 이 슈퍼헤비급 무적전차를 개발하기 위해 막대한 전비와 기술력을 집중시킨다.

하지만 저명한 포르쉐 박사와 '메이드 인 저머니'의 대명사 격인 유명 제조업체 크루프가 힘을 합쳐 제작한 이 초거대형 탱크는 150~200대를 생산한다는 애초의 계획과 달리 단 2대만 생산됐을 뿐이고, 그나마도 실전에 투입해보지 못했다. 실전 배치가 제대로 안 된 데에는 독일인 특유의 마이스터 정신이 발휘돼 제품을 꼼꼼히 만들려 한 탓도 있었다.

아무튼 마우스는 최고 속도 시속 20킬로미터 미만에 평균 속도가 시속 12킬로미터로 느렸을 뿐 아니라 너무나 무거워 어떤 교량도 전차의 무게를 지탱하지 못했다. 이에 100톤이 넘는 차체를 이동시키기 위한 고출력 엔진을 만드는 데 시간을 쏟아 부었지만 결과는 신통치 않았다. 결국 적군에 노획될 것을 두려워한 독일군은 자체 파괴하는 길을 택하는데, 최후의 마우스들은 소련군에 전리품으로 노획돼(부분 부분 따로 노획돼 소련군이 다시 합체했다) 현재 모스크바 인근의 쿠빈카 탱크 박물관

슈퍼헤비급의 마우스 탱크의 모습.

에 전시되는 처지로 전락했다. 2차 대전이 끝난 후 마우스를 정밀 연구한 소련 연구팀은 이후 소련 전차 개발에 마우스와 관련한 내용은 거의 반영하지 않았다. 적절한 크기에 최적의 효율을 추구하는 소련의 탱크 철학과 거의 모든 면에서 배치되었기 때문이다.

2차 대전 당시 독일에는 유난히 초거대 매머드급 무기들이 많았다. 전장에서 조립하는 데에만 며칠이 걸렸고 사격대형으로 배치하는 데에만 한 달이 걸렸다는 초거대 대포 '슈베러 구스타프'도 그중 하나다. 그나마 '슈베러 구스타프'는 만슈타인 장군이 천혜의 요충지 세바스토폴 요새를 공격할 때 효과를 발휘했지만 마우스는 한번 써보지도 못한 채 박물관으로 직행하는 신세가 됐다.

경제전쟁의 시기, 오랜 역사를 가진 굴지의 대형 기업들이 연달아 주저앉고 있다. 또다시 거대한 크기가 승리와 존속을 보장해주지 못하는 시대가 도래한 것이다. 그러나 이런 위기의 시대에 우리의 대응은 다시 크기에 대한 집착의 형태로 나타나는 듯한 느낌이다(정부 정책도 그렇고 기업의 대응도 마찬가지다). 크기보다는 효율성과 기동성이 중시되는 절체절명의 시기에 우리만의 '마우스'를 만들고 있는 것은 아닌지 돌이켜 봐야 할 것이다.

Wolfram Wette, *Die Wehrmacht- Feindbilder: Vernichtungskrieg, Legenden*, Fischer, 2005
남도현, 『히든 제너럴 – 리더십으로 세계사를 바꾼 숨겨진 전략가들』, 플레닛미디어, 2009
온라인 백과사전 위키피디아

04. 아파트

아파트와 빡센 직장생활이 『유토피아』에 나오는 이상적인 삶?

인간은 꿈을 꾸고 사는 존재다. 미래에 대한 꿈을 통해 인류사는 발전하고 변화해왔다. 인간의 꿈은 자신이 처한 환경에 따라 분명한 한계가 있기 마련이고, 때로는 그 꿈이 당초 의도와는 달리 어두운 현실을 만들기도 한다. 오늘날 우리가 당연하게 여기는 삶의 모습들은 과거 사람들에게는 꿈속에서나 가능했던 것인 경우도 적지 않다.

토머스 모어의 『유토피아』에 묘사된 이상향의 삶을 도화지에 그려보면 "일주일 내내 회사와 집을 오가며 시달리다, 회색빛 아파트 단지로 들어가는" 오늘날 우리의 모습과 너무나 흡사해 깜짝 놀라지 않을 수 없다. 좀 극단적으로 단순화하면, 현대사회의 인간들은 소위 '유토피아'에 살고 있는 것이다. 오늘날의 팍팍한 삶이 과거 사람들이 꾼 꿈이라니!

프랑스 철학자이자 유토피아 문제를 집중적으로 논구한 티에리 파코에 따르면 유토피아는 좀 더 나은 다른 곳을 향한 출발이자 사회의 불행을 떨쳐버린 현실의 반대 모습이다. 어떤 이들에게는 현재의 위급한 문제에 대한 해답으로, 어떤 이들에게는 내일의 현실이 되는 예상치로, 또다른 이들에게는 사회라는 발전기에 필요한 연료로 나타난다는 게 파코의 설명이다.

놀라운 것은 유토피아에 대한 시각이 언제 어디서나 있었던 게 아니라는 데 있다. 중세사학자 페르디난트 자입트에 따르면 유토피아 사상은 근대의 산물로서 르네상스 이후 인간과 세계에 대한 근대적 이해를 반영하고 있다고 한다. 특히 유토피아 사상은 음울했던 시기에 형성되었다. 따라서 한 사회가 바라는 이상향을 보면 그 사회가 공통적으로 갈망하는 꿈이 무엇인지, 그 사회가 현재 겪는 고통이 무엇인지를 역으로 살펴볼 수 있게 된다.

'유토피아'라는 단어는 알다시피 '장소'를 의미하는 그리스어 'topos'에 양질을 뜻하는 접두사 'eu'와 부정을 나타내는 접두사 'ou'가 합성된 단어다. 따라서 어떤 때는 '좋은 장소' '행복한 장소'로 해석되고 또 어떤 때에는 '존재하지 않는 곳' '어디에도 없는 곳'이라는 상반된 의미를 나타낸다. 결국 살기에 너무나 좋은 곳이지만 닿을 수 없는 곳이라는 뜻이 된다.

1516년 출간된 그 유명한 『유토피아』에서 묘사된 이상향의 삶은 놀라울 정도로 오늘날 우리의 삶과 닮아 있다. 불행하게도 토머스 모어가 그리는 '유토피아'의 전망은 회색빛 일색이어서 과연 이것이 '이상향'인가 하는 생각이 절로 들지만 말이다.

사실 이 작품은 근대로 접어드는 시기 유럽 사회의 고통을 반어적으로 드러낸 작품이라고 보는 게 좋다. 그리스어를 좋아했던 토머스 모어가 전체주의 냄새가 물씬 나는 플라톤의 『국가』에 자신의 생각을 가미한 게 유토피아의 기본 틀이다. 유토피아에서의 삶을 살펴보면 다음과 같다.

플라톤의 이데아와 함께 '이상향'으로서 고전 정치철학의 단골 주제가 되는 모어의 '유토피아'는, 현대인의 시각에서 보자면 그야말로 벗어나고 싶은 라이프스타일이다. 그의 말대로 과연 유토피아는 '아무데도 없는 곳'일까?

유토피아의 사람들은 농사일을 주 수입원으로 하면서 하루 여섯 시간 의무적으로 일하게 돼 있다.(거의 모든 직장인은 하루 여섯 시간을 훌쩍 뛰어넘는 시간 동안 일하니 그 정도면 낙원이 될 수 있겠지만 '의무적'이라는 표현이 마음에 걸리지 않을 수 없다.) 전체적으로 서구사회의 유토피아 사상은 공산주의적이든가, 혹은 줄리엔 프로인트의 표현대로 "최소한 자산 공동체적"인 사회가 대부분이다.

54개 섬에 사는 6000가구의 주민들에게 노동은 의무이며 태만은 기생으로 간주된다.(대부분의 사장들과 높은 자리에 있는 분들의 생각도 그렇다.) 하루에 취침 시간은 여덟 시간으로 정해져 있고 남는 시간에는 자신이 원하는 일을 한다. 비밀투표에 의해 선출된 학자들은 노동을 면제받지만 합당한 성과를 내지 못하면 다시 농민의 지위로 돌아간다.(불행히 한국사회의 소위 각종 철밥통들에게는 그렇게 하지 못한 듯하다. 낙원은 낙원인 듯하다.)

식사부터 가정생활까지 일일이 국가가 간섭하는 최악의 전체주의 국가이기도 하다.(이보다는 덜하지만 요즘 한국인의 삶도 의무적으로 군대에 가야 할 뿐 아니라 한때는 아이를 덜 낳으라고 가정생활에 개입했고, 요즘에는 도와주는 것은 별로 없으면서 더 낳으라고 한다.) 힘이 들거나 고통스러운 일들은 외국인이나 노예들에게 일임된다.(지금도 3D 업종은 외국인 노동자들이 사실상 전담하고 있다.)

결정적으로 주택들은 거의 모두 비슷하고 입구는 길 쪽에 있고 뒤에는 정원이 있다.(오늘날 아파트 주거 문화와 무엇이 다를까?) 유토피아의 사람들은 주택의 환경에 집착하지 않고 개인 소유로 삼지 않으며 10년

마다 이사한다.(이것은 좀 다른 듯싶다).

또 돈은 어떤 기능도 하지 못하고, 물질적 치부는 경멸당한다. 금은 변기나 요강, 죄수를 가두는 족쇄로나 사용된다.(지금도 다들 돈을 쫓으며 살고 있지만, 실제 속마음과 다르게 돈에 대한 경멸의 심성도 여전히 목격된다. 물론 요즘은 돈에 대한 노골적인 추구가 늘고 있지만.) 자연스레 옷도 소박한(회색빛의) 색깔만 입을 수 있다.(다행히 이 부분은 약간 숨통이 트이지만, 그렇더라도 각종 유형무형의 압박은 존재한다.)

토머스 모어가 그린 이런 유토피아의 생활방식이 오늘날 한국인의 삶에 그대로 투영된 듯한 느낌이 드는 것은 당연하다. 직장에서 기계의 부속처럼 일하고, 그저 그런 똑같은 환경의 삶 속에 다람쥐 쳇바퀴 돌듯 회색빛 삶을 낙원의 삶처럼 그려놓은 것이다. 일찍이 독일의 사회학자 카를 만하임이 "유토피아는 현재의 어려운 현실을 부정하고 기존 질서를 변혁하는 이념 틀"이라고 말했다지만 실제 그려지는 유토피아의 삶은 너무나 권태롭고 숨 막힐 뿐이다.

토머스 모어 이후 서구의 유토피아 담론은 그 패턴이 유사한데, 이처럼 반복적이고 답답한 형태로 나타나는 것은 근본적으로 유토피아 논의가 과거지향적인 방식으로 구성됐기 때문이다. 미래를 향한 변혁의 꿈이라기보다는 아득히 먼 좋았던 시절로 돌아가려는 꿈, 상상 속의 과거를 찾아나선 것이다. 좋게 보자면 독일의 역사학자 토마스 니퍼다이의 표현대로 "유토피아는 이상국가가 아니라 긍정적인 반대 모습(반대상)으로서의 열정의 결과"가 될 수 있겠지만, 실상은 주경철 교수의 표현처럼 "꽉 짜인 계획 속에서 법이 엄정하게 유지되고 사람들이 거대한 수도원의 일원처럼 의무적으로 살아야 하는 사회는 세상을 더욱 철저히 통제하려는 지식인들의 열망의 산물"이라는 게 보다 적확한 표현일 것이다.

실제 역사적으로도 유토피아 사상은 현재에 대한 비판으로 출발해 소위 지식인 사회에서 유통됐다.(당연히 일반 민중이 바라던 이상향과는 차이가 있다.) 처음에는 수도원 등 교회 조직에서, 후기에는 귀족과 도시의 교육 기관을 통해서, 나중에는 책과 신문을 통해 유토피아에 대한 생각이 확산되었다.

현자나 초인이 지배하는 세상을 꿈꾼 중세 지식인들의 열망에는 꽉 짜인 통제에 대한 열망이 있었다. (전체주의적 성격이 강한) 사회주의적 주거 양식의 영향을 많이 받은 오늘날 아파트에서의 삶은 그런 면에서 자연스레 토머스 모어가 그린 이상향과 유사점이 많게 됐다. 과연 오늘날 우리의 삶이 모어가 그린 '유토피아'에 살고 있다고 즐거워할 만한 것이 될 수 있을까. 또 현대인이 그리는 유토피아의 삶(현재의 반대 모습)은 어떤 것이 될까.

Ferdinand Seibt, *Utopica: Zukunftvisionen aus der Vergangenheit*, Orbis, 2001
주경철, 『테이레시아스의 역사 ─ 서울대 주경철 교수의 역사읽기』, 산처럼, 2002
티에리 파코, 『유토피아 ─ 폭탄이 장치된 이상향』, 동문선, 2002
토머스 모어, 『유토피아』, 황문수 옮김, 범우사, 1994

05. 동원
예비군 늘린다고 군사 강국 되는 게
아니라는 걸 보여준 제정 러시아

예비군 폐지나 개혁은 선거철 단골 공약이다. 예비군 제도는 군 복무를 마친 남성들 사이에서는 비효율적인 제도의 상징처럼 여겨지곤 한다. 하지만 다른 한편에서는 국방의 근간이 되는 제도로서 더욱 강화해야 한다는 주장도 있다. 모든 제도가 그렇듯, 제도 자체만으로 성공이 보장되진 않는다. 예비군 제도를 잘 갖췄지만 국토 방위라는 본연의 목적에는 그다지 성공하지 못했던 러시아의 사례를 살펴본다.

예비군을 무조건 늘리고 강화한다고 강력한 군대를 갖게 되고 국방력이 증강되는 것은 아니다. 병력을 얼마나 빨리, 또 얼마나 많이 동원하느냐로 국력의 척도를 삼았던, 즉 예비군이 전력의 핵심 중의 핵심이었던 19세기 후반에서 20세기 초에도 단지 예비군이 많다는 것은 전쟁의 승패에 아무런 영향을 주지 못했다. 당시 세계열강 어느 나라보다 많은 예비군을 보유했고 예비군 강화에 박차를 가했던, 하지만 전장에서는 굴욕적 패배가 이어졌던 제정 러시아가 가장 대표적인 예다.

크림전쟁에서 영국, 프랑스 등 서유럽 국가와의 현격한 국력 차를 절감한 제정 러시아는 이후 지속적으로 군대 개혁을 추진했다. 이들의 '마지막 대개혁'이 이뤄진 때는 1874년이었다. 차르 알렉산드르 2세는 멀게는 나폴레옹 군대에서, 가깝게는 1871년 보불전쟁에서 인상적인 승리를 거두고 유럽의 강대국으로 부상한 프로이센(독일)의 군대를 모델로 한 현대화된 군대를 보유하고자 자국 군대에 대대적인 메스를 가한다. 이에 따라 전쟁 장관 드미트리 밀류친의 지도하에 군에 대한 갖가지 개혁·개선안이 잇따라 도입되었다. 그중 대표적인 것이 사회 하층에만 일방적으로 부과되던 병역의무가 이론적으로는 전 러시아인에게 '국민 개병'의 원칙으로 진일보된 형태로 적용되었다.

이와 함께 군 복무 기간도 급격하게 줄어든다. 기존에 무려 25년간 의무 복무를 시키던 무자비한 관행에서 벗어나 6년으로 대폭 줄였다. 이와 함께 프로이센 등의 사례를 모방해 예비군을 창설한다. 여기에 군법에 대한 개선도 이뤄지고 일선 장교들이 일삼던 사병에 대한 자의적인 처벌도 금지된다. 또 전문화된 군사학교도 만들어진다. 무엇보다 가장 중요한 개혁으로는 모든 징집된 병사들에게 기초적인 교육이 진행됐다는 점을 꼽을 수 있다.

하지만 의도도 좋고, 목적도 훌륭하고, 겉보기에 빼어난 군제 개혁이었다 해도 당시 러시아의 재정과 사회 인프라, 국민들의 인식 수준은 이를 따라가지 못했다. 개편된 군대는 러시아 근대화의 상징이었지만 겉보기만 좋은 사상누각에 불과했던 것이다. 결국 야심찬 개혁안과 달리 러시아 군대는 '느림보'와 '비효율'의 상징으로 여겨졌고 실제 성과도 그저 그런 수준에 머물렀다. 폴 케네디 예일대 교수는 "1917년까지 이탈리아와 오스트리아, 헝가리 그리고 러시아가 붕괴를 향해 서로 경쟁을 벌이고 있었다"고 평가할 정도였다.

러일전쟁에 이어 1차 세계대전은 이런 러시아군의 무력함을 여실히 드러내는 계기가 됐다. 개전 전부터 러시아의 동맹국 프랑스는 러시아가 대독일 공격작전을 조기에 수행하기를 원했지만 현실이 그렇게 원활하지 않다는 것은 잘 알고 있었다. 이미 1911년 12월에 프랑스 지도자들은 러시아의 지원 없이 단독으로 독일과 맞서야 한다는 사실을 깨달았고 1913년이 되어도 상황은 개선되지 않았다. 당시 상트 페테르부르크를 방문한 프랑스군 총사령관 조르프는 "러시아 황제의 측근들이 극도의 우정을 표하는 것은 느꼈지만, 러시아 지도층은 프랑스에 너무나 많은 것을 기대하고 있었다. 수코믈리노프 러시아 전쟁부 장관은 형식적으로는 프랑스에 모든 것을 약속했지만 단 하나도 지킨 게 없었다"고 전했다. 한마디로 1차 대전 직전 러시아군의 기동 연습은 "전쟁의 현실성을 충분히 고려하지 않은 열병식에 불과했다"는 게 더글러스 포치 교수의 표현이다.

러시아가 독일에 제대로 대적하기 위해서는 일선 동원 기간을 15일에 맞춰야 했지만 24~27개 군을 동원하는 데 23일이 넘게 걸렸고, 이들 예비 병력을 일선에 배치하는 것까지 고려하면 26일 이상이 걸렸다. 실제 전투가 시작된 이후로는 러시아군보다 훨씬 더 능률적인 독일군을 맞아 고전을 면치 못했다. 무기 생산과 농업 생산을 늘렸지만 군대와 기병대의 마초를 수송하기에도 벅찬 열악한 수송 인프라 때문에 제대로 보급조차 이뤄지지 못했다. 러시아군은 후방의 많은 병력에게 총기를 지급하지 못했고 철로망도 부족해 예비군을 필요한 지점에 신속히 수송할 수 없었다. 비능률적인 소규모 관료 조직으로서는 감당하기 버거운 규모로 전달된 동맹국들의 지원 물자는 무르만스크와 아르한겔스크 부두에 몇 달씩 쌓여 있었다.

결국 러시아는 탄넨베르크에서 25만 명의 병사를 잃었고 1915년 초 카르파티아 전투에서 또다시 100만 명을 잃었다. 여기서 끝난 게 아니라 러시아군은 마켄젠 장군이 지휘하는 독일군과 중부 폴란드에서 접전했을 때 다시 40만 명의 병력을 잃었다. 1916년 모처럼 브루실로프 장군 지휘로 공세를 벌였다가 루마니아에서 참패로 끝난 작전에서는 또다시 100만 명을 잃으며 사기가 크게 꺾인다. 1916년 말까지 러시아군의 사상자 수는 360만 명에 이르렀고, 포로로 잡힌 수도 210만 명에 달했다. 이처럼 일반인 예비군들로 구성된 러시아 군대가 쑥대밭이 되자 이전까지 군 면제 대상으로 가계를 지탱하던 독자들까지 징집되기에 이른다.

1917년 케렌스키 지도하에 7월 대공세를 펴지만 패배로 귀결되는 건 당연했다. 결국 동부전선에서 러시아는 혁명의 여파와 전쟁 수행능력 부족으로 1917년 12월 독일과 굴욕적인 브레스트 리토프스크 강화조약을 맺고 만다. 당시 러시아 언론들은 자국 군대에 대해 "제대로 급식 받지 못하고, 지치고 초라하며, 분노에 찬 사람들의 대집단에 불과하다"고 혹평했다.

최근 러시아는 알렉산드르 2세의 군대 개혁 이래 최대 규모의 군 개혁을 단행하고 있다. 냉전시대 서방에 공포의 대상이었던 러시아 군대가 대대적인 수술에 들어간 이유는 근래 체첸과 그루지아에서 벌어진 전투에서 러시아군이 승리했음에도 불구하고 현대전에서 적잖은 약점을 노출했기 때문이다. 전장 곳곳에서 부대 간 통신은 원활치 못했고 탄약도 제대로 공급되지 못했다. 이에 따라 현재 140만 명으로 구성된 러

오늘날 예비군 하면 19세기식 제정 러시아의 실패를 떠올리지 않을 수가 없다. 당시 러시아의 군제 개편으로 예비군이 창설되었지만, 전쟁에서의 패배와 굴욕적인 조약이 이들 예비군이 가져온 결과였고, '효율성'이라는 근대화의 면모를 한 번도 보여주지 못했다.

시아 군대의 규모가 너무 비대할 뿐 아니라 매우 비효율적으로 편재돼 있다고 판단해 100만 명 수준으로 줄여 경량화, 기동화를 강화할 예정이다. 특히 장교 수를 줄이는 대신 '콘트라크트니키контрактники' (계약직 전문 사병)라고 불리는 전문화된 프로 사병들을 충원하겠다는 복안이다.

이런 군대 개혁에 대해 러시아 군사 전문가 알렉산드르 골츠는 『파이낸셜 타임스』와의 인터뷰에서 "현재 러시아군 편재는 19세기 대량 징집에 따른 예비군 시스템을 근간으로 삼고 있다"며 "상당수 부대가 사병은 거의 없이 장교와 장비들만으로 구성돼 있고 유사시에 일반인을 충원해 부대가 유지되는 시스템인데, 최근의 군대 개혁은 곧 이 같은 예비군 위주 군대편제에 대한 근본적인 변화"라고 평가했다.

군사 강국 러시아에서 수백 년 묵은 19세기식 예비군 제도를 사실상 폐기(물론 재정적인 어려움에 따른 조치이기도 하다)하고 있다는 소식이 들리는 가운데, 국내에서도 국방부의 예비군 강화 정책을 둘러싼 사회의 목소리가 여러 군데서 들리고 있다. 하지만 국방부의 소위 '개혁' 방향이 그다지 상큼하고 개운한 느낌이 들지 않아서인지, 예비군 하면 어쩔 수 없이 떠오르는 것이 제정 러시아이다.

Geoffrey Hosking, *Russia and the Russians: A History*, Harvard University Press, 2001

Nicholas V. Riasanovsky, *A History of Russia*, Oxford University Press, 1993

M. 카르포비치, 『제정러시아 1801-1917』, 이인호 옮김, 탐구당, 1992

폴 케네디, 『강대국의 흥망』, 황건 등 옮김, 한국경제신문사, 1994

폴 케네디 편, 『강대국의 대전략』, 손일현 옮김, 한국경제신문사, 1994

피에르 르누뱅, 『제1차 세계대전』, 김용자 옮김, 탐구당, 1985

07

만인 대 만인의 투쟁 : 경쟁사회

01. 경쟁
『오디세이아』에서 페니키아인이
부정적으로 묘사된 이유

교통과 인터넷이 발달한 요즘도 세계 뉴스의 상당 부분은 영어권의 시각을 통해 전해들을 수밖에 없다. 이에 따라 이미 일정 시각으로 재단되고 왜곡된 인상을 사실로 받아들여야만 한다. 예를 들어 이슬람 문화를 접할 때 테러를 떠올리는 식의 편향된 시각을 갖기 쉬운데, 이런 현상은 정보 전달이 느렸던 과거에는 더욱 심했다고 볼 수 있다. 부정적으로 묘사된 국가나 민족의 실상이 과연 오늘날 전해지는 것처럼 부정적이라고밖에 볼 수 없는 것일지, 흥미로운 역사의 사례를 통해 되짚어본다.

페니키아라는 단어를 대부분의 사람은 중고등학교 세계사 시간에 이름이나 한번 들어보고 잊어버렸을 것이다. "페니키아는 고대 지중해 연안에서 활동한 한 국가였다"는 서술이 전부인 상황에서 한 학자의 성실한 연구는 여러 생각거리를 던져준다.

볼프강 뢸리히 독일 튀빙겐대 교수가 행한 페니키아사 연구 작업은 가장 전형적인 독일식 연구다. 꼼꼼함과 정확성을 무기로 삼아 무지막지하게 방대한 데이터 분석 작업을 한 치의 오차도 없이 '우공이산愚公移山' 스타일로 밀어붙였기 때문이다. 뢸리히 교수의 「지중해 연안의 페니키아인들과 그리스인들」이라는 논문은 수십만 행에 달하는 호머의 대서사시 『일리아스』와 『오디세이아』를 과감하게도 일일이 분석하는 데서 시작된다. 사료의 부족에 좌절하지 않고, 고대 페니키아 역사의 편린이 남아 있을 문학작품에서 진실의 실마리를 찾아나가는 것이다.

그는 어마어마하게 많은 분량의 『일리아스』와 『오디세이아』의 전체 시구 중에서 페니키아나 페니키아인들과 관련된 부분을 일일이 찾아 분석한 뒤 고대 페니키아와 그리스 간의 경쟁관계를 복원해냈다. 우선 『일리아스』와 『오디세이아』에서 '페니키아'라는 단어를 수식하는 모든 형용사와 형용 수식어구를 분류하는 작업부터 했다. 이런 일에 착수했던 이유는 특정 명사, 그중에서도 특정 민족에게는 그 민족의 특질을 보여주는 형용사들이 의식적·무의식적으로 사용된다는 점에 착안한 것이다. 실제 암송에 의해 구전으로 전해진 호머의 서사시는 많은 부분이 변형되기도 했지만 보통은 암기하기 쉽도록 (또 운율과 발음 특성도 고려해서) 관용적으로 특정 단어에는 특정 수식어가 나오곤 한다. 예를 들어 아킬레우스 앞에는 '발이 빠른'이라든지, 또는 '아트레우스의 아들' '테티스 여신의 자식' '무적의' 같은 일군의 형용사가 섞여 사용된다. 반면 본질적 특질에서 벗어나는 모순적인 내용의 형용사가 섞여 붙는 경우는 거의 없다.

륄리히 교수에 따르면 『일리아스』와 『오디세이아』의 대부분 내용은 기원전 8세기에 쓰여졌고 상당 분량은 그보다 더 오래전에 창작됐다고 한다. 호머의 위대한 두 서사시에도 페니키아인들과 (그들의 주 거주지인) 레바논 해안의 주요 도시인 시돈 출신 사람들에 대한 언급이 나온다. 『일리아스』에서는 시돈 출신으로, 『오디세이아』에서는 페니키아인으로 언급되는 경우가 많다는 것이다. 이는 『오디세이아』가 좀더 후대에 쓰여졌음을 방증한다고도 볼 수 있다.

페니키아인들에 대해서는 우선 그들의 생산품이나 교역 방식과 관련된 묘사가 눈에 띈다. 페니키아인의 활발한 지중해 원거리 교역상을 살펴볼 만한 표현들이 등장한다는 것이다. 예를 들어 헥토르의 어머니인 헤카베가 위기의 순간에 아테네에 바칠 공양물을 찾는데 "시돈에서부터 바다를 건너 가져온 귀중한 물건"이라는 표현이 나온다든지, 아킬레우스가 죽은 친구 파트로클로스 시체 옆에 은으로 된 항아리를 놓을 때 묘사된 "페니키아인들이 멀고 먼 안개 낀 바다를 건너 항구로 가지고 와서 선물로 준, 이 세상에서 가장 아름다운 항아리" 같은 표현이 나타나는 식이다. 『오디세이아』에서도 메넬라오스가 오디세우스의 아들인 텔레마쿠스에게 선물을 주는 장면에서 "헤파이스토스의 작품, 시돈인들의 왕이 내게 맡긴 은항아리" 같은 표현이 나온다. 이러한 시구의 묘사들을 통해 역으로 페니키아에서 고가 사치품의 생산이 활발해졌고 페니키아는 특히 은으로 된 제품(무엇보다 항아리. 이는 고고학적 유물로도 입증된다)으로 유명했다는 사실을 알 수 있다.

이와 더불어 지중해 일대에서 최초로 홈그라운드를 벗어난 민족이라는 페니키아인들이 당시 바다를 건너는 교역을 주도했다는 점도 유추할 수 있다. 오늘날 터키 해안 등에서 발견되는 고대 교역선의 거래 품목을 살펴보면 주석과 유리세공품, 상아, 하마 이빨에서부터 타조 알, 흑단, 그릇, 수지, 올리브, 진주, 금장식품, 청동거울, 식기 등의 사치품 위주로 거래된 것으로 추정되고 있다.

주목할 만한 점은 『오디세이아』에 페니키아인들에 대한 묘사가 자주 등장하는데, 대부분의 표현이 비교적 중립적이었던 『일리아스』와 달리 부정적인 표현 일색이라는 것이다. "배로 유명한 민족인 페니키아인들이 온다. 그들은 불한당들로 1만여 가지의 보잘것없는 물건을 그들의 검은 배에 싣고 다닌다"라는 식의 묘사가 늘어나고 구체화되고 있다. 오디세우스가 트로이전쟁 이후 고향으로 가다가 표류한 지 7년째 되던 해에 이집트에 체류하는 상황에서도 "정신 구석구석이 사기꾼인 페니키아인이 온다. 수많은 악행을 저지른 페니키아인이"라든가 "교활한 말을 지껄이는 페니키아인" 같은 표현이 나오는 식이다.

뢸리히 교수는 『일리아스』와 대조적으로 『오디세이아』에 나오는 페니키아인들에 대한 묘사가 부정적인 이유로, 그리스인들이 이전과 달리 지중해 연안에서 지배 영역을 넓혀나가고 자신들만의 시장을 개척해가면서 불편해진 페니키아인들과의 경쟁관계가 반영된 것으로 본다. 이에 따라 합리적이며 재주가 많고, 물건을 잘 만들던 시돈 사람들은 '사기꾼 페니키아인'으로 돌변했다.

위대한 문학작품으로 보는 호머의 서사시 속에는 지중해 무역 패권을 둘러싼 그리스인과 페니키아인의 경쟁 구도가 알게 모르게 녹아 있었던 것이다. 특히 지중해 무역의 후발 주자로서 이미 지중해 곳곳에서 입지를 굳혔던 페니키아인에 대해 공격적 입장을 취했던 그리스인들의 열등감과 공격성이 그대로 반영된 것이라고 할 수 있다.

Wolfgang Röllig, "Phönizer und Griechen im Mittelmeerraum," in Helga Breuniger · Rolf P. Sieferle(Hrsg.), *Markt und Macht in der Geschichte*, DVA, 1995

H. D. F. 키토, 『그리스 문화사』, 김진경 옮김, 탐구당, 1992

O2. 이해관계
'가재'라고 언제나 '게' 편인 것은 아니다

광장히 단순화된 개략적인 정보를 접하다 보면 복잡한 실상을 본의 아니게 왜곡해서 파악하는 일이 생긴다. 인간의 삶이 단 한 마디 단어로 표현될 수 없듯, 역사 속의 많은 사건도 한두 문장으로 표현하기에는 턱없이 부족하다. 거대 서사 속에 파묻힌 실상은 때로는 요약 정보와는 정반대되는 수많은 세부적인 면모를 품고 있는 경우가 적지 않다.

가재라고 언제나 게 편인 것은 아니다. 일반적으로 제2차 세계대전 당시 독일과 이탈리아의 이해관계는 큰 차이가 없었던 것으로 이해된다. 보다 정확히 표현하자면 파시즘의 등장 초기에 이탈리아는 비중 있게 다뤄지다가 2차 대전이 발발한 후에는 거의 '사라지다시피' 하고, 2차 대전 종전이 다가와 패망할 때 다시 등장하는 정도이다. 파시즘의 등장과 집권 이후 이탈리아와 독일의 이해관계는 암묵적으로 동일하다는 전제하에 주요 역사서들이 기술되고 있다. 그렇지만 실상도 그랬을까?

영국 브래드퍼드대 교수인 존 하이든의 저서 『독일과 유럽 1919-1939』는 추축국인 독일과 이탈리아가 모든 이해관계에서 같은 입장은 아니었다는 점을 잘 드러내 주목을 끈다. 하이든 교수에 따르면 1920년대 아직 독일의 국력이 미약했던 때에는 지중해 정책이라고 내세울 것도 없었다. 하지만 모겐소의 표현을 빌리면 외교 정책을 마치 개인적인 스포츠 경기처럼 여기고 과거 로마 제국의 영광을 구현하려 했던 무솔리니는 사정이 달랐다. 로마시대처럼 지중해를 '우리의 바다'로 만들기 위해 지중해 정책에 관심이 많았던 이탈리아는 팽창 정책에 적극적이었고, 아직은 지중해에 무관심한 독일과는 '다행히' 이해가 충돌할 일이 없었다. 특히 이 시점까지는 이탈리아 문제를 두고 독일이 영국이나 프랑스와 마찰을 일으킬 필요도 없었고, 그럴 능력도 안 됐다.

이렇듯 무관심했던 이탈리아의 대외 정책이 독일의 대외 정책과 마찰을 일으키기 시작한 지역은 발칸이었다. 이탈리아는 1차 대전에서 오스트리아의 패전으로 힘의 공백이 생긴 알바니아 등 발칸반도로 팽창하기를 원했다. 이미 1926년부터 티라나 조약으로 이탈리아는 알바니아의 영토에 개입할 수 있었고, 독일은 방어 동맹의 일원을 얻는 식으로 양국 사이의 이익을 나눠 갖기도 했다. 알바니아에 이어 이탈리아는 유고슬라비아로 뻗어나가기를 바랐고 이는 당시 발칸반도에서 영향력을 행사하던 프랑스와의 충돌을 야기했다. 당시 프랑스는 유고슬라비아를 지원하며 소규모 연합을 형성하고 있던 차였다. 이후 이탈리아는 헝가리와 손을 잡으면서 프랑스와 더욱 각을 세운다. 당시 독일의 발칸에서의 움직임은 프랑스를 견제하는 데 의의를 두면서도 본격적인 활동은 자제한다.

독일과 이탈리아 간의 이해 상충이 없는 것은 그러나 오스트리아와 발칸 간의 문제가 아직 수면 아래에 잠복돼 있었기에 가능했다. 그러던 중 1931년경 무솔리니가 본심을 드러내기 시작하자 남동부 유럽에서 독일과 이탈리아의 이해가 충돌한다. 특히 이런 움직임은 히틀러의 등장과 맞물리면서 묘하게 흘러간다. '죽이 잘 맞는' 것으로 묘사되던 히틀러와 무솔리니의 사이가 만사형통만은 아니었던 것이다.

우선 1931년 이탈리아는 독일과 오스트리아 간에 시도된 바 있지만 성사되지는 못했던 관세동맹에 놀란 가슴을 쓸어내린다. 이어 1931년에서 1932년 사이 독일과 이탈리아의 다양한 외교 접촉 통로를 통해 양국 간에 남동부 유럽에서 이해관계를 조화시키는 것은 점차 어려운 과제임이 분명해진다. 남동부 유럽이 1929년 경제 대공황 이후 독일 무역과 비즈니스에서 차지하는 비중이 높아지면서 이 지역에 대한 독일의 관심이 점차 높아졌기 때문이다.

결국 무솔리니는 1932년 6월 오스트리아 민방군 지도자 스타렘베르크에게 "오스트리아는 (오스트리아와 나치 독일이 합쳐진) 대독일이 되어서는 안 된다. 만약 그리되면 이탈리아가 1차 대전에 아드리아해 주변을 얻기 위해 싸운 것이 무용지물이 되고 만다. 트리에스테는 더 이상 이탈리아 영토가 아닐 수 있게 되고, 그런 상황을 이탈리아는 결코 용납할 수 없다. 만약 오스트리아가 존재하지 않는다면 중앙 유럽에서는 더 이상 질서란 없을 것이고 그것은 이탈리아에게는 재앙이 될 더욱 거대한 위협이다"라고 말하기에 이른다. 독일에 합병되지 않고 오스트리아가 독립을 이루는 게 이탈리아 외교 정책의 최우선 과제가 된 것이다.

앞서 1931년 무솔리니는 "독일과 이탈리아는 라인 강으로는 같이 진군해갈 수는 있어도 도나우 강으로는 같이 갈 수 없다"고 불만을 토로하기도 했다. 이에 대해 하이든 교수는 "독일과 이탈리아는 라인 강이

제 2차 세계대전으로 한패로 인식되었던 히틀러와 무솔리니, 하지만 두 사람은 자국의 이익을 위해 각을 세우며 대척점에 서는 등 서로 등진 모습을 보이며 반목을 감추지 못했는데, 결국 두 독재자가 각각 지중해와 동유럽을 차지하기 위해 2차 대전에 함께 뛰어들게 된 것이다.

든 도나우 강이든 같이 진군할 수는 없었는데 독일은 말이었던 반면 이탈리아는 마차에 불과했을 뿐"이기 때문이라고 지적한다. 이후 변화된 역학관계로 이탈리아는 독일에 끌려가는 수동적인 존재가 되어갔다. 아무튼 나치즘과 이탈리아 파시즘 간의 이데올로기적 유사성에도 불구하고 두 나라의 이해 상충은 쉽게 해결될 문제가 아니었다. 1933년 로마 교황청과 나치 간 타협으로 나치는 독일 내 가톨릭 세력과의 관계 개선에 성공했지만 이것이 독일과 이탈리아 간 관계 개선으로 이어지지는 못했다.

1934년 독일이 재무장을 선언하자 그해 2월 이탈리아는 오히려 영국, 프랑스와 박자를 맞춰 오스트리아의 독립을 주장하는 촉구문에 서명을 한다. 과거 프랑스와 각을 세웠지만 이제는 프랑스와 한편을 먹고 자국의 이익을 찾아나서려 한 것이다. 이어 무솔리니는 1934년 3월에는 오스트리아의 돌푸스 총리, 헝가리의 콤보스와 삼국 간에 정치 조언과 경제 협력을 하는 것을 골자로 로마 협약을 맺고 독일 남동부 유럽 진출에 방어막 역할을 한다. 결국 1934년 6월 히틀러와 무솔리니가 직접 만날 때까지도 이탈리아와 독일 간에는 쉽게 동맹이 체결될 분위기는 아니었고, 1934년 9월 무솔리니는 공개석상에서 로마와 베를린 간의 편치 않은 심경을 드러내며 히틀러 역시 이탈리아의 움직임에 실망을 감추지 못한다.

이어 이탈리아는 프랑스에 접근했다. 1935년 1월 무솔리니와 프랑스 라발 수상은 "오스트리아의 독립이 위협받고 독일이 라인란트를 재무장할 경우 공동으로 협조해 이에 대응한다"는 협약을 맺기도 한다. 양국의 이러한 움직임은 아프리카에서 이탈리아와 프랑스가 한 발씩 양보하는 모습을 보이며 더욱 다져졌다. 이탈리아는 튀니지에 대한 영토 요구를 포기했고, 프랑스는 에티오피아에 대한 경제적 이해관계를 포기하면서 화답했기 때문이다.

하지만 국제 외교의 분위기는 1935년 이탈리아 군대가 에티오피아(아비시니아)로 진군하면서 복잡해진다. 이탈리아가 북아프리카에서 직접적으로 무력을 행사함에 따라 영국과 프랑스의 이해관계가 복잡해졌고, 이 둘이 이탈리아에 반대하는 입장을 취하며 이탈리아를 견제하고 나선다. 이탈리아가 다시 영국과 프랑스의 영향에서 멀어지자 히틀러는 이 기회를 놓치지 않고 에티오피아 사태에 '중립'을 선언하며 사실상 이탈리아를 지원한다. 결국 1935년 12월 이탈리아는 프랑스와의 협약을 파기했고, 1936년 1월 무솔리니는 나치 독일에 "오스트리아가 나치 독일 제3제국의 일부분이 되는 것을 반대하지 않는다"는 입장을 전하며 변신을 시도한다.

마침내 나치 독일은 이탈리아의 지지 속에 1936년 오스트리아를 병합하고 라인란트를 재무장한다. 이에 대해 영국과 프랑스 등 서방 세력은 주저하며 양보하는 소극적 모습을 보인다. 이후 나타난 외교 동맹은 우리가 익히 잘 아는 '추축국'의 모습이다. 하지만 이후 추축국의 협력도 외교와 실제가 분리돼야 한다는 게 하이든 교수의 설명이다. 즉 베를린과 로마, 히틀러와 무솔리니 간의 반목과 의심은 양국이 동맹관계를 맺은 후에도 여전했고, 다만 양국이 공통으로 영국이나 프랑스와 대결해야 했던 두려움이 양자 간 반목보다 좀 더 큰 문제였을 뿐이라는 것이다. 결국 두 독재자는 이탈리아가 지중해를, 독일이 동유럽을 차지하기로 암묵적으로 동의한 뒤 함께 2차 대전으로 뛰어든다.

요즘도 사회 관련 뉴스 곳곳에서 어제의 동지가 적이 되고, 조변석개하면서 말을 갈아타거나, 자신의 말을 뒤집거나, 견강부회하고 발뺌하거나, 눈 가리고 아웅하거나 아첨하는 모습을 쉽게 살펴볼 수 있다. 하지만 '같은 배를 탄 것'처럼 보이는 이해공동체라 하더라도 저마다의 입장은 다르다는 점을 간과해서는 안 될 것이다.

A. James Gregor, *Interpretations of Fascism*, Transaction Publishers, 1997

Hans J. Morgenthau, *Politics among Nations: The Struggle for Power and Peace*, McGraw-Hill, 1993

John Hiden, *Germany and Europe 1919-1939*, Longman, 1993

용장, 맹장, 지장을 이긴 '운짱', 아우구스투스

'운칠기삼'이란 말이 있듯 역사 속 인물들을 살펴보면 모든 것을 철저히 준비하고 대비한 경우라도 운이 따라주지 않아 원하는 결과를 100퍼센트 얻어내지 못하는 경우가 비일비재했다. 역사의 흐름을 바꾼 큰 사건 속에서 행운이 했던 역할을 살펴본다.

로마 제국을 개창한 아우구스투스는 하는 일마다 운이 따른 사나이였다. 용장, 맹장, 지장, 덕장을 이기는 게 '운짱'이란 말이 있듯이 행운은 항상 그의 편에 섰다. 로마 공화정의 최후를 장식하는 중요한 결전인 기원전 42년의 필리포스 전투. 청년 옥타비우스(옥타비아누스)가 뒷날 아우구스투스로 로마 제국의 초대 황제가 되는 결정적인 계기가 되는 사건이다. 하지만 막상 이 역사적 대회전에서 옥타비아누스는 거의 한 일이 없었다.

"공화정을 지키기 위해" 카이사르를 암살했다가 로마에서 쫓겨난 브루투스와 카시우스는 마케도니아의 필리피를 최후 항전의 장소로 결정했다. 보통 필리피 전투를 결정적 승리로 이끈 주역으로 안토니우스와 옥타비우스를 꼽는다. 그러나 셰익스피어의 걸작「줄리어스 시저」에서도 인상적으로 묘사된 이 전투의 실상은 일반적인 평가와는 많이 다르다.

기원전 42년 10월 23일과 11월 14일의 두 전투, 특히 대세를 결정지은 첫 번째 전투에서 옥타비아누스는 거의 한 일이 없다. 당시 옥타비아누스는 몸이 아파 텐트 안 병상에 누워 있었기 때문이다. 두 번째 전투에서도 기여한 게 거의 없는데, 당시 그는 병상에서 간신히 회복한 직후로 "승리의 공훈은 안토니우스에게 돌아가야 마땅했다"는 게 로마사의 대가 A. H. M. 존스 케임브리지대 교수의 설명이다.

양측에서 20개 군단이 격돌한 이 대규모 전투에서 로마 공화정을 유지하고자 했던 공화파가 패배하면서 공화정은 사실상 막을 내린다. 공화파 지도자 상당수는 전장에서 전사했고, 카이사르 암살의 주역 브루투스와 카시우스는 자살을 택했다. 오직 식스투스 폼페이우스만 시칠리아로 도망칠 수 있었다. 이어 폼페이우스를 제거할 때도 옥타비아누스에게는 행운이 따랐다. 기원전 36년 옥타비아누스가 아그리파, 레피두스와 함께 시칠리아 섬을 3면에서 공격해 들어갔을 때에도 옥타비아누스 쪽은 과거에도 죽 그랬던 것처럼 성과가 신통치 못했다. 반면 아그리파와 레피두스가 이끄는 군대는 성공적으로 섬에 상륙했고 나우로쿠스에서 벌어진 최종 대해전에서 승리를 거둔다. 또다시 패한 폼페이우스는 패잔 선단 일부를 거느리고 동방으로 도주했지만 그곳에서 안토니우스의 장군들에 의해 소탕된 후 살해당하고 만다. 당연히 시칠리아 섬 공략에서 공이 큰 레피두스는 시칠리아 섬을 자신의 소유로 삼으려 했지만 때마침 '우연찮게' 그의 군대가 반란을 일으킨다. 결국 옥타비아누스가 패배한 폼페이우스와 권위를 상실한 레피두스 대신 시칠리아 섬을 차지할 수 있었다. 말 그대로 또다시 "재주는 곰이 부리고 돈은 되놈이 번" 형국이 된 것이다.

이 시칠리아 전투 이후부터 옥타비아누스는 "신의 아들인 가이우스 율리우스 카이사르"라는 뜻의 '가이우스 율리우스 디비 필리우스 카이사르Gaius Julius Divi Filius Caesar'라는 이름을 칭한다. 옥타비아누스의 행운은 이어 로마 제국을 놓고 안토니우스와 벌인 패권 다툼에서도 이어졌다. 안토니우스가 클레오파트라와 카이사르 사이에 태어난 자식인 프톨레미 카이사르를 인정해 옥타비아누스가 카이사르의 유일한 후계자라는 기반을 흔들려 했다. 안토니우스는 또 클레오파트라와 결혼을 감행했다. 하지만 이 때문에 안토니우스는 옥타비아누스의 공격을 받게 됐다. 둘의 결혼은 로마 시민은 외국인과 결혼할 수 없다는 로마법을 어긴 것이었기 때문이다. 특히 옥타비아누스는 로마 시민들의 외국인 혐오증을 적극 활용해 프로파간다 전쟁에서 우위를 점할 수 있었다. 이 같은 우위를 기반으로 안토니우스와의 악티움 해전에서 승리를 거머쥐어 로마 제국을 세우기에 이른다.

사실 옥타비아누스의 행운은 그가 카이사르의 양자로 결정될 때부터 꿈틀거렸다. 카이사르는 암살될 때까지 아들은 없고 딸만 한 명 있었다. 이에 카이사르 누이들의 혈연을 통해 양자가 될 후보군은 세 명으로 압축됐는데, 첫째 누이의 자식들인 루시우스 피나리우스와 퀸투스 페디우스, 둘째 누이의 자식인 가이우스 옥타비우스였다. 원래 옥타비우스보다 나이가 많았던 피나리우스와 페디우스는 어떤 연유에서인지 카이사르의 눈길을 끌지 못했다. 피나리우스는 아예 후계자 후보로도 오르지

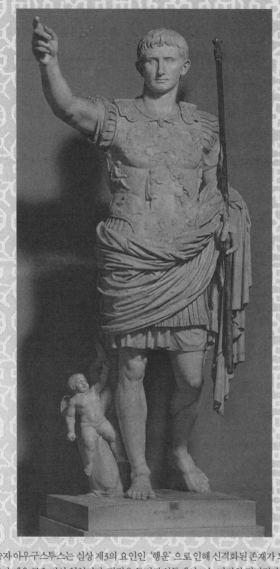

역사의 승자 아우구스투스는 실상 제3의 요인인 '행운'으로 인해 신격화된 존재가 되었다. 전투의 승리에서 그가 세운 공은 거의 없었지만, 권력을 둘러싼 암투에서 그는 과감한 결단력과 모험심 없이도가장 큰 권력을 누릴 수 있었다.

못했고 페디우스는 갈리아와 히스파니아에서 나름대로 주요 전투에 참가해 전공을 올리는 등 중책을 맡았지만 "카이사르는 그의 능력을 인정하지 않았다"고 한다. 어쨌든 옥타비우스가 열여섯 살 때 카이사르는 그를 처음 봤고 나름 아끼기도 했지만 카이사르가 죽는 순간까지 그가 후계자로서 확실한 지위를 차지했던 것은 아니었다.

카이사르가 암살됐을 당시 옥타비우스는 아폴로니아에 세 달째 머물고 있었다. 이미 카이사르를 암살하고 로마 중앙 정계에서 파워 그룹을 형성하고 있는 암살자 집단들에 의해 카이사르의 혈족과 친척들은 위험에 처한 상황이었다. 이에 옥타비우스 주변에서는 "앉아서 죽느니 군대에 호소하고 나서자. 그러면 지지하겠다"라는 부추김이 이어졌다. 측근인 아그리파와 살비디에누스도 이 방안을 적극 지지했다. 하지만 옥타비우스는 위험이 많은 모험을 하기에는 스스로가 아직 너무 어리고 경험이 부족하다고 여겼고 어머니의 조언도 받아들여 배를 타고 아드리아해를 건너 도피한다. 그것도 공화파의 감시를 피하기 위해 브룬디시움 항으로 직접 가는 게 아니라 브룬디시움 항에서 20마일가량 남쪽으로 떨어진 해안에 상륙한다.

하지만 이곳에서 그는 "로마 시민들이 카이사르의 시체를 포럼에서 성대히 화장하고 암살자들을 도시에서 내쫓고 그들의 가옥을 불태웠다"는 소식을 듣는다. 이와 더불어 "카이사르의 유언장이 개봉됐는데 거기에 옥타비아누스가 카이사르 영지의 4분의 3을 물려받고 (나머지 4분의 1은 피나리우스와 페디우스에게 배분됐다) 카이사르의 양자로 입양됐다"고 적혀 있다는 소식도 들었다. 신변의 위협이 사라졌음을 알게 된 뒤에야 옥타비우스는 브룬디시움 항에 들어갔다. 여기서 또다시 주변의 조언을 들은 뒤 옥타비우스는 카이사르의 유지를 따르기로 결정한다.

그러고는 그는 더 이상 가이우스 옥타비우스가 아니라 가이우스 율리우스 카이사르로 불리기로 한다. 그는 이름에 옥타비아누스라는 단어를 추가할 수도 있었지만 양아버지의 정체성을 뚜렷이 하기 위해 옥타비아누스를 빼버린다. 이후 그는 (로마 정계의 상황을 주시하고 신변의 안전을 우려해서인지 빠른 속도가 아니라) 천천히 로마로 돌아가는데, 당시 모든 마을에서 그를 환영한 것은 아니지만 양아버지의 옛 전우들이 그를 적극 지지하고 나섰다. 로마로 들어간 뒤 카이사르가 공식적으로 신격화된 이후 옥타비아누스는 스스로를 "가이우스의 아들"이라고 하기보다는 "신의 아들"이라 부르며 브루투스와 카시우스 일파와의 싸움을 준비하면서 새 커리어의 첫발을 내딛는다.

역사적 승자의 자리는 흔히 과감한 결단력과 모험을 벌인 측이 거둔다고 여겨진다. 하지만 때로는 신중함과 사려 깊은 조신함을 기반으로 한 사람이 최종 승자가 되기도 한다. '리스크 테이커Risk Taker'가 승리의 과실을 따먹든지, '조심스런 관망자'가 최후의 승자가 되든지 간에 '행운'이라는 외부 요인은 결코 무시할 수 없는 제3의 요소다. '클레오파트라의 코'로 대변되는 행운은 역사의 흐름과 개인의 삶을 결정하는 데 있어 언제나 결정적이라고 할 수는 없겠지만 결코 제외하거나 무시할 수도 없는 요소인 것만은 분명해 보인다.

A. H. M. Jones, *Augustus*, Norton, 1970

04. 모방
호모 부대, 무적 스파르타의 신화를 깨다

'청출어람'이라는 말이 있다. 모방하고 하청 생산이나 하던 후발 주자가 한참 앞서 있는 선발 주자를 추월했다는 뉴스를 어렵지 않게 접할 수 있다. 세계 휴대폰 시장에서 모토로라, 소니에릭슨 등을 제친 삼성전자와 LG전자에 관한 뉴스라든지, TV 시장의 아성이던 소니를 이들 두 업체가 추월했다는 소식이 대표적이다. 특히 이처럼 후발자가 선발자를 따라잡는 데는 선발자가 지닌 강점의 핵심을 적절히 모방하는 게 큰 역할을 했다. 모방을 통해 패권을 역전시킨 역사를 살펴본다.

오랫동안 스파르타의 군대는 그리스 세계에서 최강의 불패 대오로 명성을 떨쳐왔다. 단일 군대의 제복인 진홍색 튜닉을 걸친 스파르타 전사들은 전장에서 가장 눈에 띄는 존재였다.(진홍색 의상은 부상을 당하더라도 피가 흐르는 것이 덜 보이는 효과도 있었다.) 특히 스파르타 병사들은 "키가 더 커 보이게 하고, 잘생긴 사람은 더 고상하게, 못생긴 사람은 더 사납게 하기 위해" 장발을 하고 전장에 나섰다. 머리카락에 초인간적인 힘이 내재돼 있다고 믿은 그들은 삼손처럼 머리를 기른 채 전장을 누볐다. 스파르타 군인들은 특히 전투 전에 머리를 잘 손질해 가운데 가르마를 타는 풍습이 있었다. 제대로 씻지도 않고 강한 구취를 풍기며 전장에 나선 그들은 마치 들판의 잔혹한 늑대와 같았을 것이다.

60세까지 의무적으로 복무 기간이 주어졌던 스파르타 군인들은 그리스 세계의 진정한 프로 전사들로서 아마추어였던 다른 그리스 국가의 군대를 일대일 대결에서 손쉽게 쓸어버렸다. 여자들이라고 예외는 아니어서, 스파르타 여인들은 "아들이 출정할 때 승전하든지 아니면 용감하게 싸우다 죽어 방패에 누워 돌아오라"고 주문할 정도로 사회 전체가 철저한 병영국가였다. 특히 스파르타는 전통적으로 청년들의 경쟁을 장려해 300명으로 구성된 최정예부대를 운영했다.(영화 「300」에서 스파르타군이 300명으로 구성된 데에는 다 이유가 있었다.) 300명의 전사단에 끼지 못한 청년들은 전사단원과 싸움을 벌여 이길 경우 300명의 전사단에 낄 수 있었다. 정예 300명에 끼기 위한 상시 경쟁 체제가 운영된 것이다.

하지만 화무십일홍이라고 이 스파르타의 자랑인 정예 300명의 군대를 철저하게 연구하고 모방해 만든 모사품 군대로 오리지널을 철저하게 격파하는 사태가 발생한다. 이 청출어람의 주인공은 바로 테베였다. 테베의 모방 군대가 지닌 특기할 만한 점은 현대인의 시각에서는 매우 독특한(?) 것으로, 부대의 결속을 높여 스파르타 불패의 신화를 깨뜨렸다는 데 있다.

기원전 378년 반反스파르타파로서 외국에 망명했던 펠로피다스가 복귀해 테베의 정권을 잡고 유능한 장군들을 기용하면서 대대적인 군제 개혁이 이뤄진다. 그중 가장 눈에 띄는 것이 바로 스파르타처럼 300명으로 구성된 엘리트 호플리테스 정예부대인 '신성대神聖隊, Sacred Band'를 만든 것이었다. 부연하자면 이 신성대는 정확히 150쌍의 동성애자들로 구성된 '호모 부대'였다.

스파르타와의 전투에서 결정적인 타격을 가했던, 150쌍의 동성애자들로 구성된 테베의 신성대.

신성대는 처음부터 끝까지 스파르타의 편제를 모방하고 연구하여 구성되었다. 스파르타의 왕실 근위대와 테르모필라이에서 페르시아군과 분투한 300명의 결사대를 고려해 부대가 편제된 것이다. 다만 한 가지 중요한 차이가 있다면 스파르타에서는 동성애 커플이 팔랑크스(방진)에서 서로 어깨를 나란히 하고 싸울 수 없었지만, 테베의 신성대는 전원이 '사랑하는' 커플로 구성됐다는 점이다. 부족 중심, 가족 중심으로 구성된 군대가 전장에서 무너지는 것을 타산지석으로 삼아 "사랑의 힘으로 편성되는 부대"를 만들었다는 설명이다. 사랑하는 동성 연인을 지키기 위해, 연인 앞에서 겁쟁이가 되지 않기 위해 혼신의 힘을 다해 싸울 것을 기대했다는 게 오늘날의 관점에서는 '믿거나 말거나' 식 부대 창설의 이유였다.

아무튼 새롭게 스파르타에 반기를 든 테베는 오랜 스파르타의 앙숙 아테네와도 동맹을 맺었지만 초기에는 적극적인 활약을 보이지 못했다. 아직까지 '무적' 스파르타의 명성이 드높았고, 그에 따라 스파르타와 맞장을 뜨기에는 부담이 적지 않았기 때문이다. 하지만 불패의 신화를 자랑하는 스파르타군의 명성도 조금씩 퇴색되기 시작했다. 스파르타군의 균열이 드러난 것은 기원전 375년 보에오티아에서 치러진 테기라 전투에서였다. 이 전투에서 펠로피다스와 테베 신성대가 격파한 것은 스파르타 정규 주력군이 아니라 일개 분견대였을 뿐이지만 그 결과가 가져온 의미는 상당했다. 바로 기원전 390년 코린트 전쟁 중 레카이움 전투에서 패한 이후 스파르타군이 처음으로 정식 호플리테스 교전에서 패배한 것이었기 때문이다.

이어 스파르타에 결정적인 타격을 가한 것은 기원전 371년의 그 유명한 레우크트라 전투다. 역사가 크세노폰은 이 전투에서 패배한 책임을 전장을 지휘한 스파르타의 왕 아게실라오스의 탓으로 돌리지만, 실제 승패를 결정한 것은 스파르타 왕의 전략·전술적 실수가 아니라 테베군의 기술적 혁신과 철저한 규율이었다. 비록 전쟁 분야에서 스파르타인들이 테베인들의 스승이었다고 하나 이 전투에서 테베인들은 스파르타인들보다 더 효율적으로 움직였다. 말 그대로 청출어람이었던 것이다. 폴 카틀리지 케임브리지대 교수는 "펠로폰네소스 전쟁 후반에 스파르타 해군이 아테네 해군보다 능수능란함과 우위를 보였던 것처럼 이제 테베 육군이 스파르타 육군을 압도했다"고 평가한다.

실제 이날 전투에서는 테베군이 사선대형이라는 새로운 방진을 형성해 스파르타군에 대승을 거두었다. 테베군은 중앙을 허술하게 하고 좌익을 두텁게 배치한 뒤, 좌익을 빠르게 진격시켜 스파르타군의 우측을 붕괴시켰고 후방으로 에워싸서 공격하는 협공을 펼쳤다. 최강의 정예부대들로 매우 긴 종대를 이뤄 대형의 한쪽 날개를 강화한 뒤 상대편에 결정타를 가한 것이다. 마치 럭비의 스크럼과 같이 밀어붙여 스파르타군을 분쇄한 것처럼 말이다.

스파르타가 이렇게 무너지기 시작한 데에는 근본적으로는 쪽수가 부족해지기 시작했다는 점이 크게 작용했다. 기원전 464년 대지진으로 인구가 크게 줄어든 뒤 적은 인구는 언제나 스파르타의 아킬레스건이었다. 결국 레우크트라 전투가 있던 당시 스파르타의 성인 남자는 1000명을 조금 넘는 수준이었다고 한다.(조그만 시골 초등학교 규모라고 보면 될 듯하다.) 하지만 스파르타는 이 한 줌의 남성들마저 레우크트라 전투에서 대부분을 잃고 회복 불능의 타격을 입고 만다. 이 전투에서만 무려 400~700명의 병사를 잃었기 때문이다.

결국 충격이 너무나 커서 스파르타의 아게실라오스 왕은 '전장에서 움츠리거나 비겁함을 드러낸 자는 처형하거나 시민권을 박탈한다'는 스파르타의 전통을 유예하기에 이른다. 국가를 존속시키기 위해 아게실라오스 왕이 특례를 내려 "이날 하루만은 죄를 묻지 않고 사면하겠다"고 발표한 것이다. 플루타르코스는 이날의 장면을 "오늘은 그 법이 잠자고 있어야 한다. 그러나 내일부터 그 법은 효력을 발휘해야 한다"라며 시적으로 전하고 있다.

이런 유예책도 결국 스파르타가 나락의 길로 빠지는 것을 막지는 못했다. 자신들의 강점을 철저하게 모방하고 연구한 적에 맞서기에는 이제 그 기초와 기반마저 완전히 허물어진 터였기 때문이다. 모방으로 권좌를 쥔 테베 역시 영속적인 지배 체제나 군사 편제를 유지하지 못하고 사라지며 '아류는 아류일 뿐'이라는 점을 보여주긴 했지만 말이다.

Paul Cartledge, *The Spartans: An Epic History*, Macmillan, 2003
앤토니 앤드류스, 『고대 그리스사』, 김경현 옮김, 이론과실천, 1999
허승일, 『스파르타 교육과 시민생활』, 삼영사, 1998

05. 여자 vs. 여자
여자 라이벌과 맞선 여성 지도자

바야흐로 여성 상위시대가 도래했다. 각종 국가고시에서 '여풍' 현상은 뉴스가 아니라 상식이 되었다. 지난 수천 년간 여성은 각종 물리적·문화적 장벽으로 인해 역사의 조연인 경우가 많았고, 역사 속에 이름을 남긴 여성은 극소수였다. 하지만 남성 위주의 사회에서 남성들을 이끈 여성 리더들의 명맥은 끊이지 않았다. 아이러니한 것은 오늘날 "여자의 적은 여자"라는 말이 있듯이, 이런 희소한 여성 리더들의 경쟁자가 여성인 경우가 적지 않았다는 점이다.

'꿩 잡는 게 매'라는 말이 있듯 모든 존재에는 천적이 있기 마련이다. 종종 '같은 하늘 아래 살 수 없는' 라이벌은 비슷한 특성과 장점을 지닌 경우가 많다. 때로는 이런 비슷한 특성 때문에 라이벌이 되기도 하는데, 가령 젊은 여성 그룹 '원더걸스'와 '소녀시대'는 태생적으로 라이벌일 수밖에 없다는 점을 생각하면 쉽다. 원더걸스는 빅뱅, 동방신기 등 남성 그룹과는 보완적 관계가 될 수 있지만 같은 시장을 놓고 격돌하는 소녀시대와는 대체적 관계가 될 가능성이 높기 때문이다.

　우연찮게도 여성의 사회적 지위가 낮았던 전통시대에 여성으로서 최고 지도자의 자리에 올라 '여성' 경쟁자들과 생사를 건 사투를 벌였던 인물이 있다. 파란만장한 '여성 대 여성'의 대결을 이어간 주인공은 바로 영국의 엘리자베스 1세다.

"국가와 결혼했다"는 엘리자베스 1세는 영국인들에게 영광스런 제국의 여명을 연상케 하는 인물이다. 하지만 여왕의 화려한 명성 이면에는 신·구교 간의 갈등을 무마시켜야 했고 즉위 20년이 지난 뒤에도 여전히 왕권을 위협받으며 이를 전복시키려는 음모가 끊이지 않았던, 한시도 마음 놓을 수 없는 치열한 투쟁이 자리하고 있었다. 박지향 서울대 교수의 평에 따르면 엘리자베스는 "축복이 아니라 실망과 질시 속에서 태어나" 파란만장한 어린 시절을 보냈다. 아버지 헨리 8세는 딸 메리만을 둔 왕비인 아라곤의 캐서린과 이혼하고 앤 불린과 결혼했지만, 앤 불린과의 사이에서도 아들을 보지 못하고 딸 엘리자베스만을 둔다. 하지만 헨리 8세는 엘리자베스가 세 살도 되기 전에 어머니 앤을 간통죄로 몰아 처형시킨다. 앤은 자신의 오빠를 포함해 다섯 명의 남자와 간통했다는 혐의로 처형되고 사람들이 앤을 '창녀'나 '매춘부'라고 부르며 비난하는 상황에서 엘리자베스의 지위는 불안하기 짝이 없었다. 실제로 엘리자베스는 어려서 적자와 서자의 위치를 불안하게 오갔다.

원래 헨리 8세가 정한 왕위 계승 서열은 세 번째 왕비에게서 얻은 아들 에드워드가 최우선이었고, 에드워드가 후사가 없을 때 첫 번째 왕비의 소생인 메리가, 메리마저 후사가 없을 때 엘리자베스가 그 뒤를 잇게 되어 있었다. 즉 엘리자베스에게는 왕위 계승의 가능성이 거의 없었던 셈이다. 하지만 에드워드가 10세에 즉위해 6년 만에 사망하자 당시 실권자였던 노섬벌랜드 공작은 가톨릭교도인 메리가 왕위를 계승하는 것을 꺼려 자신의 며느리인 레이디 제인 그레이를 에드워드의 후계자로 세우는 음모를 꾸민다. 이런 공작의 시도는 그러나 메리의 반격으로 좌절되고 메리가 런던에 입성하면서 제인 그레이와 노섬벌랜드 공작은 나흘간의 짧은 집권에 종지부를 찍고 만다. 그리고 닷새 후 이들은 처형된다.

이복 언니인 메리 여왕이 등극하자 엘리자베스의 생명은 가시적인 위험권 안에 놓이게 된다. 메리 여왕의 치세(1555~1558) 동안 반역 음모에 가담했다는 혐의를 쓰고 두 달간 런던탑에 갇히기도 했다. 해명할 기회도 없이 혐의를 뒤집어쓰고 생명이 경각에 달리자 엘리자베스는 메리에게 "판단을 재고해달라"는 간청의 편지를 쓰기도 한다.

쉰 목소리의 남자 같은 음성에다 두려움을 불러일으킬 만큼 끔찍한 외모를 지녔다던 메리는 이복 자매인 엘리자베스를 좋아하지 않았다. 당시 잉글랜드에 체류 중이던 베네치아 외교관은 "메리는 엘리자베스를 좋아하지 않는다는 명확한 사인을 보여줬다"는 기록을 전하고 있다. 왕위 계승권을 둘러싼 잠재적 경쟁자인 데다 종교마저 신교도인 엘리자베스는 구교도인 메리에게 여러모로 눈엣가시였다.

가톨릭교도로 자란 메리는 어머니를 폐비시킨 신교 세력을 저주했고 로마 가톨릭을 국교로 부활시키려 시도했다. 라틴어 미사를 재도입했을 뿐더러 사촌인 에스파냐 펠리페와 결혼하려고 했던 것이다. 이는 잉글랜드를 가톨릭 국가인 에스파냐에 종속시킬 가능성으로 비쳤고 메리가 결혼을 강행하면서 신교도에 대한 박해가 본격화됐다.

사료의 특성상 메리에게 부정적인 묘사 위주로 되어 있지만, 메리 치세 4년간 300여 명이 이단으로 처형돼(정확히는 1555년 2월 이후 최소 287명) 메리 여왕은 '블러디 메리'(지금은 칵테일 이름으로 유명해진)라는

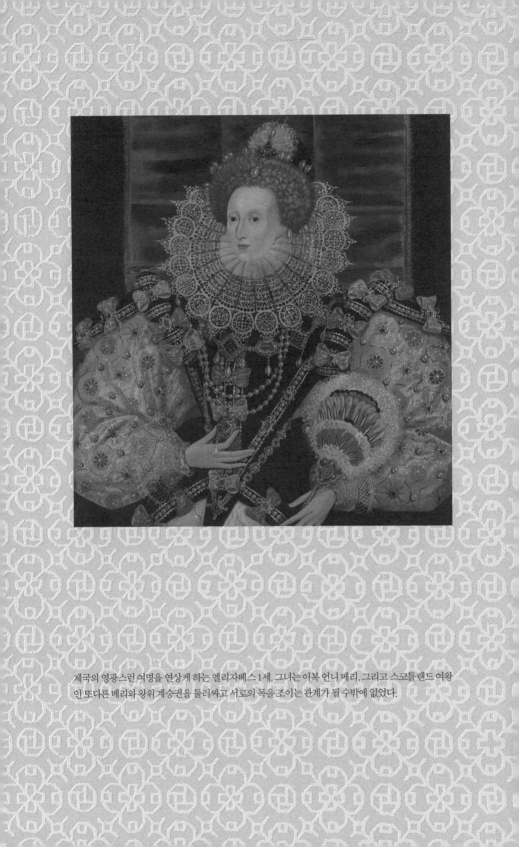

제국의 영광스런 여명을 연상케 하는 엘리자베스 1세. 그녀는 이복 언니 메리, 그리고 스코틀랜드 여왕
인 또다른 메리와 왕위 계승권을 둘러싸고 서로의 목을 조이는 관계가 될 수밖에 없었다.

별명을 얻게 된다. 이 시기에 헨리 8세 때의 캔터베리 대주교로, 헨리 8세와 메리의 어머니인 캐서린의 결혼을 무효로 선언했던 크랜머와 후퍼 주교, 리들리 주교, 래티머 주교 등 신교 지도자들이 화형에 처해진다. 이런 위기의 순간에 엘리자베스는 이복 언니에 대한 절대적 충성을 맹세하고 자신의 종교적 정체성을 모호하게 함으로써 살아남는다.

이어 (엘리자베스에게는 행운으로) 메리가 후사 없이 죽자 25세의 젊은 엘리자베스는 왕위에 오르며 첫 여성 라이벌과의 대결에서 승리를 거머쥐게 된다. 하지만 엘리자베스 앞에 또다시 메리라는 이름을 가진 여성이 앞길을 가로막는데, 바로 헨리 8세의 누이이자 마거리트의 손녀인 스코틀랜드 여왕 메리 스튜어트다. 생후 일주일 만에 스코틀랜드의 여왕이 된 메리는 프랑스에서 자라 그곳에서 결혼하는데, 남편 프랑수아 2세가 요절하자 울며 겨자 먹기로 낙후된 고향 스코틀랜드로 돌아온다.

둘 사이가 처음부터 적대적이었던 것은 아니었다. 실제 메리는 귀국한 뒤 엘리자베스에게 친구가 되길 원한다고 천명하기도 했다. 당시 메리의 표현을 빌리자면 "우리는 모두 같은 섬에 살고 있고 같은 언어를 쓰며 가까운 친척 여인들이며 그리고 모두 여왕이다"라는 표현을 쓰고 있다. 메리는 스코틀랜드로 돌아온 뒤 사촌인 헨리 스튜어트 단리 백작과 결혼해 아들을 낳는데, 잉글랜드 왕실 혈통이었던 단리의 아들을 통해 잉글랜드의 왕위 계승권을 주장할 수 있게 된다.

하지만 메리는 바람이 나서 단리를 살해했고 스코틀랜드 신민들은 여왕의 이런 행동을 용납하지 못해 반란을 일으켜 메리를 감금시킨다. 메리는 한 살짜리 아들 제임스에게 양위를 강요당하고, 이듬해 감옥을 탈출해 잉글랜드로 도주한다. 도망온 잠재적 왕위 경쟁자에 대해 엘리자베스는 사실상 감금 형태로 라이벌을 견제하기 시작한다.

하지만 헨리 7세의 증손녀로 엘리자베스와 오촌간이며 잉글랜드 왕위 계승권을 쥐고 있는 메리는 잉글랜드 내 가톨릭교도와 반체제파의 구심점으로 자리 잡으며 엘리자베스의 목을 조여온다. 이런 정치적 배경 외에 두 여인 사이의 시기심도 관계를 악화시켰다. 스코틀랜드의 메리는 전해지는 초상화에서 유추할 수 있듯이 상당한 미인으로 알려졌고 이 점을 엘리자베스 여왕이 무척 시기했다고 한다. 엘리자베스는 주변 사람들에게 "자신과 메리 중 누가 더 예쁜가"라고 묻기도 했고, 일부 눈치 없는 신료들이 "메리가 더 예쁘다"고 대답해 매우 격렬한 반응을 보이기도 했단다. 실제 엘리자베스가 이복동생인 에드워드 6세에게 보낸 편지에서 "아마도 자랑스럽게 내밀 얼굴을 가지고 있지는 않지만 정신만은 내놓기에 부끄럽지 않을 것"이라고 묘사한 것을 보면 미인이라고 하기엔 어려웠다는 게 중평이다.

더욱이 둘 간의 관계가 파국으로 치달은 데에는 당시의 국제관계가 촉매 역할을 했다. 유럽 전역이 종교 문제로 둘로 나뉘면서 개신교의 챔피언 격인 잉글랜드가 더욱 주목을 받았고, 1568년 잉글랜드가 네덜란드로 항해 중이던 펠리페 2세의 보물선을 탈취하면서 에스파냐와 잉글랜드의 관계가 급속도로 악화된 것이다. 설상가상으로 교황 피우스 5세가 1570년 "엘리자베스를 제거하는 일은 신의 은총을 받을 행동"이라고 선언하면서 엘리자베스의 불안감을 가중시킨다. 이런 와중에 메리는 1586년 반역 음모에 연루된 게 발각되는데, 18년간의 감금생활 동안 수차례 반역 음모에 가담했다가 용서받았지만 이번에는 엘리자베스의 공격을 피할 수 없게 된다. 잉글랜드 내의 반정부 세력과 가톨릭 세력이 소극적으로는 메리 스튜어트를 엘리자베스의 후계자로, 적극적으로는 엘리자베스를 폐위시키고 메리를 즉위시키려는 노력을 계속함에 따라 '반란의 싹'을 원천적으로 제거할 수밖에 없었던 것이다.

그렇지만 엘리자베스와 두 명의 메리 간의 악연은 사후에도 이어졌다. 엘리자베스 1세가 죽은 뒤 메리 스튜어트의 아들 제임스 1세가 잉글랜드와 스코틀랜드 국왕으로 즉위하는데, 그는 정치적 어머니인 엘리자베스를 위해 장대한 장례식을 치러주고 1606년에 웨스트민스터 사원에 무덤도 마련했지만 동시에 생모인 메리 스튜어트를 위한 장엄한 무덤도 마련했다. 이어 제임스 1세는 엘리자베스의 시신을 옮겨 이복 언니인 '블러디 메리'와 같은 방에 안치한다. 두 여왕의 무덤 앞에 세워진 비문에는 "두 자매가 생전에 비록 종교적 불화로 갈라져 있었지만 이제 죽음 속에서 하나가 됐다"고 조롱조로 쓰여져 있다. 세 여인 사이의 악연의 종지부로서는 매우 씁쓸한 결론이 아닐 수 없다.

Anne Somerset, *Elisabeth I*, Anchor Books, 2003

E. L. 우드워드, 『영국사개론』, 홍치모 외 옮김, 총신대학교출판부, 1991

케니스 O. 모건 편, 『옥스퍼드 영국사』, 영국사연구회 옮김, 한울아카데미, 1994

박지향, 『영국적인 너무나 영국적인 ― 문화로 읽는 영국인의 자화상』, 기파랑, 2006

박지향, 『영국사 ― 보수와 개혁의 드라마』, 까치, 1997

01. 휴식
충분한 휴식이 가져온 역사적 승리

인간은 기계가 아니기에 재생산을 위해서는 휴식이 필수다. 특히 단순 노동이 아니라 창조적인 면을 중시하는 현대사회에서는 그 중요성이 더 크다. 훌륭한 리더는 조직을 제때 잘 쉬게 하는 능력을 지닌 사람이기도 하다. 일할 때 일하고, 놀 때 놀 수 있게 만든 조직이 크나큰 위업을 이룬 예를 살펴본다.

마케도니아의 알렉산더 대왕과 페르시아의 다리우스 왕의 운명을 결정한 기원전 331년의 가우가멜라 전투는 고대 세계의 가장 유명한 전투 중 하나로 꼽힌다. 기록에 나온 수치를 그대로 따르자면 알렉산더가 평생 지휘한 군대 중 최대 규모인 4만7000 병력과, 그보다 훨씬 많은 다리우스의 대군*이 정면으로 충돌한 것이다. 고대 세계 최대의 격전인 가우가멜라 전투 결과 알렉산더가 압승함으로써 페르시아 제국의 심장이 도려내졌고, 알렉산더는 아시아의 주인이 되었다.

 이 역사적 대결전을 결정한 요인은 여러 가지가 있겠지만, 그중에서

---

* 크루티우스는 20만, 아리안은 100만이라고 묘사했는데 폴 카틀리지 케임브리지대 교수는 25만 정도로 본다. 이들 의견에는 모두 과장된 면이 있어 보인다.

주목할 만한 것은 한쪽은 "힘을 써야 할 시간에 집중적으로" 사용한 것이고, 다른 한쪽은 쓸모없는 일에 체력과 관심을 낭비한 것이 아니었을까 싶다. 이 전투의 자세한 과정은 여타 고대의 전투들과 마찬가지로 불명확한 점이 많지만, 한 가지 확실한 것은 전투에 임하는 양군의 전날 밤 전략이 극도로 대조적이었다는 사실이다.

바로 페르시아의 다리우스는 결전 전날 밤 병사들을 밤새 무장시킨 채 세워뒀고, 알렉산더는 병사들을 푹 재운 것이다. 다리우스가 병사들에게 대오를 지킨 채 차렷 자세로 밤샘을 시킨 것은 전투 시작 전부터 병사를 피로에 젖어들게 만든 우둔하고 불필요한 전술이었다. 한여름 낮에 뙤약볕과 모래바람만 잔뜩 부는 사막의 평원에서 지친 병사들은 저녁에도 제대로 쉬지 못했고, 그런 군대에게 승리와 선전을 기대한다는 것 자체가 무리였다. 24개국에서 모집된 다리우스의 대군은 한마디로 '안정성'이 부족한 군대였는데, 체력 저하로 더 악화되면서 수적 우위마저 의미를 상실해버렸다.

반면 알렉산더는 초저녁에 군사 배치를 마치고 잠을 푹 잔 다음 아침 일찍 기상했다. 병사들 역시 밤에 정상적으로 수면을 취해 상대편에 비해 정신이 말끔한 상태였다. 이어 본격적인 회전이 벌어졌고, 2차 대전의 영웅 몽고메리 원수가 "합리적이고 용의주도한 방어에 이은 신속하고 대담한 나폴레옹 식 공격"이라고 평한 알렉산더의 전술은 자승자박의 수를 둔 페르시아의 불안정성을 집요하게 파고들며, 역사의 흐름을 결정해버렸다.

우리나라에 주5일제가 도입된 지 꽤 오래됐건만 법적 의무 사항이 여전히 지켜지지 않는 사각지대가 적지 않아 사회 여러 곳에서 불만과 비판의 목소리가 쏟아지고 있다. "쓰지도 못하는 연월차 제도는 왜 있냐"는 볼멘소리가 화장실 한켠에서 구시렁구시렁 솟아오르는 직장도 꽤 있다. 최근 몇 년간은 국정 공휴일도 계속해서 줄어든 데다 그나마 있는 휴일도 주말과 겹치며 사실상 없어져버린 경우가 많았다. 이런 상황을 반영하듯 대체 휴일제에 대한 논의도 이뤄지고 있다.

크든 작든 간에 어떤 조직이든 리더들은 조직원들이 '쉬지 않고' 일하기를 바라는 듯하다. 이에 따라 여전히 별일 없어도 조직원들이 언제나 '스탠바이' 하길 원해 미리부터 "힘을 빼놓는" 우를 범하는 리더도 어렵잖게 볼 수 있다. 하지만 무조건적인 근면성실이 유일한 대책이던 농경사회가 아닌 이상 제대로 쉬는 게 경쟁력 확보의 지름길일 것이다. 창의력이 중요하다고 강조하면서 쉬는 시간을 주지 않는 모습이 한국적 조직에서는 너무나 흔히 발견된다. 씨름의 대표 격인 이만기 선수도 '훌륭한 선수와 보통 선수의 차이점'으로 "훌륭한 선수는 힘을 쓸 때 쓰고, 별 볼일 없는 선수는 처음부터 끝까지 쓸데없이 헛힘만 쓴다"고 평하지 않았나. 시대와 종목은 달라도, 이길 줄 아는 사람들은 자신들의 승리 비결, 경쟁력의 핵심을 놓치지 않는다.

A. B. Bosworth, *Alexander and the East: The Tragedy of Triumph,* Oxford University Press, 1998

Paul Cartledge, *Alexander the Great,* Vintage, 2004

버나드 로 몽고메리, 『전쟁의 역사 1』, 승영조 옮김, 책세상, 1995

02. 오차

일 년이 445일이 되고, 일 년 중 11일이 한꺼번에 사라진 이유는?

조직에서 일하다보면 조직 간, 개인 간의 작은 차이가 결과적으로 큰 격차를 만드는 경우를 목격하게 된다. 업무에서도 작은 실수나 오류는 초기에 잡아야 비용이 적게 든다. 서구의 달력 개혁의 역사는 초기의 오류를 잡지 못할 경우 후일 크나큰 사회적 비용을 초래한다는 것을 여실히 보여주고 있다.

기원전 46년 카이사르는 전격적으로 한 해의 날수를 445일로 정해버린다. 오랫동안 사용됐던 당시의 공식 달력은 오차가 누적되면서 실제 태양력과 너무나 어긋나 춘분이 달력상 겨울에 올 지경에 이르렀다. 이러한 상황에서 태양력과 달력 간 격차라는 오류를 해소한 것은 무소불위의 권력을 휘두르던 최고 정책 결정권자의 한마디였다.

권력을 행사하는 데 언제나 조금의 망설임도 없었던 카이사르는 단숨에 새로운 달력을 도입해 과감하게 태양력과 일치시킨다. 대신 '지도자 동지의 대결단'으로 한 해가 80일 가까이 늘어나버린 기원전 46년에는 '혼란의 해'라는 별명이 붙어버렸다. 이처럼 카이사르가 '율리우스력'을 도입한 역법 개혁 이후 한 해는 365일이 됐고, 하루가 더 많은 윤년을 4년마다 두도록 했다. 이 율리우스력은 이후 1500년 동안 서구사회에서 표준 달력으로 자리 잡았다. 하지만 율리우스력도 한 해의 시작을 언제로 잡을까의 문제를 해결하지는 못했다.

로마인들은 1월 1일을 새해의 첫날로 삼았지만 기독교 세계의 수태고지설에 따르면 1년의 시작은 3월 25일*이 되는 등 지역과 문화별로 제각각이었다고 한다. 또 어떤 해를 기원 원년으로 삼을까의 문제에 대한 해결책도 저마다 달랐다. 로마인들은 로마가 건국된 해를 당연히 원년으로 삼으려 했고, 특정 황제나 집정관의 통치기가 기준이 되기도 했다. 유럽 각지에서도 마찬가지 현상이 나타났다.

이에 따라 "우리의 경애하는 군주, 노섬브리아 왕이신 에그프리드의 치세가 시작된 지 10년이자 머시아의 왕 에델프리드의 치세가 시작된 지 6년, 이스트앵글스의 왕 알드울프의 치세가 시작된 지 17년" 식의 복잡한 연대 표기법도 등장했다. 결국 수백 년간의 혼란을 겪은 끝에 서구는 6세기경 수도승인 디오니시우스 엑시구스가 택한 예수 탄생 시점을 기원 원년으로 표준화했다.

하지만 이외에도 율리우스력은 약점이 적지 않았다. 달력이 실제 지구의 공전주기인 365.2564일과 4분의 1일과 몇 분의 미세한 차이가 있는 관계로 윤년이 너무 자주 돌아오는 문제가 있었다. 이는 농부나 귀족들에게는 큰 문제가 아니었지만 기독교 명절인 부활절의 날짜가 너무 자주 바뀌는 성직자들에게는 심각한 문제가 아닐 수 없었다. 결국 325년 열린 니케아 종교회의에서 "부활절은 춘분 뒤 첫 번째 보름날 다음

---

* 정확하게 어떻게 도출됐는지는 모르지만, 크리스마스에서 역산해보면 그쯤일 듯싶다.

에 오는 첫 일요일"로 정의됐지만, 어쨌거나 특정 날짜에 못 박히지 못한 채 여기저기 떠돌아다니며 각기 다른 날 부활하는 운명이 돼버렸다.

보다 근본적인 문제는 카이사르가 기원전 46년을 445일로 만들어버려 일시적으로 해소됐던 실제 공전주기와 달력 간의 오차가 시간이 지나면서 다시 누적돼 율리우스력마저 제대로 들어맞지 않는 상황이 된 것이다. 율리우스력이 만들어진 지 1600여 년이 지난 1582년에 이르면 율리우스력과 현실 간의 차이는 어느덧 11일로 커져버렸다. 이에 따라 교황 그레고리우스 13세는 달력 개정을 위해 전문가 회의를 소집했고, 여기서 수정안을 마련해 교황에게 보고했다. '그레고리력'이라고 알려진 이 새 달력에 따라 교황은 1582년 10월 4일 목요일 다음 날을 1582년 10월 15일 금요일이라고 선언해버렸다.

이 같은 혁명적인 그레고리력의 도입에는 당연히 적잖은 반발이 따랐고, 불편하게 여기는 사람이 많았다. 몽테뉴는 "이를 갈면서 적응하려고 해도 내 마음은 항상 열흘 앞에 있거나 뒤처져 있다"고 볼멘소리를 했고, 가톨릭의 영향권 밖이었던 그리스정교회와 개신교도들은 이전 달력에 오히려 집착하는 모습을 보였다. 이에 따라 볼테르는 "영국 민중은 교황의 지시에 따르는 달력보다는 차라리 태양과 어긋나는 달력을 더 선호했다"고 표현하기도 했다.

하지만 그레고리력은 결과적으로 달력과 실제 태양력 간의 오차를 크게 줄여 실용성을 높였기에 널리 보급될 수 있었다. 그레고리력은 과거 율리우스력처럼 4년마다 윤년을 뒀고, 100으로 나눠지는 해에는 400으로도 나눠져야만 윤년으로 한다는 추가 규정을 마련해 오차를 더욱 줄였다. 이에 따라 여전히 오차가 남아 있긴 하나 그레고리력 적용 이후 4000년 이상이 지나도록 실제 태양년과의 오차는 하루가 채 되지 않도록 만들어졌고 그 혜택은 지금도 세계인들이 누리고 있다. 그때 그레고리력이 도입되지 않고 이후에도 과거 달력이 그대로 쓰였다면 오늘날 현대인들은 실제 태양력과 2주가량 차이 나는 달력을 사용했을 것이라는 게 역사학자 앨프리드 크로스비의 평이다.

초반의 미세한 차이는 훗날 큰 격차가 되는 경우가 많다. 이에 따라 첫 단추가 중요하다는 말도 나오고, 오차의 시정은 초반에 해야 한다는 판단들이 제기되는 것이다.

앨프리드 W. 크로스비, 『수량화 혁명 ─ 유럽의 패권을 가져온 세계관의 탄생』, 김병화 옮김, 심산, 2005

03. 노동
어원부터 다른 '즐거운 일'과
'고통스러운 일'

일은 때에 따라 삶의 원천이기도 하고, 어떤 때는 마지못해 해야만 하는 고통스런 수단이기도 하다. 제대로 된 결과물을 도출해내기 위해서라면 일이 즐거워야만 하는 것은 기본이다. '즐거운 일'과 '고통스러운 일'에 어떤 차이가 있는지 살펴본다.

중세 유럽에서 '일'을 지칭하는 라틴어 단어는 오푸스opus와 라보르 labor로 구분됐다. 오푸스는 라틴어본 『성서』의 창세기에서 신이 세계를 만들고 자신의 모습을 따라 인간을 창조하는 성스럽고도 창조적인 행위를 정의하는 단어로 처음 쓰였다고 한다. 바로 이 단어에서 '오페라리 operari(작품을 창조하다)' '오페라리우스operarius(창조하는 사람)' 등의 단어가 파생되었다. 지금도 음악작품 등에 번호를 매길 때 오푸스가 여전히 사용되고 있다. 또 이 오푸스에서 불어의 노동자를 지칭하는 단어인 '우브히에ouvrier'가 파생됐고, '걸작chef-oeuvre'이나 '지적인 일을 하는 지도자maitre-oeuvre'를 지칭하는 불어 단어 모두 라틴어 오푸스의 먼 자손들이라 할 수 있다.

반면 '라보르'는 고통, 노역, 고통스러운 일이란 뜻으로 쓰여왔다. 5

세기부터 11세기까지 중세시대 유럽에서 일은 원죄의 결과인 벌로 생각됐다고 한다. 성 베네딕트 수도원에서 수도사들의 계율 속에 일을 집어넣어 이를 철저하게 실천하도록 한 것도 모두 '에덴동산에서 추방되었을 때 인간에게 강제된 속죄'의 일환이었다고 한다. 이와 더불어 전통시대 척박한 환경 속에서 끊임없이 힘들게 농사일을 해야만 했던 농민들을 지칭하는 단어도 바로 라보르에서 유래한 '라보라토레스laboratores'였다. 즉 죄와 벌의 개념과 밀접한 연관을 맺고 있는 이 단어는 오늘날 영어 단어 '레이버labour(labor)'가 산모가 분만할 때의 산고·진통이나 기나긴 분만 과정, 출산 등의 의미로 쓰인다는 점에서 옛 어원의 흔적이 여전히 남아 있기도 하다.

한편 현대 불어에서 노동, 일을 뜻하는 '트하바이으travail'는 16~17세기경 프랑스에서 고집 센 동물들을 제어하기 위해 고안된 세 개tri의 말뚝이 있는 기계를 지칭하는 라틴어 '트리팔리움tripalium'에서 따온 것이라고 한다. 원래 트리팔리움은 고문하는 도구를 지칭하기도 했다는데 '일'과 '고문'이라는 단어가 밀접한 연관을 맺는 흥미로운 사례이기도 하다. 단어 자체가 출생부터 '자유의 박탈'과 '고통'을 동반하고 있다는 점도 눈에 띈다. 아마도 인간이 살아가면서 일로부터 해방된다는 것은 불가능할 것이다.

일은 때로는 즐겁고 창조적인 요소이자 삶의 활력소이기도 하고 말 그대로 삶의 전부가 되기도 한다. 하지만 많은 경우 고통의 원인이 되기도 하고, 고문이 되기도 한다. 일은 죽지 못해 억지로 하는 생존의 수단이기도 하면서도, 어떤 사람에게는 자신의 삶의 가치를 증명하는 삶의

목적이 되기도 한다. 직장인에게는 떨치고 싶은 굴레이고, 실업자에게
는 꼭 소유하고 싶은 애인이기도 하다.

자크 르 고프 · 니콜라스 트뤼옹, 『중세 몸의 역사』, 채계병 옮김, 이카루스미디어, 2009

04. 보상
피라미드는 노예가 만들지 않았다?

피라미드 하면 보통 채찍을 든 감독관과 무거운 돌을 나르는 노예의 모습을 떠올린다. 하지만 피라미드 건설과 관련된 고고학적 발굴 내용들을 살펴보면 이를 건설한 사람들은 노예가 아닌 정당한 대우를 받는 노동자 성격이 강했다고 한다. 피라미드 같은 거대한 업적을 이루기 위해서는 강제와 강압만으로는 불가능했고 정당한 대우와 '당근'이 필요했다는 것을 역사는 증명하고 있다.

비록 요약 형식으로밖에 접하지 못했지만 헤겔의 '노예의 변증법'은 독특한 매력이 있는 논리게임이다.(책만 덮으면 내용이 기억나지 않는 것도 '노예의 변증법'의 또 다른 매력이다.) 특히 이 '노예의 변증법'에는 피라미드와 관련된 인상적인 표현이 등장한다. 우선 인간의 본질이 '위신을 위한 투쟁Prestige Kampf'에 있다고 본 헤겔에 따르면, 인간은 대등욕망과 우월욕망으로 불리는 이 투쟁을 위해 말 그대로 사력을 다한다고 한다. 즉 위신투쟁에는 목숨을 걸고 해야 한다는 것이 기본 조건이라는 얘기다. 만약 죽음이 두렵거나 목숨이 아까워 항복한다면 노예가 될 수밖에 없다는 게 헤겔의 논리다.

바로 이 지점부터 지배와 예속Herrschaft und Knechtschaft, 주인과 노예가 구분되기 시작한다. 일단 주인과 노예가 구분된 이후에는 주인은 목숨을 구걸한 노예를 가혹하게 다룰 수밖에 없다. 노예를 다루는 방식은 가혹한 노동을 시키는 것이고, 이 가혹한 노동의 대명사는 바로 "피라미드를 지어라!"라는 명령의 형식으로 표현된다. 100년 남짓한 기간 동안 2500만 톤에 이르는 엄청난 돌을 사람의 힘으로 옮겨 만든 피라미드야말로 노예의 고통을 표현하는 더할 나위 없는 상징물이기 때문이다.

하지만 철학과 논리의 세계가 아니라 실제 역사 속에서는 헤겔이 노예에게 가해진다고 말한 가혹한 처벌, 즉 노동의 상징으로 본 피라미드는 어떤 자유와 권리도 없는 노예가 만든 것이라기보다는 어느 정도 보상을 받은 일종의 '임금노동자'들이 만든 것이라는 해석이 일반적이다. 카를 A. 비트포겔이 "최소의 아이디어로 최대의 자재를 허비한 전제주의적 기념물"이라고 평한 피라미드를 실제로 마주 대하면 자연스레 아주 정교한 노예 소유자들의 국가를 떠올리는 게 인지상정이지만, 이러한 인상은 단순히 하나의 설에 지나지 않는다는 것이다. 피라미드 건설과 관련해서는 대규모 협동노동과 분업이 이뤄져야만 했고, 수십만의 사람들이 같은 목표를 실현하기 위해 동원돼야 했다. 이 과정에서 '채찍'만 가지고 이 대업을 완수하는 것은 불가능했다는 설명이다.

실제로 피라미드를 만들던 고대 노동자들의 야영지에서 발견된 흔적이나 테베 근방 데이르 엘 메디네에서 발견된 노동자 생활 유적지를 보면 모든 인부가 적절한(?) 대가를 받았다는 게 분명하게 드러난다고 한다. 숙련공뿐 아니라 채석장에서 단순히 석재를 옮겨 공사 현장에 쌓아놓는 비숙련 노동자들까지도 빠짐없이 일정 수준의 대가를 받았다는 것이다. 측량가, 제도공, 공학자, 목수, 채석공은 물론 화가와 조각가 등

사람은 끊임없이 돌릴 수 있는 기계가 아니라는 점은 고대 파라오들도 알고 있었다. 근대 자본주의
체제에서 노예나 기계처럼 부려졌던 노동의 역사가 있지만, 이것은 그처럼 불가능의 영역으로 보였던
고대의 피라미드에서도 없었던 일이다.

숙련·비숙련 가릴 것 없이 모두 숙식을 제공받고 노동의 대가를 지급받았다.

일부에서는 구체적인 대가에 관한 기록도 남아 있다. 비록 피라미드가 지어진 시기보다 후대이긴 하나, 세소스트리스 1세 때 스핑크스를 건립할 석재 덩어리를 채석하는 원정대에게 직급별로 배분된 빵과 맥주에 대한 상세한 기록이 그것이다. 인솔자와 장교, 석재 조각공 인솔자, 채석 장인, 사냥꾼, 수공업자 및 기타 직군별로 상세한 기록이 남아 있는데, 인솔자 1명이 빵 200에 맥주 5단위, 석재 조각공 인솔자 20인이 각각 빵 30에 맥주 1단위, 채석 장인 1인이 빵 15에 맥주 60분의 47 단위 식으로 배급된 것이다. 석재 조각공 100명, 채석공 100명, 선원 200명, 새잡이 60명, 제화공 60명, 부역에 징발된 노동자 1만7000명, 술 빚는 사람 20명, 곡식 빻는 사람 20명, 정육 관계자 20명, 잡심부름꾼 50명 등 노동자 1만8630명에게는 각각 빵 10에 맥주 3분의 1 단위가 공급됐다.

또 데이르 엘 메디네의 노동자 생활 유적을 살펴보면 동굴 작업에 필요한 램프의 수효가 반나절 분량씩 제한적으로 공급됐다는 게 확인된다고 한다. 이를 통해 무덤 건설에 동원된 노동자들은 하루 8시간씩 작업을 하고 정오에는 점심식사를 위해 휴식을 하는 식으로, 하루 10시간 리듬으로 작업이 이뤄졌다는 것을 알 수 있다. 더욱이 당시 서기들이 기록한 결석자 명단을 보면 노동자들이 작업에 빠지는 경우가 적지 않았다는 점을 알 수 있다.

서기들의 주요 임무는 임금을 지급하는 것으로, 곡물 분배 형태로 나뉘줬다고 한다. 소맥의 일종인 에머밀이나 맥주 원료인 보리 등이 임금의 주를 이뤘다. 예를 들어 십장은 하루 다섯 자루 반의 에머밀과 보리두 자루를 받고, 성 문지기는 다섯 자루의 에머밀과 두 자루의 보리를 지급받는 식이었다. 일반 노동자들은 네 자루의 에머밀과 한 자루 반의보리를 배급받았다고 하는데, 이는 15~18세기 초 유럽의 빵 배급에 비해서도 넉넉할 정도로 잘 받은 대우이다. 이 밖에 기름과 야채, 과일, 생선, 연료 따위도 지급됐고, 소금, 모피, 육류도 드물지만 배급 목록에 끼어 있었다고 한다. 육류는 여러 명의 노동자에게 소 한 마리가 배당돼이것을 각각의 몫으로 나눠 가졌다. 심지어 고대사회에 일어났던 파업기록도 남아 있다. 람세스 3세 치세 29년 되던 해 무덤 노동자들에게 임금이 제때 지급되지 못하고 일부 또는 전액이 체불되자 분묘군 노동자들이 파업에 돌입했다는 것이다.

사람은 끊임없이 돌릴 수 있는 기계가 아니고 채찍만으로는 큰 업적을 이룰 수 없다는 것을 고대 파라오들도 알고 있었던 모양이다. 채찍의유효기간은 매우 짧다는 점을 고대의 전제 군주들도 경험상 꿰뚫고 있었다. 이처럼 무지막지하게 채찍을 휘두르고 자유를 박탈한 강제노동으로 만들었을 것 같은 피라미드도 '채찍'과 억압 외에 충분한 물질적 보상이라는 '당근'으로 인해 끝낼 수 있었고, 수천 년의 세월을 버텨낼 수있었다.

Karl A. Wittfogel, *Oriental Despotism: A Comparative Study of Total Power*, Vintage, 1981

모겐 위첼, 『Builders & Dreamers – 경영은 어떻게 현대사회에서 중심이 되었나』, 김은령 옮김, 에코리브르, 2002

헬무트 쉬나이더, 『노동의 역사 – 고대 이집트에서 현대 산업사회까지』, 한정숙 옮김, 한길사, 1994

김윤식, 『비평가의 사계』, 랜덤하우스, 2007

05. 설탕
소녀시대가 맛보지 못한 '단맛',
서민의 에너지원

오늘날 사람들은 단맛의 홍수 속에 살고 있다. 원래 단맛은 특권층만이 누릴 수 있는 희귀한 것이었는데 현대사회에 접어들면서 어느새 서민들의 늘어난 뱃살의 주범이 되었다. 하지만 단맛이 흔해지기까지는 설탕 생산을 위해 끝없는 눈물을 흘려야 했던 노예의 고통이 뒤따랐다. 또 힘든 노동을 견뎌야만 했던 서민의 에너지원으로 설탕이 애용됐던 슬픈 역사가 있었다.

전통시대 낙원은 '젖과 꿀이 흐르는' 땅으로 묘사됐다. 근대 초까지 인류는 달콤한 게 도대체 어떤 맛인지 잘 몰랐고 단맛을 접할 기회가 적었기에 꿀은 낙원을 상징하는 맛이었다. 단맛의 거의 유일한 원천인 꿀은 오랫동안 희소한 사치 식품이었다. 그런 상황에서 단맛의 대중화를 가져온 식물은 설탕의 원료가 되는 사탕수수였다. 사탕수수는 겐지스 델타와 아삼 지방 사이 벵골 연안이 원산지로, 기원전 300년 인도에서 재배되기 시작했다. 이어 사탕수수는 사산조 페르시아의 처방전에도 등장하고 비잔티움에서도 꿀과 경쟁하는 위치에 오르면서 식품이라기보다는 약제의 성격을 강하게 띠게 된다.

중근동 지역 외에도 광둥성을 중심으로 한 중국과 일본으로도 사탕수수는 퍼져나갔다. 하지만 이것을 맨처음 대규모로 재배한 이들은 아랍인들이었고, 이집트 산 설탕은 이후 최고의 품질로 평가받았다. 아랍인들은 이어 이베리아반도로 사탕수수 재배지를 넓혀나갔는데, 유럽은 아랍과의 투쟁 중에 사탕수수를 접하게 된다. 기록상으로 따져보면, 유럽인의 경우 10세기 십자군 원정에 나갔던 군사들이 시리아에서 처음으로 사탕수수를 접했다. 하지만 10세기 살레르노 학파의 약전에도 설탕이 등장하는 점을 고려하면 여러 경로를 통해 설탕과 사탕수수를 이미 알고 있었던 것으로 보인다.

설탕의 가치를 알아본 베네치아 상인들은 곧 중세 유럽의 대표적 사치품이 된 설탕 교역을 장악했다. 근대에 접어들 무렵에는 이탈리아 상인들과 결탁한 포르투갈인들이 아프리카 해안의 조그만 섬인 상 투메에서 설탕 생산을 '혁명적'으로 발전시킨다. 인류 역사상 가장 끔찍한 혁명 중 하나인 포르투갈인들의 설탕 혁명은 바로 아프리카인들을 노예로 잡아와 설탕 플랜테이션(열대 지방의 대규모 농장)에서 강제 노역을 시킨 것이었다. 기계가 발달되지 않은 시기에 설탕을 제조하는 고된 노동은 인간의 노동력을 극한까지 짜내는 잔인한 방식에 의해 작동됐다. 사탕수수를 꺾어서 으깬 뒤 즙을 오랜 시간 끓여야 했는데, 그 과정이 매우 고통스러웠을 뿐 아니라 사탕수수 즙을 끓이기 위해서는 수많은 나무를 벌목해야 했다. 이는 유럽에서도 사라져가던 노예제가 신대륙에서 부활하는 계기가 됐다. "설탕이 없었으면 니그로도 없었다"는 말도 이런 연유로 생겨났다. 결국 상 투메라는 조그만 섬은 포르투갈 귀족과 이탈리아 상인들에게는 천국이었지만 수만 명의 노예에게는 아비규환의 장이나 다름없었다.

16세기 유럽은 유례없는 호황을 누렸고, 그 결과 단맛을 즐길 여유를 가진 사람들도 늘었다. 설탕을 두고 "이전에는 약으로나 쓰던 것이 이제는 음식이 됐다"는 말도 나돌았다. 그러자 포르투갈은 대서양 건너 브라질에도 사탕수수를 심어 설탕 생산을 확대하기로 결정했다. 사탕수수는 공식적으로는 1530년 마르팅 아퐁수 지 소우자에 의해 브라질에 들어온 것으로 돼 있지만 실제로는 그 이전에 도입됐고, 주로 브라질 동북부 해안지대에서 경작되었다. 이어 브라질 지역 특유의 플랜테이션 생산 체제는 이 지역만의 독특한 생산 방식으로 자리 잡았다. 사탕수수가 브라질에서 대량생산됐던 것은 아시아의 작물과 유럽 자본, 아프리카의 노동력, 아메리카의 땅이 결합된 진정한 국제 작물의 첫 사례로 평가받기도 한다.

이처럼 유럽인들이 단것을 찾기 시작하면서 전 세계 열대의 섬들은 울창하던 숲을 잃어갔다. 대신 노예 플랜테이션이 그 자리를 덮었다. 설탕 값이 싸지고 대중화되면서 노예제는 부활하고, 열대의 자연은 급속도로 파국의 길로 들어서게 된다.

대량생산의 길에 접어든 설탕은 곧 인간의 식생활 전반에 근본적인 변화를 불러일으킨다. 복합 탄수화물인 다른 식품들은 소화 과정을 거쳐 자당으로 전환되는 반면, 그 자체로 자당 덩어리인 설탕은 중간 과정 없이 곧바로 열량을 생산해냈다. 즉 먹자마자 힘을 쓸 수 있는 에너지원이었던 것이다.

이런 특성 덕분에 설탕은 산업혁명기 이후 노동자들의 값싼 열량 공급원 역할을 맡게 됐다. 잼을 바른 빵, 비스킷, 캔디 등 설탕이 가미된

19세기 후반 한 농장의 노동자들이 홍차나 밀크티를 즐기고 있는 모습. 차가 노동자들의 일종의 간식거리가 될 수 있었던 것은 여기에 설탕을 곁들어 마시면서 가장 싼값으로 칼로리를 보충할 수 있었기 때문이다.

음식들이 홍수를 이뤘고, 차에 설탕을 듬뿍 넣어 마시는 습관이 일반화된 것도 노동자들이 열량을 추가로 공급받는 방식이 됐다. 설탕은 열등한 지위에 처한 사람들의 생존을 보장해주는 저급한 음식의 주재료가된 것이다. 한마디로 이전 세대에 진과 맥주가 하던 수분과 열량 공급을(취할 부작용도 없는) 설탕을 넣은 차가 대신하게 됐다. 그리고 19세기말에 이르면 설탕은 전체 칼로리 섭취의 14퍼센트를 차지하게 된다.

하지만 설탕은 노동계급 내에서도 주로 약자들의 에너지원이었다. 그나마 가족의 생계를 짊어진 가장은 얼마 안 되는 동물성 식품을 주로소비했고, 나머지 가족들이 설탕 소비에 의존한 것이다. "고기는 오로지 아버지만 먹었으며, 일하는 남편이 매일 베이컨을 먹는 동안 아내와아이들은 일주일에 한 번 정도 고기 맛을 보는 데 만족했다"는 게 19세기 말 영국 노동자 가정의 일상이었다. 결국 영국에서 설탕이 가난한 노동자들이 칼로리 부족을 보충하는 데 도움이 됐고, 산업혁명기 노동자들이 휴식 시간에 가장 많이 먹는 식품으로 자리 잡았다.

우리 사회에서 걸그룹 '소녀시대' 멤버들의 식단이 공개돼 화젯거리가 된 바 있다. 날씬한 몸매를 유지하기 위해 기초 대사량에도 못 미치는 하루 800~1200킬로칼로리밖에 먹지 못한다고 하니 500년 전 전통사회의 서민들보다도 못 먹는 수준이라고 할 수 있다.(학창 시절에 배운바로는 16세기 프랑스 농촌 서민들의 평균 섭취 칼로리가 1600킬로칼로리 안팎으로 추정된다고 했다.) 반면 나의 식단을 되돌아보면 설탕으로 범벅된정크푸드로 가득 차 있다. 설탕이 잔뜩 들어간 커피믹스를 하루에도 여러 잔씩 마시고 기사 마감이 임박하면 나도 모르게 초콜릿과 과자, 빵 등에 손이 간다. 그 결과 국제부 근무 1년도 안 돼 얼굴은 훨씬 토실토실해지고 배는 임신 8개월 수준에 육박하고 있다.

설탕이 약제는커녕 정크푸드가 된 세상에서 단맛이라고는 구경도 못하는 소녀시대나, 19세기 산업화 초기 노동자들 못지않게 곧바로 에너지로 전환되는 설탕 섭취에 기대고 있는 나의 모습이나 인간의 바람직한 삶과는 거리가 있어 보인다.

Andre Gunder Frank, *Dependent Accumulation and Underdevelopment*, Monthly Review Press, 1979

Gary B. Nash, "Black People in a White People's Country," in Stephen B. Oates(ed.), *Portrait of America* Vol. 1, Houghton Mifflin, 1994

Jonathan I. Israel, *Dutch Primacy in World Trade 1585-1740*, Oxford University Press, 1992

케네스 포메란츠 · 스티븐 토픽, 『설탕, 커피 그리고 폭력 ― 교역으로 읽는 세계사 산책』, 박광식 옮김, 심산, 2003

페르낭 브로델, 『물질문명과 자본주의 1-1 ― 일상생활의 구조 上』, 주경철 옮김, 까치, 1995

주경철, 『대항해시대』, 서울대출판부, 2008

OI. 누명

네로는 방화범이라는
'카더라' 통신의 희생자다?

한번 굳어진 이미지는 바꾸기 힘들다. 한때 구설수에 오른 스타의 컴백이 힘든 것은
물론이고, 역사적으로도 부정적인 이미지가 한 번이라도 씌워진 인물에 대한 평가
는 여간해서 바뀌기 어렵다. 특히 당대인의 평가는 후대에 일반적으로 알려진 평가
와 다른 경우가 적지 않다.

64년 로마는 대화재에 휩싸였다. 수많은 소설과 영화에서는 당시 황제
네로가 로마에 불을 지르고 그 광경을 즐기는 것으로 묘사하지만 네로
는 '아마도', 아니 거의 '확실하게' 로마에 불을 지르지 않았다. 오히려
대형 테러나 전쟁에 임한 여느 지도자들처럼 신속하고 결단력 있게 재
난에 대처했고 구호활동에 전력했다는 게 황제 네로의 실상에 가깝다.
예술적 탐닉에 빠져 일반 시민들의 고통에는 무감각한 괴물 같은 이미
지는 사실 정치적 반대파에 의해 덧씌워진 누명인 셈이다.

　네로는 자신이 주연으로 나서는 연극을 종류별로 다 상연하고 끝없
이 자기 자랑을 늘어놓으면서 '스스로에게 반한' 자칭 '예술가'였다.
또 올림픽에도 직접 출전해 월계관을 휩쓸었다.(군대에서 열리는 전투 축
구에서 장교들의 현란한 돌파에 추풍낙엽처럼 당하는 사병들을 떠올려보라.)

여기에 더해 그는 별것 아닌 전쟁에서의 승리를 뻥튀기하고 큰 축제를 벌인 '허풍쟁이'였고, 자신의 올림픽 출전을 위해 올림픽 역사상 전무후무하게 개최 시기까지 바꿨던 '골 때리는' 인물이었던 것이 분명하다. 그는 또 문자 그대로 '마더 퍼커(후레자식)'였으며 결국 어머니를 죽인 패륜아이기도 했다. 기독교도들의 시체를 장대에 매달아 불을 붙여서는 야간에 조명으로 쓴 잔혹한 인간이기도 하다. 하지만 로마 화재의 방화범이란 누명까지 쓰게 된 것은 순전히 그가 정치적인 패배자였기 때문이다.

로마 대화재를 다룬 로마시대 역사가 3인인 타키투스, 수에토니우스, 카시우스 디오의 저술 중 어디에도 명확하게 네로가 자신의 심복을 시켜 로마에 불을 지르고 이를 즐겼다는 증거는 남아 있지 않다. 다만 "네로가 로마가 불에 탈 때 지붕에 올라가 불타는 트로이 시와 트로이의 프리아모스 왕을 떠올리며 하프를 타고 노래를 불렀다고 하는 말이 있다"는 제3자가 전했다는 '카더라' 통신만이 있을 뿐이다. 정치적으로 반反네로파로서 네로 사후 네로에 대한 공격에 앞장선 수에토니우스와 카시우스 디오는 이 '카더라' 통신을 그대로 인용했지만 중립파 타키투스는 달랐다. 이미 정치적으로 패배해 죽은 뒤 모든 잘못을 뒤집어쓴 이 인물에 대해 나도는 흑색선전을 신뢰하지 않은 것이다.

타키투스는 그런 루머에 대해 강한 불신을 드러냈다. "(네로가 불을 지르고 즐겼다는) 소문에 대해 아무도 그런 일이 일어났는지 몰랐고, 그것을 본 사람도 없으며, 어디서 불을 냈는지 중요한 세부 사실들에 대해 전해오는 말이 모두 다르다"는 것이다. "몇몇 사람은 운이 없어 불이 났다고 하고, 다른 사람들은 네로의 계획 탓에 불이 났다고 한다"며 타키투스는 '드라이' 하게 기술한다. 그의 연대기 곳곳에는 네로가 불을 질렀는지 "확실치 않다"는 고백이 계속 나오고 있다.

실제로 대화재 이후 네로가 취한 행동을 살펴보면 네로가 정치가로서 행한 최고 수준의 업적에 속할 만한 것들을 목격할 수 있다. 화재 발생 때 안티움에 있었던 네로는 화재가 발생하자마자 로마로 신속하게 돌아와 결단력 있게 열정적으로 진화와 구조 작업을 진두지휘했다. 홈리스가 된 20여 만 이재민에게 임시 거처를 만들어주고 긴급 생필품을 공급했다. 특히 양곡을 싸게 풀었다. 에드워드 챔플린 프린스턴대 고전학과 교수는 "재난에 대한 대응은 인상적이고 한마디로 굉장했다"고 평가한다.

또 대부분 불타버린 도시를 재건하는 데에 효율적인 조치를 취했다. 화재 재발을 막기 위해 소방 시스템을 구축하는 데 노력했던 건 물론이다. 도시 재건은 장기적 안목에서 신중하게 계획돼 시행 단계를 차근히 밟아나갔다. 불에 강한 돌을 건축 재료로 쓰도록 하고 도시에 방수 수도관 시설도 만들었다. 로마 시내 모든 가정이 뜰에 우물이나 물통을 비치하도록 하는 등 방화시설을 갖추게 했다.

다른 상황들도 네로가 방화범이라는 설이 누명임을 정황상 증거하고 있다. 당시 로마는 인구 과잉이었고 밀집된 주거 공간들은 불에 취약함을 여실히 드러내고 있었다. 질펀한 술판에 방화, 부주의, 취사 불씨, 원시적 난방시설 등 불이 날 만한 요인은 수두룩했다. 또 건축물은 조잡했고 화재에 약했다. 네로가 도시를 '쓸어버리고' 자기 마음대로 만들기 위해 불을 냈다는 루머도 나돌았다. 하지만 슬럼가를 부수고 새로 짓는 게 효율적이고 합리적이지, 통제하지 못하는 불을 질러버렸다는 것은 설득력이 약하다. 네로가 아끼던 새 궁전인 '도무스 트란지토리아 Domus Transitoria' 역시 불에 탔는데, 그가 자신의 새집을 일부러 태웠을 리는 만무하다.

대화재 전후 로마 시민들은 전대미문의 불행에 대해 네로를 비난하지도, 그를 탓하지도 않았다. '네로 방화범' 설을 받아들인 사료 어디에서도 당대 시민들이 네로를 비난했다는 암시조차 찾아볼 수 없다. 여기에 네로는 자기 어머니를 죽였을 때나 다른 기행을 했을 때는 모두 그런 사실을 인정했지만 대화재 때는 그러지 않았다.

실제 네로가 기행을 일삼았어도 모든 사람에게 미움을 받은 것은 아니었다. 反네로파인 수에토니우스가 남긴 기록만 봐도, 네로의 죽음에 대해 로마의 일부 시민들은 즐거워 자유의 모자를 쓰고 시내를 가로질러 뛰어다녔지만, 다른 한편으로 그의 무덤에는 오랫동안 그를 기리는 조화가 끊이지 않았다고 전한다. 네로의 추종자들은 시내에 있는 네로의 동상에 자줏빛 토가를 입히기도 했고 마치 네로가 살아 있는 듯 네로의 이름으로 칙령을 내리기도 했다.

타키투스 역시 네로의 죽음에 대해 원로원과 고위 군인, 상류층은 기뻐했지만 서커스장 주변이나 검투사들이 싸우던 극장 주변에 어슬렁거리던 건달이나 시정잡배, 사회 하층민들은 당황했다고 전한다. 황제의 죽음을 아쉬워한 사람이 적지 않았던 듯하고 그런 부류가 다수였을 거라는 게 현대 사가들의 판단이다. 사실 굳이 로마 역사에서 의미 있는 방화범을 꼽자면 네로가 아니라 그보다 조금 앞선 공화정 시대 1차 삼두정치의 주인공인 크라수스를 꼽는 게 합당할 것이다.

크라수스는 부동산 투기로 큰돈을 번 인물로, 주특기는 불타고 있는 건물을 헐값에 사들이는 것이었다. 당시에는 보험이 없었으니 파산에 직면한 건물주나 재건축 비용을 감당할 수 없는 건물주는 조금이라도 돈을 건지는 걸 다행으로 여겼다. 이에 따라 크라수스는 설계, 배수, 위생시설, 미장 등 건설 관련 전문 노예들로 구성된 팀을 만들어 재건축 사업을 공격적으로 감행했고, 불타는 건물의 주인에게 헐값 거래를 요구한 뒤 자체 소방대로 하여금 거래가 끝나면 신속하게 불을 끄도록 했다. 크라수스는 건물이 전소되더라도 재건축으로 엄청난 이윤을 남긴 후 되팔 수 있었고, 실제로 그의 소방대가 불을 끄기에 앞서 그의 노예들로 구성된 '비밀 군대'가 일부러 불을 질렀다는 이야기도 전해온다.

네로의 사례를 되돌아보면 예나 지금이나 한번 찍힌 '낙인'은 오래가고, '카더라'의 폐해에는 대처 방안이 없는 듯하다.

Edward Champlin, *Nero*, Harvard University Press, 2003

프랭크 맥린, 「전사들」, 김병화 옮김, 웅진지식하우스, 2008

02. 재산

'35 금입택金入宅'은 한국사
최초의 부정부패 기록일까?

신문의 사회면을 보다보면 부정부패와 비리에 대한 소식이 끊이지 않는다. 정권이 바뀔 때마다, 또 힘 있는 기관들의 장이 바뀔 때를 전후해 그런 소식은 더 활개를 친다. 굳이 따져보자면 동서고금을 통틀어 비리 없는 사회는 찾기 힘들다. 그렇다면 과연 부정부패는 언제, 어떤 형식으로 나타나기 시작한 것일까?

황금이 들어가는 집이란 뜻의 '35 금입택金入宅'은 과연 한국사 최초의 부정부패를 반영하는 기록일까? 정권이 바뀔 때마다 반복되며 불거지는 권력형 비리와 부패에 대한 검찰 발표는 어느덧 식상한 레퍼토리가 됐다. 근래에는 장애인들에게 갈 복지 비용을 횡령해 호의호식하며 유흥비로 탕진한 공무원들의 행태가 도마 위에 오르기도 했다. '코에 걸면 코걸이' 식 세금제도와 이와 관련한 세리들에 대한 일반의 불신은 더 이상 말할 필요도 없다.

　각종 부정부패 사안들이 언급될 때 역사에 관심 갖는 이들이 떠올리는 것이 '35 금입택'일 것이다. 35 금입택에 대해서는 워낙 사료가 단편적이어서 일찍부터 많은 학자들이 관심을 기울였음에도 불구하고 그 내용이나 성격에 대해 명확한 결론이 나지 않은 상태다. 매력적인 이름

못지않게 정체에 대한 단서가 너무나 부족해 궁금증의 대상으로 머물러 있다.

　결론적으로 말하면 '35 금입택'은 한국사 최초의 부정부패 기록이라고 단정할 순 없지만 부패사가 언급될 때마다 그 흔적을 남긴 유력 후보군에서 빼놓을 수도 없다. 물론 단순하게 시기적으로만 언급하자면 한국사 초기의 부의 축적과 일말의 부정부패 가능성이 엿보이는 기록은 『신당서新唐書』에 있다고 한다. 『신당서』 「동이전」 신라전에 "재상의 집에는 녹이 끊이지 않으며 노종이 삼천 명이고 소, 말, 돼지도 그만큼 된다. 바다에 있는 산에 놓아길렀는데 먹고자 하면 쏘아서 잡는다. 다른 사람에게 곡식을 빌려주어 제대로 갚지 못하면 노비로 삼았다"라는 구절이 바로 그것이다.

　하지만 금입택에 대한 기록도 『신당서』 기록 못지않게 소략하다. 일연의 『삼국유사』 「기이」 진한조에 35 금입택에 대한 언급은 무심히 지나쳐만 갈 뿐이다. 시대도 불분명하게 "신라는 전성기에 서울이 17만 8936호였고 1360방 55리, 35개 금입택이 있었다. 그것은 남택, 북택, 우비소택, 본피택, 양택, 지상택, 재매정택 (…) 이상택, 명남택, 정하택 등이다"라고 기술하고 있다. 35 금입택이라고 하지만 실제 『삼국유사』에 열거된 금입택의 수는 39개라고 한다. 구체적으로 35 금입택이 어떤 집들이고, 어떤 사람들이 살았고, 어떻게 해서 부자가 됐는지, 부의 규모는 어느 정도인지, 사람들은 금입택에 대해 어떻게 생각했는지 등과 관련해서는 아무런 정보도 제공하지 않고 있다.

　혹자는 일본의 금각사처럼 금으로 도금한 집이라고 추정하기도 하지만 일반적으로 '쇠드리댁' 또는 '금드리댁'에 해당하는 고대 신라어를 한문으로 직역한 것으로 추측된다. 한마디로 (각지에서 바치는) "금이 들어가는 집"에 대한 언급이다. 문제는 당시 시대상을 고려하면 '부윤대택', 즉 단순히 부자에다 큰집이란 의미만으로 해석하긴 꺼림칙한 면이 있다는 것이다. 신라는 하대에 들어서 막대한 양의 금 수요를 억제하기 위해 각종 사치 억제책을 내놓았다. 바로 그런 시기에 금을 블랙홀처럼 빨아들이는 대가의 존재는 단순한 부자의 수준을 넘어서지 않겠는가라는 게 자연스런 추론이다. 국법을 초월하는 존재, 당연히 무엇인가 검은 돈이 연관됐을 법한 인상을 받게 된다.

신라 정부는 애장왕 7년(806) 금은으로 용기를 만드는 것을 금지하고 흥덕왕 9년(834)에는 하교를 내려 진골의 경우에도 용기에 금은의 사용을 금했다. 또 차기車騎에 금은옥으로 장식하는 것을 금지했고, 특히 집의 서까래 끝이나 문틀 주위 등을 금은보석으로 꾸미지 못하게 했다. 하지만 왕실의 조치에도 불구하고 금입택으로 불리는 호화 저택들이 경도 내 곳곳에 들어섰다. 주인이 밝혀진 금입택들로는 김유신 가문(즉 김유신 후손)이라든지 집사부 시중직을 역임한 김양종의 가문 등 당대의 실력자들이 금입택에 거주했다.

이에 대해 학계에서는 일반적으로 진골 출신 대토지 소유 호족이 금입택을 소유했을 것으로 추론한다. 김유신의 종가인 재매정택 등이 언급된 점으로 볼 때 금입택은 진골의 종족 중 종가에 해당되는 집이 된다는 것이다. 이기동 교수에 따르면 금입택은 신라 말기 경주에는 대략 40여 택이 들어섰을 것이며, 『삼국유사』에는 소위 유명한 것만 기록됐을 것이라고 한다. 『삼국유사』가 묘사한 금입택은 일반적으로 "왕경에 기와집이 즐비했고 땔감나무가 아니라 목탄으로 취사했다"는 기록이 남아 있는 헌강왕 때의 묘사로 여겨지지만 금입택의 존재는 헌강왕대보다 훨씬 앞서는 신라 중대 경덕왕 때에도 그 존재를 유추할 수 있다는 것이다.

이들 금입택의 경제력을 추정할 만한 단서가 장흥 보림사의 보희선사 비문인데, 헌안왕은 치세 4년 금입택 중 하나인 수망택과 이남택 택주에게 왕이 하교해 금 160근과 조 2000곡斛을 보림사에 시주할 것을 명했다고 한다. 이 두 금입택이 보림사에 기부한 세곡 2000곡은 토지 1333결(1결은 약 3000명)에 해당하는 엄청난 양이었다. 타슈켄트와 아랄해 동안 일대에서 나는 비비를 비롯해 페르시아 산 모직물, 캄보디아 산 비취, 자바 수마트라 산 자단 등 다양한 사치품(석가탑 출토 유향 3봉지는 아라비아 산으로 추정된다)을 사용했던 신라 부자들의 경제력은 상상 이상이었던 셈이다.

고대사회에 현대사회의 기준인 합법과 불법의 기준을 적용하는 것은 시대착오이겠지만 과연 금입택의 존재가 고대인들에게도 "보기 좋게"만 느껴졌을지는 확신이 서지 않는다. 여하튼 부의 축적에 대한 끊임없는 욕망과 부의 집중, 그리고 그와 관련된 정당하지 않은 분위기가 모두 녹아 있는 듯한 35 금입택을 보면 현대나 고대나 크게 다르지 않은 인간 본성의 한 측면을 보는 듯하다.

이기동, 『신라골품제사회와 화랑도』, 일조각, 1997

이종욱, 『신라의 역사 1 · 2』, 김영사, 2002

일연, 『삼국유사』, 김원중 옮김, 을유문화사, 2002

주보돈, 「부정축재의 고대적 유형과 특질」, 이기백 편, 『한국사 시민강좌 22집 - 부정축재의 사회사』, 일조각, 1998

03. 변방
일본은 왜 '왜구'를 문화산업으로 키우지 않을까?

보통은 '왜구'라는 단어를 들으면 초라한 몰골에 옷도 제대로 갖춰 입지 못하고 조각배를 타고 온 일본 해적들이 해안가의 무고한 백성들을 잔인하게 도륙하는 장면을 떠올린다. 반면 '바이킹'이란 단어는 놀이공원이나 뷔페식당, 멋진 모험 영화의 한 장면을 연상시킨다. 본질에서는 크게 다를 바 없는 왜구와 바이킹은 과연 어떤 연유로 극단적으로 대비되는 이미지를 갖게 된 것일까?

일본인들은 왜 '왜구'를 문화산업으로 키우지 않는 것일까. 왜구와 성격이 비슷했던 유럽의 바이킹이 북유럽 문화산업의 핵심 코드로 변신한 데 비해, 경제동물이라 불리는 일본인들이 '왜구'를 캐릭터로 삼아 돈벌이에 적극적으로 나서지 않는 것은 의외이다.

실제 바이킹의 후손 노르웨이, 스웨덴, 덴마크인들은 자신들의 조상이 '바이킹'이었음을 자랑스러워한다. 북구 축구 대표팀들을 응원하는 스칸디나비아의 응원단은 바이킹 모자와 복장을 입고, 바이킹을 소재로 한 장난감과 소설, 만화도 적지 않다. 놀이공원의 바이킹 보트와 관련된 추억을 품고 있는 이도 적지 않으며, 어린이들에게 인기 있는 소설 『작은 바이킹』의 주인공 비케를 떠올릴 수도 있다. 또 바이킹들이 약탈해 온 전리품을 독점하지 않고 함께 나누는 데서 유래했다는 '뷔페' 요리를 비롯해 말 그대로 '바이킹 요리'까지 그와 관련된 문화 상품은 셀 수 없이 많다.

반면 일본은 자신들의 역사에서 '왜구'의 흔적을 지우는 데 골몰하는 듯한 모습이다. 한·중·일 학계에서는 왜구가 순수 일본인들만으로 구성된 게 아니라 지방의 학정을 피해 도망간 중국과 한국인도 일부 포함돼 있거나, 때로는 해적이나 해외 무역 종사자들이 일본 왜구를 사칭한 경우가 있다는 데는 큰 이견이 없는 듯하나 오직 거기까지일 뿐이다. 일본은 이런 일부의 사례를 침소봉대하는 등 '왜구 주력＝일본 또는 대마도 출신'이라는 본질을 훼손하는 물타기를 해서 한국과 중국의 반감을 사곤 한다. 한마디로 일본은 북구 유럽이 바이킹을 자랑스러워하는 것과 달리, 왜구의 흔적을 지우지 못해 안달난 모습을 보여준다.

바이킹에 관해서는 유럽의 경우 (선악과 옳고 그름을 떠나) 민족주의적 관점에서 벗어나 자유롭게 접하는 듯한 인상이지만, 동아시아는 여전히 '왜구'를 한쪽에서는 단죄하고 다른 한쪽에서는 관련성을 최소화하거나 변호하기에 급급하다. 하지만 객관적으로 본다면 왜구와 바이킹은 시대와 장소는 달라도 상당한 공통점을 지니고 있다. 둘 모두 각 문명의 중심부와 멀리 떨어진 주변부 세력으로서 배를 타고 대륙 세력을 침공했다는 점, 각각의 문화적 독자성과 민족어 문학의 시초(일본의 경우 정확히는 왜구라기보다는 일본)를 선보였다는 점 등 공통점이 한둘이 아니다. 양자는 유럽 대륙과 중국, 한국을 강력한 무력으로 공포에 떨게 한 존재였다. 그와 함께 문화 변방의 존재로서 선진 문화 수용에도 비슷한 양상을 보였다.

왜구는 바이킹과 달리 자신들의 과거 행적을 감추기에 급급한 모습을 보인다. 둘 모두 변방의 존재였고 포악한 일들을 벌였지만, 오늘날 한쪽은 여전히 수치스러워하는 모습을 보이는 반면, 다른 한쪽은 스스로를 적극적인 홍보 대상으로 삼고 있다.

4세기경부터 룬run 문자를 사용하기 시작하고 9세기경 자형을 단순화하여 쓰기 편하게 만든 바이킹은 9세기 중엽부터 기독교와 라틴 문자를 수용하기 시작했다. 라틴어를 배워 성서를 읽고 예배를 드리면서 자기네 나라 성자들의 생애를 라틴어로 서술하고 자신들 역사나 구비 전승물을 라틴어로 옮기기도 했다. 이어 아이슬란드를 중심으로 12세기 말부터 14세기까지 '사가saga'라고 불리는 영웅 전설을 기록하는 것을 거국적인 사업으로 여겼다. 이 사가는 유럽 고급 라틴 문명을 받아들인 이후에도 살아남은 바이킹 전통을 전해줘 가치가 있다. 소위 바이킹 '야만인'들은 명예심이 강해서 이기면 좋아하고 지면 수치심 때문에 복수하는 전통을 사가 속에 보존하고 있는 것이다. 특히 역사와 전설의 중간물의 형태로 흥미를 위해 기록을 남겼다는 점에서 국문학자 조동일 교수는 일본어가 가미된 변형된 한문으로 쓰여진 (왜구를 포함하는) 일본의 『물어物語』, 특히 『군기물어軍紀物語』와 흡사하다고 지적한다. 양쪽 모두 역사를 '문학적'으로 변형하면서 권력을 장악하려고 싸우는 전쟁 이야기에 큰 비중을 두고 있다는 것이다.

아이슬란드 및 스칸디나비아와 일본 모두 독자적인 역사서를 쓰려면 고대에서 물려받은 독자적인 전승이 있어야 하지만, 역사서를 쓰는 일은 보편 종교와 공동 문어의 글쓰기를 받아들여 민족어 글쓰기에 응용할 수 있는 중세적 문화 코드를 갖춰야만 가능한 일이기 때문이라는 설명이다. 문명권의 주변부에 있었던 바이킹들은 보편 종교(기독교)와 공동 문어(라틴어)를 받아들인 뒤 그들만의 이야기인 '사가'를 창조했고, 마찬가지로 동양 문명의 주변부였던 일본도 보편 종교(불교, 유교)와 공동 문어(한문)를 받아들인 뒤 그들만의 역사를 기술하기 시작했다는 것이다.

하지만 이런 변방 문화는 사료를 개작(왜곡)해서 역사를 서술하는 특징도 함께 나타낸다. 자료의 원문을 존중하고 사실을 있는 그대로 다뤄야 한다는 생각이 미처 생겨나지 않았는가 하면, 역사를 서술하고자 하는 성급한 마음에 자기 편한 대로 역사를 왜곡해 재구성한다는 분석이다. 자료와 사실을 있는 그대로 이용하면서 서술자가 하려는 말을 첨부하는 정통 역사 기술을, 굳이 토론 상대가 없는 가운데서 힘들여 할 필요가 없었기에 나온 문화적 특징이라는 주장이다. 문화를 수입하기만하고 수출하지 않는 게 변방의 공통된 특질이 된 것이다.

바이킹이나 왜구 모두 변방에서 출발해 변방 문화의 특질을 고루 지닌 존재였다. 하지만 바이킹은 이제 중심 문화에 전혀 뒤지지 않는 고급 문화 콘텐츠로 자리 잡은 반면, 왜구는 여전히 '악랄하고 미개한 도적 놈'에서 한 발짝도 벗어나지 못하고 있다. 사실 포악하고 악랄한 약탈자로서 양자는 거의 차이가 없을 텐데 말이다.

바이킹과 왜구, 출발은 같았으나 과연 무엇이 이런 차이를 가져왔을까? 사회생활과 취재활동을 하다보면 엇비슷한 여건과 조건에서도 큰 차이를 내는 인물, 기업들을 적지 않게 목격하게 된다. 그런 차이를 만드는 이유가 때로는 명확히 드러날 때도 있지만, 외부인의 단견으로 한눈에 파악되지 않는 경우가 부지기수다. 과연 결과의 큰 차이를 만드는 눈에 띄지 않는 차이란 무엇일까?

Peter Lorge, *War, Politics and Society in Early Modern China 900-1795*, Routledge, 2005

Tom Bloch-Nakkerud, *Die Wikinger*, SFG, 2000

김영수, 『건국의 정치 ― 여말선초 혁명과 문명전환』, 이학사, 2006

조동일, 『공동 문어문학과 민족어 문학』, 지식산업사, 1999

조동일, 『문명권의 동질성과 이질성』, 지식산업사, 1999

최영순, 『경제사 오디세이』, 부키, 2002

04. 송환

왜란 때 잡혀갔다 돌아온
조선인들은 행복했을까?

잊을 만하면 남측 어부나 개성공단 근로자가 억류됐다는 뉴스가 전해온다. 때로는 일제강점기에 징용됐던 이들의 고난상에 관한 소식이 들려온다. 이들에 관한 이야기는 보통 억류와 송환, 두 가지만 전해지고 끝난다. 송환된 이후의 삶은 평범한 일상으로 미디어의 관심 대상이 아니기 때문이다. 하지만 과연 송환됐다는 것만으로 모든 문제가 해결됐을까. 임진왜란 당시 일본에 끌려갔다가 돌아온 조선인들의 삶을 통해 억류와 송환의 이면에 감춰져 있는 개인의 삶을 돌아본다.

임진왜란 때 일본에 끌려갔다가 극적으로 고향에 돌아온 조선인들의 삶은 과연 행복했을까? 보통 역사서들은 임란 후 상당수 조선인이 일본에 끌려갔고, 조선 조정은 이들을 되돌려오기 위해 많은 노력을 했다고 기술한다. 극적으로 적국에서 생환한 사람들의 삶은 자연스럽게 "오래 오래 행복하게 살았습니다"라는 동화적 결말을 상정하면서…. 하지만 일본에 피랍됐다가 돌아온 이들에 대한 구체적 행적을 살펴보면 이야기가 상당 부분 달라진다. 가슴 아프지만 고국에 귀환한 대부분의 사람에게 고국은 적국보다 더 따뜻한 곳이 아니었다.

　임진왜란이 끝난 뒤 조선이 일본에 파견한 사절들의 주요 임무는 전쟁 중 일본에 끌려간 조선인들을 본국으로 송환하는 것이었다. 1607년과 1617년, 1624년, 1636년, 1643년에 파견된 조선 사절은 조선통신사라 불리는데, 특히 앞의 세 차례 파견됐던 통신사들은 일본에 끌려간 '피로인' 송환을 일차적인 목적으로 삼았다. 그런 까닭에 그들의 직함부터가 끌려간 사람들을 되돌려오는 사신이란 뜻의 '쇄환사刷還使'였다. 이들 통신사는 적극적으로 일본에 끌려간 조선인들의 귀환 작업을 했다.(조선인들을 되돌려오기 위해 일본에 건너간 사명당 유정을 일본인들이 집에 가둔 후 뜨거운 불을 때 죽이려 했지만 도력으로 방 안을 얼음장처럼 만들었다는 어린 시절 열심히 읽었던 동화책 속 설화도 이 시기를 배경으로 하고 있다.)

일본 학자 요네타니 히토시에 따르면 1599년부터 1643년 사이에 조선 피로인被虜人들의 귀환 사례는 63건이었다고 한다. 특히 1599~1610년에 집중됐으며, 확인되는 전체 귀환자 숫자는 6323명으로 전해진다. 이런 일부의 조선인들이나마 고국 땅으로 돌아올 수 있었던 데에는 일본의 전쟁 관습인 '히토가에시人返し'가 일정 부분 역할을 했다. 전통시대 일본에서는 전장에서 사람을 약취한 자는 전쟁이 끝난 후 포로의 옛 주인이 사람을 돌려달라고 요구할 경우 그들을 원래 살던 곳으로 보내는 게 관행이었다.

전쟁이 끝나 조선에서 사절이 파견돼 쇄환을 요구하자 일본의 막부와 다이묘들은 이런 관념에 따라 적극적이진 않지만 포로를 돌려주기 시작했다는 게 요네타니 히토시의 설명이다. 일부 다이묘의 경우 자발적으로 잡혀온 조선인을 모아서 조선 사절에게 보낸 예도 있다고 한다. 하지만 시간이 흐르면서 일본은 조선인 송환에 소극적으로 변해간다.

여기에 또 다른 변수로 작용한 것은 잡혀간 조선인 가운데 송환을 거부하는 사람들이 생겨났다는 것이다. 포로로 끌려간 사람 상당수가 일

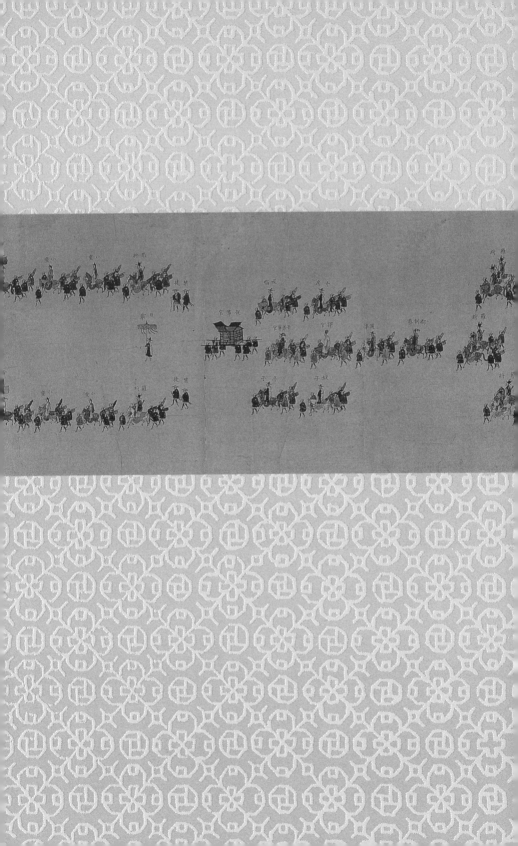

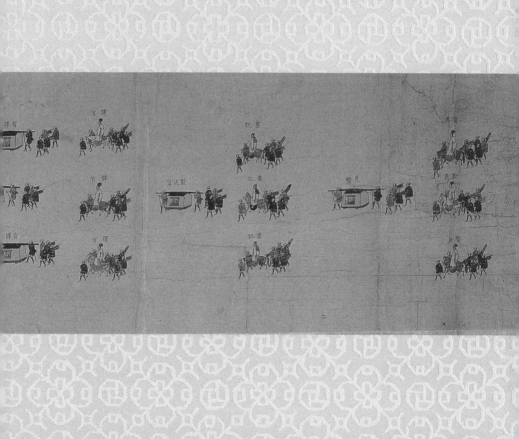

통신사, 일본 에도성에 들어가다, 조선 1636년(인조 14), 31×595cm, 국립중앙박물관 소장. 통신사들은 일본에 끌려간 '피로인'의 송환이 일차 임무였다. 하지만 정작 포로로 끌려간 조선인 상당수는 조선으로 돌아왔을 경우 삶의 기반을 잃을 것에 대한 두려움이나 일본에서처럼 '덜 억압적인 삶'을 살 수 있을까에 대한 확신이 없었기에 송환을 거부하기도 했다.

본에서 새로운 삶의 기반을 마련한 것이 그 이유가 되었다. 1624년 조선통신사 부사로 일본에 간 강홍중이 남긴 『동사록』이라는 책에는 "붙잡혀온 사람들이 맨손으로 온 후 수년 동안 재산이 늘고 생활이 편해져 돌아갈 마음이 없어졌다"는 내용이 전해진다.

당시 일본에서는 노역에 참여한 이들에게 정당한 노임이 지급됐는데, 그것이 충분한 대가였기에 "사람들이 흔쾌히 일을 하러 나선다"는 것이었다. 사농공상의 신분질서가 엄격한 신분제 사회이자 상업을 천시했던 조선과 달리, 일본에서는 자신의 노력 여하에 따라 현금 수입을 얻을 수 있어 조선인들에게는 덜 억압적인 사회로 여겨졌다. 결국 일본에 끌려간 사람들의 삶이 모두 참혹했을 것이라는 예측은 일종의 '신화'라는 설명이다. 오히려 고국으로 돌아온 이들의 경우가 더 힘들었을 것으로 추정할 만한 사료가 적지 않게 발견되곤 한다.

1600년과 1602년, 1603년, 1604년에 자력으로 일본을 탈출한 39명에게는 조선 정부가 부역과 잡역 면제 조치를 해줬지만 그 외에 귀환 피로인들에게는 그런 조치를 취했다는 기록이 없다. 오히려 1605년 유정과 동행해 부산에 도착한 피로인들에게 조선이 취한 조치는 그들에게는 끔찍한 악몽이 될 수도 있었음을 증명한다. 귀국한 유정은 이경준이라는 관원에게 피로인들을 맡기면서 "형편대로 고향에 나누어 보내라"라고 부탁했고, 이경준은 부산항에 정박한 조선 수군에게 사후 처리를 위임한다. 그런데 각 배의 선장들은 "피로인 남자들과 여자들을 포박해 노예로 삼고, 피로인 여성이 미인이면 남편을 묶어 바다에 던져놓고 그 여자를 자기 것으로 삼았다"는 당대의 생생한 증언이 전해지고 있다.

이런 상황은 1624년이 되어도 크게 개선되지 않아, 강홍중이 부사로 참여한 조선 사절이 일본에서 146명의 피로인을 데리고 귀국했지만 모두 부산에 방치되고 만다.

이런 소문이 퍼지면서 일본 현지에서 이문창이라는 조선인이 "조선의 법은 일본보다 못하고, 생활하기 어려우며, 본국에 돌아가도 조금도 좋은 일이 없다"는 말을 퍼뜨려 이후 송환 작업에 많은 어려움이 발생했다고 한다. 요네타니 히토시는 이런 상황에 대해 "조선이 잡혀간 조선인 송환에 집착했던 것은 국가의 체면과 관련된 일이었기 때문이지 잡혀간 백성들이 불쌍하다고 여겼기 때문은 아니었던 것으로 보인다"고 꼬집는다. 반면 조선 조정은 일본에서 돌아온 백성들에 대한 공식 기록에서 "피로인들의 죄를 사해주고, 부역을 진 자는 면해주고, 공사의 천민이면 천민 신분에서 해방시켜주고, 원조를 완벽하게 해줘 고향으로 돌아가게 했다. 쇄환된 자는 모두 친족들과 만나 다시 낙토樂土의 백성이 됐다"고 자찬한다. 과연 실제로 귀환 백성들은 조선 조정의 생각처럼 낙토의 백성이 됐던 것일까?

8·15 광복절을 맞아 북한에 억류됐던 이들의 귀환 소식을 듣거나, 일본의 수백 년 된, 심지어 천 년을 넘기기도 한 장수 기업 중 상당수는 한국에서 건너간 사람들이 일군 회사라는 외신을 접하거나, 또 미국 LA에서 힘겹게 살고 있지만 한국에 돌아가는 것보다는 미국에 눌러앉는 게 훨씬 좋다고 말하는 동포를 만나면서 임란 후 송환된 일부 조상들의 삶을 자연스레 떠올릴 수밖에 없었다. 아쉽지만 역사는 '부정적'인 측면이 더 잘 반복되는 것은 아닌가 생각하면서.

이삼성, 「동아시아의 전쟁과 평화 ─ 전통시대 동아시아 2천년과 한반도」, 한길사, 2009

05. 건설
역사 속 '삽질'의 대가들
그리고 파리, 빈, 서울

서울을 비롯해 대한민국 전역은 일 년 열두 달 내내 공사판이라고 할 만큼 건설 공사가 많고 그 모습은 자주 바뀐다. 때로는 너무 획일적인 건설 결과에 못내 아쉬움을 감추지 못하곤 하는데, 거대 도시의 얼굴을 대대적으로 바꿔나간 도시 변천사의 일단을 살펴본다.

조르주 외젠 오스망 남작. 전형적인 불란서 풍 이름의 소유자인 그는 거대 건축과 건설사업을 주도한 역사상 여러 '삽질의 대가' 중에서도 단연 돋보이는 존재다. 땅을 뒤집어 파고, 거대 건축물을 지은 '삽질'의 달인들을 역사 속에서 찾는 것은 어렵지 않을 테지만(피라미드를 지은 이집트 쿠푸 왕이나, 정말로 삽으로 땅을 파서 바다 같은 호수를 만들고 퍼낸 흙으로 이화원 내에 산을 만든 서태후 등), 오스망 남작처럼 전 세계 각국에 삽질의 영향력을 지속적으로 미친 사람은 많지 않다.

나폴레옹 3세 시절 오늘날 우리가 보는 파리의 모습으로 파리 시내를 근본적으로 뜯어 고친 이 인물의 이름을 딴 '오스망 식' '오스망스러운'이라는 표현은 불어에서 우리가 '불도저' '무뎃포' '밀어붙여'라고 말할 때와 비슷한 뜻을 지녔다고 한다.(개인적으로는 파리 출장을 갔을 때 그의 이름을 딴 도로명을 보면서 Haussmann을 오스망이 아니라 독일어식 하우스만으로 잘못 읽었다 한 번 웃었고, 그의 이름에서 건축물인 집Haus, House가 연상돼 또 한 번 웃었던 기억이 있다.)

아무튼 과감하게 밀어붙여 도시를 제로베이스에서 다시 건설한 오스망의 도시 계획과 건설법은 프랑스뿐 아니라 유럽의 주변국, 남북 아메리카는 물론 20세기 한국에까지 유사한 유형의 도시 개발을 잉태한 시원 같은 존재다. 물론 오스망 등장 이전부터 파리는 유럽의 중심 도시로 성장하면서 끊임없이 많은 문제를 분출시켰고, 이에 대응하는 도시 개발이 계속돼왔다.

10세기 말 카페 왕조의 통치 중심지로 부상했던 파리는 12세기 필리프 2세 때 거리를 포장하는 등 중심 도시로서의 면모를 보이기 시작했다. 이뿐 아니라 필리프 2세는 레 알Les Halles에 중앙시장을 개발하고 도시 주위에 튼튼한 성벽을 쌓았다. 또 13세기에 완성될 노트르담 성당의 공사에도 착수했다. 당시 파리는 인구 15만으로 유럽에서 가장 큰 도시 중 하나였음은 물론이다. 이후 도시는 지속적으로 커갔고, 16세기 말 부르봉 왕조의 앙리 4세 때에 다시 한번 재개발 열풍이 몰아친다. 앙리 4세는 불결한 거리를 청소하고 루브르를 확장하면서 이탈리아 모델을 따라 광장 몇 곳을 추가로 만들었다. 도시 기반 인프라가 확충되면서 귀족들이 도시로 몰려들고 관료제가 확장돼 파리의 인구는 50만 명까지 치솟는다.

1670년대가 되면 파리는 구성벽 너머 지역으로 확장되는 등 급속한 성장세를 밟는다. 이에 파리의 통치자들은 거리를 아름답게 꾸미려는 노력에 박차를 가한다. 루이 14세가 파리 교외 베르사유에 있는 동안 재상 콜베르는 가로수가 줄지어 있는 대로로 도시를 에워싸게 만들었고, 앵발리드 군인병원과 수많은 개선문, 원형 빅투아르 광장의 공사에 돌입했다. 이 시기 파리는 프랑스의 다른 지역들을 희생시켜가면서 성장하는, '피를 빨아먹는 향락과 악덕의 대도시'로 악명 높았다. 하지만 파리 시가 오늘날 보이는 모습으로 외관을 갖추게 된 것은 19세기 후반이 되어서이다.

이에 앞서 유럽을 제패했던 나폴레옹 1세는 파리를 "멋지고 거대하며 유례를 찾아볼 수 없는 곳"으로 탈바꿈시키려 했지만 전쟁의 패배로 꿈을 실현하지 못했다. 대신 그의 조카인 루이 나폴레옹(나폴레옹 3세) 치하에서 파리는 진정한 변신을 꾀했다. 1851년 권력을 잡은 루이 나폴레옹은 집권 직후 파리를 두고 "프랑스의 심장"이라며 "이 위대한 도시를 장식하는 데 총력을 쏟아붓자"고 선언한다. 이 시기 파리는 소비 중심지로서의 면모를 확고히 하는데, 1852년에는 정찰제로 판매하는 벨 자르디니에르, 프랭탕, 사마리텐 등의 초기 백화점들이 들어선다.

나폴레옹 3세는 정부의 위신을 드높이고 런던과 경쟁하며, 노동자들에게 일거리를 제공하고, 좁은 길로 바리케이드를 건설하기 쉬웠던 도시의 면모를 일신하기를 원했다. 당시 비좁은 파리 시가는 시위대가 바리케이드를 치고 저항하는 데 취약한 구조였는데 도로를 직선화하고 넓게 만들어 바리케이드 설치 자체를 차단하고, 진압 병력의 투입도 신속하고 손쉽도록 하길 원한 것이다.

나폴레옹 3세의 이런 야심찬 선언을 실행한 인물은 당시 파리 지사였던 조르주 외젠 오스망 남작이었다. 바로 그의 지휘 아래 웅장한 대역사가 실행에 옮겨졌다. 그의 계획과 추진력에 의해 직선의 넓은 대로들이 나타났고 이를 따라 화려한 건물들이 동일한 설계로 지어졌다. 이 건물들에 부르주아들이 임대료를 내면서 입주했고 빈민들은 교외로 밀려났다. 600킬로미터에 달하는 하수도망과 수도시설, 가스 가로등을 비롯해 대규모 녹지가 조성됐고, 10만 그루의 나무가 파리 시에 식수됐다. 파리는 잘 설계된 공원들로 장식된 대로를 따라 다시 조성됐는데, 후일 파리의 도시 배치와 설계, 건축 아이디어는 오스트리아 빈 등 유럽 도시들과 워싱턴, 부에노스아이레스 등 아메리카 대륙, 아시아의 하노이까지 퍼져나갔다.

이처럼 새로 꽃단장을 한 파리에 대해 전 세계가 보낸 열망은 대단했다. 19세기 말 브라질 사람들은 리우데자네이루 시를 리빌딩하는 계획을 세웠는데 그 모델로 신대륙의 도시가 아닌 바로 구대륙의 파리를 선택했다. 파리는 유럽 문명의 최고봉을 상징했으며 도시가 궁극적으로 삼아야 할 모델로 여겨진 것이다. 이에 따라 파리의 거리들은 아베니다 센트럴 주변을 비롯해 리우데자네이루에 복사본 형태로 재건설됐고, 프랑스 빌딩 스타일이 모방돼 리우데자네이루 시 곳곳에 세워졌다.

이런 프랑스 식 도시 개발 방식은 이웃 국가인 오스트리아에도 영향을 미쳤다. 빈 역시 도시가 급속도로 팽창하면서 시민들의 건강과 보건 생활 향상을 위한 조치가 시급한 과제였다. 이에 따라 빈에서는 보건 관련 시설을 비롯해 도시 기반 인프라를 빠른 속도로 확충하게 된다. 1873년에 빈에서는 이전까지 교회가 자선이라는 명목으로 담당하던 의료 영역을 시가 떠맡으며 최초의 시립병원이 만들어졌다. 곧이어 공원과 각종 공공시설, 공공 서비스 등이 빠른 속도로 만들어진다. 이런 공공시설이 도시의 새로운 외관을 구성하는 움직임은 링슈트라세의 건설과 호흡을 같이했다. 빈의 구시가를 둘러싸고 있던 성곽을 허물고 옛 성곽이 있던 자리에 도시를 빙 두르는 환상의 도로망이어서 '반지 같은 길'이란 뜻의 링슈트라세는 파리의 경우처럼 군사적 측면이 도시 계획에 큰 영향을 미쳤다.

1848년 혁명을 경험한 오스트리아는 도시 빈민 구역과 외곽지역에서 프롤레타리아들의 혁명이나 폭동이 일어날 경우, 이를 재빨리 진압하기 위해 군대가 손쉽게 진입할 수 있는 도로를 설계했다. 링슈트라세가 건설되면서 도로 주변에 처음 들어선 가장 중요한 건물은 교회인 포티프 키르헤였다. 이 교회는 유사시 군대의 병영으로 활용한다는 목적도 겸하여 건설됐으며, 만약의 사태에 대비해 도시 중앙 역사 주변에는 군대 주둔 장소와 화약고도 들어서게 된다. 오스망 남작이 새로 만든 파리의 모습은 유럽 각지 주요 도시들의 얼굴마저 대대적으로 '성형수술' 하는 데 모델이 된 것이다.

시공을 뛰어넘어 현대 서울의 역사를 봐도 오스망 남작의 그림자는 여전히 강력하게 남아 있다. 한홍구 성공회대 교수에 따르면, 한국전쟁을 치르면서 100만 명 이하로 떨어졌던 서울의 인구는 1954년 124만, 1956년 150만, 1963년 360만으로 급팽창해 19세기 파리와 빈이 직면했던 것과 동일한 문제에 맞닥뜨린다. 도시의 인구가 급증하면서 기반시설이 인구를 제대로 감당하지 못한 것이다. 이에 따라 1950~60년대

19세기 중반 오스트리아 수도 빈의 지도. 당시 빈은 구시가를 무너뜨리고 새로운 도로망을 세우는 등 하이테크의 첨단을 달리고 있었다. 이처럼 세계 각국의 도시에서는 인구의 팽창으로 '삽질의 대가' 들이 끊임없이 등장해왔다.

서울에서는 하수구가 제대로 갖춰지지 않아 비가 오지 않더라도 진창이 되는 곳이 수두룩했다고 한다.

이런 서울의 모습을 대대적으로 뜯어고친 것이 김현옥 서울시장 시절이다. 한국의 오스망으로도 비유되는 김현옥 시장 시절 서울의 모습은 본격적으로 탈바꿈한다. 한홍구 교수의 표현을 빌리자면 "자동차를 위해 전찻길은 뜯겨나가고, 사창가였던 종로 3가는 세운상가 건설로 철거돼 사창가는 당시 변두리인 청량리와 미아리로 밀려나고, 청계천은 포장되고 그 위에 고가도로가 건설되고 아파트가 등장"했다. 이처럼 땅 위를 평정한 김현옥 시장이 와우아파트 붕괴 사고로 물러난 이후에는 양택식 시장이 바통을 이어받아 서울을 개조해나간다. '두더지 시장'이라는 별명을 지녔다는 양 시장은 서울 시내 웬만한 사거리에는 전부 지하도를 팠다고 한다. 실제 오늘날 한국은행 주변 등 을지로와 광화문, 시청, 남대문 주변 상당 지역에서 이때 팠음 직한 지하도가 적지 않게 남아 있다.

도시가 집중화되고 인구가 급팽창하면서 세계 각지에서는 각국의 오스망에 비견되는 '삽질의 대가'들이 끊이지 않고 등장했다. 그들의 삽질은 적잖은 노동을 요구했으며 당대에는 대개 긍정적인 평을 들었다. 물론 그런 인물들이 나온 데에는 어느 정도 시대가 요구한 측면이 있을 것이다. 하지만 장기적인 관점에서 도시의 얼굴을 뜯어고친 전 시대의 '삽질'에 대한 평가는 모든 삽질의 대가들에게 고르게 부여되진 않는다.

각 국가가 처한 상황과 역사적 입장이 다른 면도 있겠지만, '삽질'이 만들어낸 결과물들이 얼마나 미래를 내다보고 한 것인가에 따라 수준

차가 적지 않기 때문이리라. '삽질'에도 격이 있고 수준 차가 있다는 것은 후대의 평가를 받아보고야 알게 된다. 하지만 한번 칼을 댄 얼굴은 원상회복이나 개선이 쉽지 않으니 첫 삽을 뜨기 전에 심사숙고해야 할 것이다.

Carl E. Schorske, *Fin-de-Siecle Vienna-Politics and Culture*, Vintage, 1981[칼 쇼르스케, 『세기말 비엔나』, 김병화 옮김, 생각의 나무, 2007]

Rochard Bessel, "European Society in the Twentieth Century," in T. C. W. Blanning(ed.), *The Oxford Illustrated History of Modern Europe*, Oxford University Press, 1996

다니엘 리비에르, 『프랑스의 역사』, 최갑수 옮김, 까치, 1998

조엘 코트킨, 『도시의 역사』, 윤철희 옮김, 을유문화사, 2007

한홍구, 『대한민국사 2』, 한겨레출판, 2003

10

역사의 그림자, 누락과 망각

OI. 은폐
명나라 영락제는 한국계였다?

우리나라 사람들은 유난히 혈통을 중시한다. 어떨 때는 시대착오적이라고 느껴지질 만큼. 그런 까닭에서인지 TV 드라마에서 '출생의 비밀'이 중심 코드가 되곤 한다. 한민족의 개념이 확정되기 이전 시대의 이야기이고, 결코 한국인도 아니지만 한국인의 피가 섞였다고 여겨지는 한 인물의 출생 비밀을 파헤쳐본다.

명나라 영락제는 한국계였을까? 중국 역사상 진 시황, 한 무제, 당 태종 그리고 청나라 강희제와 더불어 가장 뛰어난 군주로 평가받는 영락제의 출생은 삼류 드라마의 한 장면처럼 안개 속에 싸여 있다. 중국 정사인 『명사明史』에는 영락제가 명 태조 주원장의 정실부인인 마馬 황후 소생이라고 기록돼 있지만, 여러 사료에서 그의 출생이 조작됐다는 설이 제기된다. 특히 그의 어머니가 원나라에 공녀로 끌려간 고려인이었을 가능성이 매우 높다고 하며, 실제 출생은 은폐된 채 역사 기록이 꾸며졌을 가능성이 농후하다.

　영락제에 대한 흥미진진한 전기를 쓴 시샨 핸리 채 아칸소대 교수는 영락제의 어머니가 원에 공녀로 끌려간 고려인이었을 가능성을 강하게 시사하고 있다. 시샨 핸리 채 교수는 그의 저서에서 주인공의 출생에 대해 "미스터리에 싸여 있다"는 말로 시작한다. 그에 따르면 주원장이 훗날의 영락제가 되는 넷째 아들인 주체를 얻은 것은 1360년 5월이다. 당시는 이미 남경과 그 주변 지역을 점령하고 있던 32세의 주원장이 엄선된(?) 첩들에 둘러싸여 있던 시기다. 드라마에서 곧잘 등장하는 '출생의 비밀'이 명나라 황궁을 배경으로 잉태되기 시작한 것이다.

명나라의 공식 기록에 따르면 주체의 어머니는 마 황후(1332~1382)로 그녀는 이미 주원장의 세 아들을 낳은 바 있다. 그녀는 주체 이후로도 다섯째 아들인 주수까지 갖는다. 하지만 다른 명나라 기록들은 주체의 어머니가 아마도 몽골인이거나 한국계 여인이었을 것으로 전한다. 주원장이 몽고 대공들의 '하렘'에서 강탈했든지, 아니면 전리품으로 얻은 여인으로부터 주체를 얻었다는 설명이다. 채 교수는 "주원장은 주체의 어머니가 마 황후이든지 혹은 고려 공녀였든지 간에 주체에게 가장 건강한 최고의 유모를 붙여줘 그에 대한 사랑을 표현했다"고 한다.

이 같은 '영락제 고려계 설'에 대해 중국 측 사가들은 자신들의 영웅에 이민족의 피가 섞였을지 모른다는 사실에 알레르기 반응을 보인다.(우리라고 예외는 아니다. 고故 삼불 김원룡 교수의 회고 글에 따르면 삼불도 '을지문덕이 중국인일 수도 있다'라는 내용을 발표했다가 생매장될 만큼 비판받은 바 있다고 한다.) 중국의 역사가 리둥펑黎東方은 이런 전설을 담고 있는 몽고 '황금사黃金史'의 신뢰도에 의문을 표하는데, 영락제 어머니가 이방인이라는 내용이 등장하는 시기에 해당되는, 주원장이 원의 수도 대도를 점령할 때에는 이미 주체의 나이가 아홉 살이었다는 게 그 골자다.

주원장에 관한 대표적인 초기 연구자이자 정치가인 오함은 주저『주원장전』에서 "원장의 자손 가운데 몽고와 고려의 혈통이 있다는 것은 의문의 여지가 없다"면서도 "전해오는 말에는 명 성조는 몽고비 소생이라고 한다"며 명확한 입장을 밝히고 있지 않다. 공식적인 중국 사서에는 주원장이 많은 비빈을 둬 26명의 아들과 16명의 딸을 낳았는데 비빈 중에 고려인이 있다고 전하는 수준이다. 구체적으로는 "함산공주의 어머니는 고려 비 한씨"라는 기록이 있다.

영락제가 한국계이건 아니건 간에 어쨌든 그는 한국과 인연이 깊은 인물이었다. 조선의 태종은 양녕대군이 세자 시절인 1407년 양녕을 명에 사신으로 보냈다. 당시 열세 살이던 양녕대군은 남경에서 영락제를 한 달 동안 세 차례나 만났다. 영락제는 양녕대군을 수행한 35명의 사절에게 선물을 주는 등 조선에 공을 들였고, 양녕대군이 남경에 머무는 동안 황실 내시인 황안이 양녕대군에게 남경 도처를 안내해줬다. 명의 예부상서는 양녕대군에게 연회를 베풀기도 했다. 양녕대군이 귀국할 때 영락제는 양녕대군을 다시 만나 언제나 "조선을 보호하겠다"고 약속하면서 그에게 서적들을 선물로 주는데 그 목록에는 영락제의 어머니인 마 황후의 전기 150권도 포함돼 있었다고 한다.

태종에 의해 양녕이 실각하고 세종이 왕위에 오른 뒤에도 영락제와 세종대왕은 밀접한 관계를 이어간다. 둘은 종교와 철학, 역사, 도덕, 과학, 기술과 관련된 서적 및 의견을 곧잘 교환했다. 명이 북경으로 수도를 옮긴 뒤에 두 나라의 교류는 더욱 빈번해졌다. 오늘날 민족주의적 시각에서는 자존심 상하는 일일지 모르나, 서구 학자들의 평에 따르면

명나라 영락제. 그의 몸속에 흐르는 피가 한국과 관련이 있든 없든 간에, 양녕대군이나 세종과의 관계로 미루어보면 그는 한국에 적지 않은 영향을 미친 인물이다.

"세종은 더 많은 말과 아름다운 여인들과 젊은 내시들을 명나라에 보내 자신의 빅 브라더인 영락제로부터 금과 은, 서적, 비단, 식량 등을 더 많이 답례로 얻어냈다"고 한다. 실제로 1423년에만 세종은 1만 마리의 말을 영락제에게 보내고 답으로 많은 양의 은과 직물, 비단을 받았다고 한다.

명나라 황실에 한국계의 영향력은 적지 않았는데, 중국 환관 가운데 김·신·정·최 등의 성씨를 가진 내시들은 한국 태생인 경우가 많았다. 그들은 젊은 나이에 명 황실로 들어간 여인들이 나이를 먹어 고국을 그리워할 때 그 여인들 곁으로 배치돼 외로움을 달래주는 역을 자주 맡았다. 중국 이름으로 진시, 정통, 추안이라고 불리는 한국계 내시들은 어린 시절 영락제의 황궁으로 들어가 황제의 신임을 얻은 뒤 중요한 임무를 띠고 조국에 사절로 파견되기도 했다.

한국 태생 내시들은 한국 출신 후궁들을 모시는 것에서부터 그 커리어를 밟아나갔다. 1408년 조선 양반 출신인 한 '아름다운 여인'이 명의 황궁에 입궁하게 됐고, 1년 후 권씨로 알려진 그녀는 영락제의 후궁 가운데 가장 높은 자리에 오른다. 피리를 잘 불었던 것으로 전해지는 그녀는 영락제가 고비사막을 넘어 막북으로 몽고족과 싸우기 위해 원정을 떠났을 때에도 황제와 동행했다. 영락제는 권씨를 맘에 들어해 그녀의 아버지를 3품급에 해당하는 황실 오락부의 주요 책임자로 임명하기도 했다. 이외에도 영락제는 한국 여성을 궁녀로 삼아 계속 불러들였다. 1417년에 두 명의 한국 여성을 추가로 들였고, 1424년에는 28명을 뽑아 그 그룹으로 하여금 영락제의 아들과 손자들의 시중을 전담하게 했다.

영락제가 한국계 어머니 소생이건 아니건 간에 그는 한국과 밀접한 관계를 맺어왔으며, 한국 역사에도 적잖은 영향을 미쳤다. 하지만 영락제와 한국의 관계를 보면서 한편 씁쓸한 마음이 생기는 것은, 그때나 지금이나 변하지 않는 냉혹한 힘의 논리 속에서 약자가 택할 카드는 그다지 많지 않기 때문일 것이다.

오늘날의 국적으로 과거 역사를 판단하는 것은 시대착오적인 일일 것이다. 하지만 역사 속에서 파란만장한 삶을 살았던 많은 힘없는 한국인들의 초상을 영락제의 출생 비밀과 사생활 속에서 발견할 수 있다는 것은 우울한 일이 아닐 수 없다.

Edward L. Dreyer, *Early Ming China: A Political History 1355-1435*, Stanford University Press, 1982

F. W. Mote, *Imperial China 900-1800*, Harvard University Press, 1999

Shih-shan Henry Tsai, *Perpetual Happiness: The Ming Emperor Yongle*, University of Washington Press, 2001

오함吳晗, 『주원장전』, 박원호 옮김, 지식산업사, 2003

O2. 권력

오스만 제국 술탄은 노예의 자식들 －
하렘 여인들의 정치학

이슬람 사회에 대해 갖고 있는 편견 어린 시선으로, 이슬람권에서는 한 사람이 합법적으로 부인을 여럿 둘 수 있다든가, 이슬람 술탄의 하렘에서는 성적인 판타지가 난무했으리라는 것 등을 꼽을 수 있다. 과연 이슬람 사회나 그 궁중 깊숙한 곳의 삶의 실상은 그러했을까?

오스만튀르크 제국의 술탄들은 노예의 자식들이었다. "애비는 종이었다"는 미당 서정주의 시구처럼 오스만 제국 최고 권력자들 대부분은 노예 출신 첩의 자식들이었다. 서구인들이 자신들의 욕망과 관능을 투사한 곳인 하렘은 실은 치열한 정치 투쟁의 공간이었고, 즉위한 술탄은 자신의 안위를 위해 형제들을 모두 살해하는 '형제 살해' 의 비극적 관행을 행할 수밖에 없었다.

가산제적 국가인 오스만튀르크 제국은 술탄이 후계자를 생산해서 정치적 안정을 유지할 수 있는가에 국가 존속 여부가 달려 있었다. 즉 술탄만이 가산제적 공동체의 수장으로서 유일한 지배자였고, 공식적으로 인정되는 왕비라는 개념은 오스만 제국에서 매우 이질적인 개념이었다.(이민족과의 대결에서 오스만 족이 패하자 초기 술탄의 아내가 적장에게 알

몸으로 시중 든 이후 그런 비극을 되풀이하지 않기 위해 왕비제도가 없어졌다는 전설도 있다.)

오스만 제국 가족법의 핵심은 여성은 자신의 가족이 속한 신분과 동일한 신분의 단 한 명의 남편을 맞이해야 한다는 것이지만, 남성은 한 번에 네 명의 아내까지 거느릴 수 있었다. 그리고 부인의 지위는 남성의 사회적 지위와 반드시 동등할 필요는 없었다. 따라서 무슬림 여성은 무슬림보다 사회적으로 열등한 지위에 처해 있던 다른 종교를 가진 남성과 결혼할 수 없었지만 남성은 그렇지 않았다. 이에 따라 무슬림 남성은 '자신의 지갑이 허락하는 한' 여러 명의 여성 노예를 소유하며 성적인 관계를 갖는 것이 용인됐다. 또 정식 부인을 통해서든 노예를 통해서든 합법적인 후계자를 생산할 수 있었다. 부인들에게서 태어난 자식들은 아내의 신분에 상관없이 모두 자유인으로서 상속권을 부여받았다.

이에 따라 무슬림 남성이 허락하기만 하면 노예의 자식도 후계자가 되는 게 가능했고, 그럴 경우 그 자식의 노예 어머니는 가족 내에서 특권적 지위를 획득했다. 즉 상속받을 자격이 인정된 자식의 노예 어머니는 팔려갈 수 없고 남편이 죽으면 자동으로 자유인이 되었다. 이는 정식 부인이 낳은 자식이 후계자가 된 경우와 차이가 없는 수준이었다. 모든 것이 부계로 결정됐지 모계는 아무런 역할도 못 했다. 이런 법규는 오스만 제국 왕가에도 그대로 적용됐는데 대부분의 술탄은 노예의 자식들이었다. 왕가의 가계는 남성 혈통만 중시됐지 여성 혈통은 고려의 범주에 들지 못했다.

또한 법과 관습에 따라 여성의 공간은 가정 내로 한정됐는데 이는 오스만 왕조에도 마찬가지로 적용됐다. 이에 따라 왕궁 내에 술탄과 경비 역을 맡은 내시 외에는 거의 모든 남성의 접근이 차단된 하렘이 만들어 지게 됐다. 하렘은 강력한 정치력을 발휘하면서도 외부에서는 보이지 않는 신비에 싸인 공간이었다. 하렘의 노예들은 애첩용과 하녀용으로 매입됐는데 사실 둘의 구분은 모호했다. 몇몇 여성 노예는 교육도 받고 일부는 댄서, 가수, 음악가가 됐다. 그들 중 소수는 문학사에 이름을 남 기기도 했다.

술탄의 첫 번째 임무는 대를 이을 후사를 생산하는 것이었고 이는 정 실부인에게서 얻든 첩에게서 얻든 차이가 없었다. 1450년 이전에 술탄 들은 대개 정식 부인들을 두고 있었지만 15세기 후반경부터 술탄들은 노예로부터 후사를 얻기 시작했고, 정식 부인의 역할은 후사를 얻기 위 해서라기보다는 정치적인 것에 머무르기 일쑤였다.

노예로부터 후사를 얻는 관행은 무라드 1세 때부터 확립됐다. 무라드 1세의 후계자인 바예지드 1세의 어머니는 굴치첵Gulchichek(장미)이라 는 이름에서 추측할 수 있듯이 자유민이 아니었다. 연대기 작가 슈크룰 라에 따르면 "바예지드 1세는 에트루갈, 슐레이만 공(아미르), 술탄 메 흐메드 1세, 이사, 무사, 무스타파 등 여섯 명의 아들을 뒀는데 이들은 모두 노예 어머니 소생"이었다고 한다. 그의 아들 메흐메드 1세도 아버 지처럼 후일의 무라드 2세와 무스타파, 아흐메드, 유스프, 마흐무드 등 다섯 명의 아들 전부를 여자 노예로부터 얻었다. 또 이후 메흐메드 2세 의 어머니인 후마Huma도 노예였고 바예지드 2세의 어머니 굴바하르 Gulbahar도 노예 출신이었다. 바예지드의 아들인 셀림 1세의 어머니인 아이쉐만이 정실부인이었을 따름이다. 아이쉐는 둘가디르 지방의 유력자인 알라이데블레의 딸로서 바예지드가 정권을 잡기 전에 정략결혼을 했던 것이다.

한편 14세기부터 16세기까지는 오스만 궁정에서 노예 출신 술탄의 첩이 남성 후계자를 한 명 생산하면 그 이후로는 더 이상 술탄의 침대로 들어갈 수 없었다. 첩당 한 명의 아들을 두는 할당제도가 생겨 각 첩과 정실부인의 아들들은 후계 구도를 놓고 각축을 벌이는 라이벌이 될 수밖에 없었다.

따라서 왕자들은 한 공간에서 함께 양육되지 않았고 각각의 어머니가 따로 길러냈다. 이들이 10~12세가 되면 술탄이 각 아들들을 지방의 태수로 임명하고 어머니들은 아들을 따라 각 지역으로 따라가 보호자 역할을 하는 게 관례였다. 그리고 각 지역에서 이들 어머니는 사실상 정치적 수장으로서 술탄이 죽어 후계 경쟁이 붙을 경우 아들의 후원자로서 전력을 다해야만 했다. 그런데 이런 관례를 깬 인물이 슐레이만 1세였다. 그에게는 1521년 당시 마히데브란이라 불리던 노예로부터 얻은 무스타파라는 한 명의 자식만 있었다. 하지만 같은 해, 유럽에는 후일 록셀라나라는 이름으로 잘 알려진 후렘Hurrem이라는 여인(김태희가 밭을 메고, 전지현이 소를 끈다고 하는 미인의 나라 우크라이나 출신으로 알려져 있다)으로부터 다른 아들 하나를 더 얻었다. 왕조의 규범에 따르면 술탄은 이 여인과는 더 이상 성적인 관계를 가질 수 없었으나 슐레이만은 1522년과 1531년 사이에 후렘으로부터 여섯 명의 아이를 더 가졌고 이중에는 그의 후계자인 셀림 2세도 있었다. 또 그는 후렘을 너무 사랑해서

(관례를 깨고 남편인 자신이 생존해 있을 때) 그녀를 자유인으로 만들고 정식으로 결혼했는데 이는 당대에 큰 스캔들이었다.

후렘은 1558년 죽었을 때 슐레이만의 모스크에 있는 술탄의 무덤 옆에 매장됐다. 지방 태수로 부임된 아들들을 따라 이스탄불을 떠났던 다른 왕자의 어머니들과 달리 후렘은 계속 권력의 중심인 이스탄불에 머물면서 술탄과 대면하며 오스만 정치의 핵심에 들어섰다.

그녀의 아들인 셀림 2세는 즉위 전에 당시 관례대로 첩들과의 사이에서 여러 명의 딸을 뒀고, 비록 사생아이긴 하나 베네치아 귀족 가문 출신 애첩인 누르바누(빛의 공주)로부터 아들을 뒀다. 즉위 후에 셀림 2세는 여러 부인으로부터 여섯 명의 아들을 더 얻었지만 아버지의 경우처럼 누르바누와 정식으로 결혼해 그녀에게 정치적 실권을 부여하고 그의 어머니를 기쁘게 했다. 누르바누 역시 남편보다 오래 살았고, 1574년에서 1583년 사이에 술탄의 섭정 역할을 하는 어머니로서 정치적 역할을 즐겼다.

그녀의 후계자 격인 사피예도 비슷한 커리어의 여걸이었다. 무라드 3세의 애첩이었던 사피예는 그녀의 둘째 아들이 1581년 죽을 때까지 무라드 3세와 사실상 일부일처 관계를 가졌다. 그 뒤 무라드 3세가 그의 '어머니의 지도하'에 다른 첩들로부터 열아홉 명의 아들을 뒀지만 대를 이은 것은 사피예의 자식 메흐메드 3세였다. 특히 사피예는 서구 연대기 작가들로부터 "폭음과 폭식으로 비대해져 전장에 나올 수 없다"는 평을 들은 '게으른' 술탄인 메흐메드 3세 대신 오스만튀르크의 국정을 사실상 움직였는데, 이는 그녀가 의도한 바였다. 그는 자신의 아들이 정치에 관심을 갖지 않도록 하렘에 미녀를 계속해서 공급해 쾌락에 빠지게 했다.(생존을 위해 '자발적'으로 쾌락에 빠질 수밖에 없었던 고려 말 우왕과 대비되는 인물이다.) 사피예가 여인들을 계속해서 공급한 것은 아들이 어느 한 여인에게 마음을 줘 자신의 새로운 경쟁자, 즉 '제2의 사피예'가 나오는 것을 방지하기 위한 의도도 있었다.(그 유명한 벨리댄스는 비대한 술탄이 가만히 누워 있는 동안 하렘의 여인들이 성적 서비스를 하기 위해 만든 동작에서 유래했다는 설명도 있다.)

이 같은 술탄 어머니들의 정치적 영향력은 17세기 아흐메드 1세(1603~1617)의 애첩이었던 코젬 마흐페이케르Kosem Mahpeyker의 장기 집권으로 정점에 달했다. 그녀는 아흐메드가 얻은 네 아들의 어머니였고, 그중 무라드와 이브라임은 술탄이 됐다. 1617년 아흐메드가 죽자 왕권은 아흐메드의 형제로 정신병을 앓던 무스타파 1세에게 넘어갔으나 다음 해 아흐메드의 아들이자 다른 첩의 아들인 오스만 2세가 제위를 찬탈하고 코젬 마흐페이케르를 궁전에서 내쫓았다. 그러던 중 예니체리 군대의 반란으로 오스만 2세가 암살되고 유약한 무스타파가 복귀했으며, 그와 함께 코젬도 돌아왔다. 하지만 무스타파는 1년을 버티지 못하고 권좌에서 쫓겨났고 마흐페이케르의 아들인 열두 살의 무라드 4세가 술탄이 됐다.

그러자 코젬 마흐페이케르는 정치를 마음대로 좌지우지할 수 있었고 그녀의 측근들이 무라드가 성인이 된 뒤에도 무라드의 측근에 포진했다. 무라드가 죽자 다시 코젬의 아들인 이브라임이 술탄이 됐다. 그러나 그는 병약한 인물로 왕조의 안정성에 위협이 가해지자 1651년 암살될 때까지 코젬 술탄은 사실상의 여제로 정치를 주도했다.

서구인들의 책과 그림을 통해 관능과 쾌락의 장소로 묘사된 하렘은 사실 치열한 생존 투쟁의 장이었다. 권력은 어머니와 아들을 생존 공동체로 만들기도 했고, 경쟁자로 만들기도 했다. 술탄의 어머니들은 세계 각지에서 전쟁 포로나 매매를 통해 하렘으로 흘러들어왔고 결국 최고의 지위에 오른 입지전적인 인물들이었다. 절대 권력자 술탄들 역시 모두 생존의 위협을 극복하고 살아난 인물들이었으며 그들의 출생은 오늘날의 선입관과 달리 대부분 노예 어머니 소생이었다.

Bernard Lewis, *The Middle East*, Phoenics Press, 2000

Colin Imber, *The Ottoman Empire*, Palgrave Macmillan, 2002

03. 변용
'도레미파솔라시' 와 '&' 의 기원

우리 주변을 보면 그 유래를 알 수는 없지만 자연스럽게 생활에 녹아 있는 관례들이 적지 않다. 때로는 역사의 유산, 역사의 그림자가 너무나 거대해서 전혀 예상치 못한 구석까지 영향을 미치기도 하는데…. 음악 교과서와 컴퓨터 자판 속에 녹아 있는 먼 나라 역사의 유산을 살펴본다.

노래를 부를 때 음계인 '도레미파솔라시' 에는 어떤 뜻이 있는 걸까? 뜻이 없다면 왜 '도레미파…' 가 됐을까? 컴퓨터 자판에서 '그리고and' 를 뜻하는 문자는 왜 '&' 라는 독특한 문자로 따로 있는 것일까? 전혀 관계없을 것 같은 위의 두 가지 아이템은 1000여 년의 세월을 견뎌온 역사적 배경을 지닌다는 공통점이 있다. 이들 아이템은 일상생활에서 크게 중요하지 않고, 없더라도 사는 데 지장 없을지 모르지만 역사의 '무게' 는 이처럼 생각지도 못한 삶의 구석구석에 녹아 있는 것이다. 물론 처음 만들어질 당시의 역사적 의미와 뜻은 변경될지라도….

프랑스『르 몽드』의 편집부국장으로 자크 르 고프, 에마뉘엘 르 루아 라뒤리, 크리스티앙 라무르 등 당대의 역사학 거장들의 자문을 받아 『르 몽드』에 3개월간 연재한 글을 엮은 프랑스 언론인 장 피에르 랑젤리에의 저서 『서기 천년의 영웅들』에는 '도레미파솔라시도'의 유래에 관한 흥미로운 설명이 나온다.(프랑스 언론인들의 '내공'이란 놀라운 수준이다!)

이 책에 따르면 원래 '도레미파솔라시'는 '우트Ut, 레, 미, 파, 솔, 라'였다고 한다. 또 무의미한 발음이 나열된 것이 아니라 "UTquent laxis/ REsonare fibris/ MIra gestorum/ FAmuli tuorum/ SOLve polluti/ LAbii reatum/ Sancte Iohannes"라는 라틴어 문장의 첫 글자들을 딴 것으로 이 문장은 "너희 종들이 너의 지난 행적을 소리 높여 부르도록 하려면, 죄로 찌든 그들 입술을 열게 하라"라는 뜻이다. 이런 문구에서 도레미파솔라시를 뽑아낸 사람은 중세 음악의 아버지로 불리는 아레초의 구이도(998~1050)였다. 결국 "죽여주소서⋯"를 반복하는 전형적인 유럽 중세 문건이 '도레미파⋯'의 산모가 된 셈이다.

원래 이 문건은 '세례자 요한의 만도를 위한 찬가'로 롬바르디아 지방의 역사가이자 샤를마뉴 대제의 음악 고문이기도 했던 폴 디아크르가 쓴 것이라고 전해진다. 이를 후대의 구이도가 암기를 핵심으로 하는 구전 전통으로 내려오는 기독교 음악을 잘 전수하고 어린이들에게도 편하게 가르치기 위해, 새로운 노래를 숙지하는 데 도움이 되도록 머릿속에 담게 될 일종의 상투어구로 채택했다고 한다.

발음하기 힘든 'Ut'는 17세기에 기원이 불분명한 '도Do'에 자리를 내준다. 그리고 역시 17세기에 'Sancte Iohannes'의 앞글자를 따서 만든 '시si'가 음계에 포함된다. 아무튼 1020년경 구이도가 음계를 발명해낸 이후 일부 어린이들은 "한 달도 안 되는 기간에 본 적도, 들은 적도 없는 노래들의 악보를 단 한 번 검토한 후 자신만만하게 노래해 많은 사람들을 놀라게 했다"고 전해진다. 역사 저술가 윌 듀런트에 따르면 이런 조치는 "전체 음악을 암송을 통해 익혀야 하는 의무로부터 가수들을 해방시키고, 음악을 보다 쉽게 작곡-전달-보관되게 할 수 있었던 혁명적인 것"이었다고 한다.

한편 이보다 조금 앞선 샤를마뉴 대제 때 유럽에서는 수도원마다 다르고 정제되지 않은 채 쓰이던 필체를 통일하는 작업이 시도된다. 고대 말기의 필체는 매우 거칠었는데, 중세 초기 아일랜드 수도사들의 영향으로 수도원 필사학교에서 진행됐던 개혁과 샤를마뉴 대제의 결연한 의지로 시작된 필체 개혁으로 오늘날 우리가 보는 알파벳 필체와 철자(물론 어느 정도 변화가 이후에도 꾸준히 있어왔다)가 확립됐다.

카롤링거 시대에 확립된 중세의 약자 가운데는 오늘날에도 남아 있는 것이 있는데 '그리고'를 뜻하는 라틴어 'et'를 뜻하는 &가 대표적이다. '&'는 9~11세기 카롤링 필체로 et를 쓴 것에 기원을 두고 있다. 한편 샤를마뉴 개혁의 성과는 이후 1000여 년간 영향을 미치는데, 단지 필체 모양을 통일하는 것 외에 샤를마뉴는 이 시대 들을 독려해 고대 라틴문학에 대한 필사 작업을 장려했다.

중세시대에 책은 매우 희귀한 물건이었다.(롤프 엥겔싱이 말했듯 중세부터 1750년대까지 사람들은 성서와 책력 그리고 직업 관련 서적을 계속해서 집중적으로 반복해 읽었고, 이후 독서혁명Leserevolution으로 1800년대가 돼서야 여러 분야의 책들을 읽기 시작했다.) 1920년대에 12세기 카롤링거 르네상스론을 주창했던 해스킨스 하버드대 교수에 따르면 "중세인이 도

중세 필사가들의 모습. 사실 중세 유럽의 수도원들마다 필체는 통일되지 않았었는데, 샤를마뉴 대제 시기 이를 통일하는 작업이 시도되었다.

서관이라고 말할 때는 특별한 방을 지칭하는 것도 아니었고 책을 보관하는 건물을 가리키는 것은 더더욱 아니었다"며 "도서관을 지칭하는 중세의 보편어인 라틴어 단어 armarium은 책장을 의미했고 대부분의 수도원의 장서 리스트는 몇 권, 많아야 10여 권 정도였다"고 전한다.

여하튼 이 시대에 필사되지 않은 고대 작품들은 영영 유실됐다는 데서 이 필사 작업의 중요성을 알 수 있다. 중세에는 고대의 라틴어 저작 상당수가 기독교가 아닌 이교도 전통에 기반한 것이어서 당시의 금욕주의에 배치되는 내용이 많았고, 일부 교조주의자들은 "라틴어는 실용적인 의사소통만 가능하게 필수 문법만 가르치자"는 주장까지 했다. 이런 풍토를 견디고 살아남았다는 것은 정말 기적이었다.

중세사학자 페르디난트 자입트는 "아랍과 비잔티움의 번역가들은 후에 샤를마뉴 시대의 필사작품에 단지 그리스 문학만을 첨부했을 뿐"이라며 이 시기 필사 작업의 성과를 격찬한 바 있다. 이처럼 역사의 행운에 의해 사라지지 않고 종교적 열정으로 인해 이어진 전통들은 시간과 공간을 넘어 끈질기게 변형되며 우리의 삶 속에 녹아 있다. 그것이 얼마나 가치 있고 효용이 있는지는 별개의 문제라 할지라도.

Charles H. Haskins, *The Renaissance of the Twelfth Century*, Harvard University Press, 1955

Robert Darnton, "History of Reading," in Peter Burke (ed.), *New Perspectives on Historical Writing*, Polity Press, 1991

리처드 루빈스타인, 『아리스토텔레스의 아이들』, 유원기 옮김, 민음사, 2004

장 피에르 랑젤리에, 『서기 천년의 영웅들 – 그들은 무엇을 꿈꾸었나』, 이상빈 옮김, 아테네, 2008

페르디난트 자입트, 『중세의 빛과 그림자』, 차용구 옮김, 까치, 2002

04. 불평등
아라사 처녀와 노서아 처자는
다른 나라 사람?

오랫동안 전통시대 한국은 중국을 통해 간접적으로 다른 세계와 접했다. 근세에 들어서는 일본이라는 창을 통해 세계와의 접촉을 넓히기도 했다. 이런 역사의 유산은 우리말에 그 흔적을 많이 남겼는데, 마찬가지로 중국에서도 이런 경우를 찾아볼 수 있다. 즉 러시아를 가리키는 '아라사' '노서아' 라는 표현이 그런 역사의 자취이다.

아라사俄羅斯 처녀와 노서아露西亞 아가씨는 다른 나라 사람이었을까? 러시아의 음차어인 아라사와 노서아와 관련해 상당 기간 중국에서는 둘을 서로 다른 나라로 인식했다. 둘이 같다는 것을 알게 된 때는 청나라 강희제 치세 후반부에 이르러서였다. 이처럼 한 나라가 여러 이름으로 불린 것은 지리적으로 크게 동떨어진 지역에서 한쪽에서는 전투, 다른 한쪽에서는 사절단이란 상이한 형식으로 접했기 때문이기도 하지만, 근본적으로는 중간에 통역을 선 몽골인들의 '혀가 짧았' 던 탓도 있다. 몽골인들의 짧은 혀와 불완전한 통역 능력은 동서양 최초의 영토조약이자 불평등 국제조약인 네르친스크 조약의 정본이 라틴어로 작성되고 각자 국가 사정에 맞게 서로 다른 버전을 갖는 계기가 되기도 했다.

17세기 러시아가 시베리아로 진출하면서 청나라와 러시아의 접촉과 충돌은 필연적이었다. 청나라 기록에 러시아가 처음 등장하는 것은 러시아 하바로프 원정대가 1653년 잉구타 아찬스크에서 청군과 충돌한 때이다. 청나라 측 기록에 "나찰羅刹(Rus, Ros의 음차어)과 전투했다"고 언급되면서 동양 사료에 러시아가 최초로 등장한다.(이 최초의 무력 충돌은 러시아의 승리로 마무리됐다.) 이후 하바로프의 후임으로 스테파노프의 선단이 또다시 아무르강에 등장하면서 『조선왕조실록』에도 '나선 정벌'의 '나선羅禪'이라는 이름으로 등장한다. "만적들은 누런색의 비단옷을 입고 서양에서 온 것 같다"는 것이 『조선왕조실록』에 나타난 러시아인에 대한 묘사였다.

한편 비슷한 시기 제정 러시아는 청나라에 정식 사절을 파견하는데, 몽고를 거쳐 들어온 이들 사절의 출신국은 악라사鄂羅斯라 불렸다. '악라사'라는 국명은 'Oros'라는 단어를 한자로 음차한 것인데, 이는 몽골어의 특성상 단어 첫머리에 자음이 나올 수 없어 루스란 단어에 모음 'O'가 덧붙은 것이라고 한다. 결국 루스/루시를 발음하지 못한 '혀 짧은' 몽골인들 덕분에 러시아인들은 '오로스'인들로 중국에 정식으로 알려졌고, 이 '악라사'에서 '아라사俄羅斯'가 파생된다.

청나라에서 만주 아무르 강변에서 전투를 벌이고 있는 '나찰' '노서아'와 페트린 사절단(1618), 바이코프 사절단(1653) 등의 '악라사' '아라사'가 같은 나라임을 깨닫게 된 것은 1670년 강희제가 러시아가 점령하고 있던 네르친스크에 러시아로 망명한 원주민 지도자를 반환하라는 칙서를 보내면서부터다. 러시아 네르친스크 총독이 차르의 이름을 사칭하며 보낸 답서에는 "청 황제가 러시아 차르에 복속하라"는 내용이 있었지만 역관이 '의도적으로' 편지 내용을 오역해 전쟁을 방지했다고 한다.

이어 1685년 강희제가 러시아인의 근거지인 알바진 공격을 명하고 지원군이 없던 러시아 수비대장 톨부진의 후퇴로 러시아가 아무르 지역을 포기하면서 1차 전투는 막을 내린다. 청 강희제는 1686년 2차 공격을 하고 알바진의 러시아 수비대 820명은 만주군 2300명의 공격을 몇 년간 잘 막아내지만 1688년 양측 간의 협상으로 청군이 철수할 때 알바진의 생존자는 단 66명에 불과했다. 이어 청의 송고투와 러시아에서 파견된 골로빈 간에 체결된 네르친스크 조약은 기본적으로 청나라에 일방적으로 유리할 수밖에 없는 상황에서 체결된 불평등 조약이었다.

1000여 명의 '소수' 러시아 협상단은 100여 문의 대포를 갖춘 2만여 명의 청군에 포위된 채 조약을 맺어야 했다. 러시아 측은 조약의 불공평성에 대해 불만을 토로했고 "이처럼 불평등한 처사에 러시아에서 보복 지원군이 올 것"이라고 엄포를 놓았지만, "러시아에서 청나라까지 구원군이 오려면 2년은 걸릴 것이고 그전에 이미 너희는 모두 시체가 될 것"이라는 청의 반응에 두려움에 떨며 조약을 맺어야 했다고 전해진다.

실제 청측 대표인 송고투는 말이 아닌 '가마'에 탄 채 누워서 나타나 대표라기보다는 상전으로 앞에 앉는 듯한 느낌을 주었고, 협상단은 승려와 서기, 의사, 시종, 요리사에 대검을 든 무사, 양산을 든 사람, 담뱃대를 든 사람 등 다양하고 여유로운 모습이었다고 러시아 대표 골로빈은 기록하고 있다.

네르친스크 조약은 기본적으로 러시아와 청 양국 간의 국경 문제와 도망자 반환 문제, 교역 문제를 다루고 있는데, 조약의 정본은 이례적으

청의 강희제.

로 한문이나 만주어, 러시아어가 아닌 라틴어로 작성되었다. 당초 양측은 통역으로 몽골인들을 썼으나 그들의 어학 실력 부족으로 협상이 진전되지 못하자 당시 북경에 거주하던 예수회 선교사 페레이라와 제르비용이 차출돼 통역을 담당했다. 이에 따라 네르친스크 조약은 특이하게 라틴어본이 정본이 됐으며 만주어본, 러시아어본, 몽고어본이 부본으로 작성됐다. 한문본은 만들어지긴 했지만 정식 부본이 되진 못했다. 조약에 참여한 프랑스 출신 예수회 선교사 제르비용에 의해 프랑스어본도 만들어졌다.

각 부본들은 자국에 유리하도록 일부 조약 내용들을 일부러 빠뜨리기도 했고 표현도 서로 상이하다고 한다. 예를 들어 라틴어 정본에는 "양국의…"라고 표현돼 러시아와 청나라가 동등한 지위를 차지하고 있는 반면, 한문본에는 "모든 수렵인들은…"이라고 시작돼 '중화주의'가 반영돼 있는 식이다. 조약의 전체적인 내용도 중국에 유리한 것이어서 러시아는 아무르강 유역권 주장을 포기하고 알바진 요새를 파괴한 뒤 떠나며, 도망자들은 청에 넘기고 주요 사법 권한을 청측에 일임하는 등의 내용으로 구성돼 있다. 물론 청나라가 동양사회의 오랜 관습이던 조공 체제를 포기하고 지역 내에서 러시아의 존재를 인정(동등한 협상자로 인정했다!)하는 유연성을 보인 점이 오늘날에는 더욱 평가받고 있기도 하다. 러시아로서는 알바진 등을 잃었지만 중국과의 교역 물꼬를 튼 것으로 만족했다는 게 역사학자 모리스 로사비의 해설이다.

시간이 흘러 네르친스크 조약 이후 잘 알려진 대로 청나라는 서구 열강의 각종 불평등 조약으로 반식민지 상태로 떨어진다. 역사가 기막힌 형태로 돌고 돈 것이다. 어쨌든 '아라사 처녀'와 '노서아 여인'이 다른 나라 사람인 줄 알았을 때 작성한 (중국 주도) 불평등 조약과, 중국 처자와 일본 여성을 잘 구분하지 못한 시대에 만들어진 (서양 주도) 불평등 조약은 구체적인 내용은 다를지라도 그 근본적인 성격에서는 무서울 정도로 유사성을 보여준다.

Morris Rossabi, *China and Inner Asia – From 1368 to the present day,* Pica Press, 1975

유리 세묘노프, 『시베리아 정복사』, 김우현 옮김, 경북대학교출판부, 1992

O5. 배치

신라 김춘추가 일본에
인질로 잡혀갔다고?

TV 드라마 등을 통해 신라 김춘추에 대한 관심이 높아졌다. 하지만 삼국시대의 주역 김춘추에 대해서는 생각보다 자료가 많이 남아 있지 않다. 더욱 놀라운 것은, 일본의 역사책 『일본서기』에서 발견된 상식을 깨는 김춘추에 대한 기록인데, 과연 그것은 진실일까?

신라 김춘추는 정말 일본에 인질로 잡혀갔을까? 일본의 고대 역사서인 『일본서기』는 오늘날 한국인들을 여러모로 당황스럽게 만드는 사서다. 일본 학자들조차 『일본서기』 제작 시점부터 정치적인 이유로 어느 정도 왜곡이 있다고 인정하지만, 그러나 100퍼센트 왜곡은 아니고 더욱이 많은 역사적 사실과 정보들을 담고 있어 무시할 수 없다. 실제 『삼국사기』나 『삼국유사』에 없는 많은 한국 고대사의 내용들이 『일본서기』를 통해 보충된다.

그중 『삼국사기』 등에는 없는 한 가지 기록이 우리에겐 당혹스러운데, 바로 삼국통일의 기초를 닦은 주역인 후일의 태종무열왕 김춘추가 한때 일본에 인질로 잡혀갔다는 내용이다. 김현구 고려대 교수의 『백제는 일본의 기원인가』에 자세히 소개된 내용을 요약해보면 이렇다.

일본서기 647년 기록에는 "신라가 김춘추 등으로 하여금 박사 타카무코노 쿠로마로 등을 보내오고 공작 한 쌍, 앵무새 한 쌍을 바쳤다. 김춘추를 인질로 하였다. 김춘추는 용모가 아름답고 얘기를 잘했다"는 내용이 전해지고 있다는 것이다. 또한 649년 9월 기록에는 "박사 타카무코노 쿠로마로를 신라로 보내 인질을 바치게 하고 임나의 조調를 그만두게 했다"는 기술이 나온다. 다이카 개신이 시작된 직후인 649년 9월 개신 정권의 주요 정책 입안자인 쿠로마로가 신라에 와서 인질을 바치게 하고, 신라가 일본이 '지배'하던 임나를 차지한 대가로 바쳐오던 조를 면제해줬다는 것이다.

647년 김춘추가 일본에 인질로 잡혀갔다는 이런 기록은 우리나라 사서에는 전혀 소개돼 있지 않다. 김춘추뿐 아니라 한국 사서에는 일본에 관한 중요 기록들은 거의 언급되지 않은 실정이다. 이에 따라 김춘추가 인질로 잡혀갔다는 내용에 대해 두 가지 견해가 있다고 김 교수는 소개한다. 하나는 인질이라는 것은 일반적으로 왕자 등 상징적인 인물을 보내는 관례에 비춰볼 때 당시 신라 최고의 실력자였던 김춘추가 인질이 되는 것은 불가능한 만큼, 647년 기록은 순전히 날조됐다는 입장이다. 다른 하나는 『일본서기』의 기록대로 신라가 일본이 지배하던 임나를 차지한 대가로 일본에 바치던 임나지역에 대한 조를 면제받는 대신 김춘추를 인질로 보냈다는, 일본 측이 좋아할 만한 해석이다. 이는 200년간 일본이 임나를 지배했다는 것을 전제로 하는 주장이다.

사실상 임나일본부의 존재가 부정되는 상황에서 김춘추 인질설은 100퍼센트 날조된 주장이거나 아니면 다른 이유로 김춘추가 도일했다

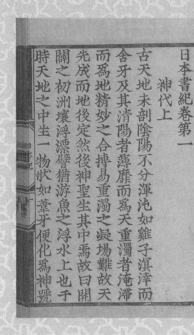

『일본서기』는 비록 기록 왜곡의 위험을 배제할 수 없다 해도, 워낙 누락된 내용이 많아 알 수 없는 한국 고대사의 빈 곳들을 채워주고 있어 유용하다.

는 두 가지 가능성으로 압축된다는 게 김현구 교수의 입장이다. 기록이 날조됐다고 하면 간편할지 모르지만 그것에 대한 정황을 제시하고 증명해야 하기에 그리 간단한 일은 아니다. 그렇다면 도일은 사실이되 다른 역사적 배경이나 이유가 있다고 보고 이를 찾아내는 게 더 합리적일 수 있다.

이에 김 교수는 당시 국제관계를 통해 『일본서기』의 기록을 재해석한다. 그에 따르면 632년 이래 당나라와 일본은 사신 왕래가 끊긴 상태였는데, 653년에 일본이 쿠로마로를 당에 파견하게 된다. 당시 당 고종은 쿠로마로에게 "신라가 고구려와 백제의 침략을 받고 있으니 출병해 신라를 도와라"라는 명을 내린 것으로 당나라 측 기록이 나온다고 한다. 20여 년 만에 처음으로 당을 찾은 일본 사신에게 당나라 황제가 신라를 도우라고 명령했다는 게 논리적으로 납득되지 않는다는 것이 김 교수의 추론이다. 이에 따라 654년 쿠로마로가 입당하기 이전 어느 시점에 일본이 당에게 신라가 고구려나 백제의 침입을 받을 경우 신라를 돕겠다는 약속을 했을 개연성이 높다고 주장한다.

이와 관련해 648년 『구당서』 「왜국전」에 보이는 "648년 신라 사신에게 부탁해서 보낸 표表에 의해 양국 사이의 관계가 다시 좋아졌다"는 내용이 주목된다. 일본이 648년에 신라 사신에게 부탁해서 보낸 표에서 신라를 도와주겠다고 했을 가능성이 높아지는 것이다. 그런데 『구당서』 「신라전」에 따르면 648년에 입당한 신라 사신은 김춘추밖에 없다. 다시 말해 일본과 당나라 양국의 관계를 회복시킬 만한 사람은 김춘추밖에 없는 셈이다.

여기서 생기는 문제는 김춘추가 648년에 당에 전달했다는 일본의 표를 언제 받았느냐 하는 데 있다. 『일본서기』의 기록처럼 김춘추가 입당하기 바로 직전의 해인 647년 쿠로마로를 따라 도일했다고 본다면 비교적 역사적 사실들 간의 아귀가 맞아떨어진다. 그렇다면 『일본서기』에 나온 김춘추의 도일 기록 역시 신뢰해도 좋다는 얘기가 된다. 여기서 김춘추가 일본의 표를 받아 중국에 전달하는 중재자가 되기 위해서는 일본의 신라 지원 의사가 먼저 표시됐어야 하는 게 논리에 맞다. 따라서 646년에 신라를 방문한 쿠로마로가 신라 지원 의사를 표했을 것이라는 추론이 가능하다. 신라를 지원하겠다는 보장도 없이 신라 제1의 실력자로 조정을 비워서는 안 될 입장이었던 김춘추가 무조건 쿠로마로를 따라 도일했다고 생각하긴 어렵기 때문이다.

이렇게 추정해본다면 김춘추가 도일한 것은 646년 쿠로마로가 신라를 지원하겠다고 보장한 만큼 다이카 개신 정권의 의지를 확인하기 위해 갔을 것이란 해석이 가능해진다. 『일본서기』의 시각처럼 인질이나 임나 문제가 아니라 신라의 국익을 위해 지원 보장을 확실하게 하기 위한 외교활동의 일환으로 도일한 셈이다. 이렇게 되면 『일본서기』에서 밝힌 인질설은 내용 왜곡 혹은 수사 정도가 되는 셈이다.

잘 알려진 대로 대야성 전투에서 죽은 사위 품석을 갚기 위해 김춘추는 642년 고구려에 갔고, 648년에는 당에 들어갔는데 그 중간 시점인 647년에는 일본으로 가지 않았을 이유가 없다. 당시 일본 다이카 개신 정부가 친백제 정책을 취하던 소가蘇我씨를 타도하고 들어선 정권인 터라 반反백제 친親신라 정책을 취했을 가능성도 높아 김춘추가 일본을 방문했을 것이란 시각을 방증한다. 결과적으로 648년 시점에 당-신라-일본의 연합 체제가 형성된다. 이는 삼국을 통일하기 위해 고구려와 당, 일본을 오간 김춘추에 의해 구상되고 만들어졌다는 해석이 가능해진다. 김춘추가 동아시아 전체를 시야에 넣고 움직였던 인물임이 다시 한번 확인된다는 것이 김 교수의 평가다.

김춘추가 정말로 일본으로 갔을지 김 교수의 연구로 완전히 해소됐다고 보긴 어렵지만 흥미롭고 설득력 있는 해석인 것만은 분명하다. 배치되는 양국 사료의 문제를 현대적으로 합리적인 시각에서 풀어낸 셈이다. 입장에 따라 평이 크게 갈리는 김춘추이지만, 김 교수의 시각을 투영해 바라본다면 그는 동아시아 전체의 정치를 자신의 의도대로 주도하고 그것을 실현하기 위해 위험을 무릅쓰고 천릿길도 마다하지 않은 실천가였던 것이다.

오늘날 김춘추에 대한 일반적인 평은 그다지 호의적이지 않다.(상당수는 시대착오적 비판이다.) 하지만 오늘날보다 교통과 정보 교환이 훨씬 더딘 시대에 살았던 김춘추임을 고려한다면, 오늘날 그만한 비전과 정치력, 실천력을 갖춘 리더가 있다고 자신할 수 있을까. 과연 마음 편히 김춘추에 대해 평가절하할 수 있는 상황인지 의심스럽다.

김현구, 『백제는 일본의 기원인가』, 창비, 2002

11

생김새에 얽힌 역사

복부비만 삼총사—
정도전, 도쿠가와 이에야스, 헨리 8세

현대인에게 비만은 큰 고민거리다. 사회 분위기가 외모를 중시하는 쪽으로 흐르면서 남녀 할 것 없이 살에 신경을 쓰고, 그런 와중에 특히 뱃살은 집중 공격의 대상이 된다. 인류의 뱃살은 수천수만 년 역사 속에서 제대로 먹을 것이 없던 상황에서 일단 한번 들어온 양분을 지방의 형태로 저장한 진화의 결과물이기도 하다. 실제로 전통시대에는 살찐 사람이 매우 드물었으며, 그런 까닭에 최고 권력층에서나 두툼한 배를 가질 여유가 있었다. 역사가 '배가 나왔다'고 기록을 남긴 위대한 인물 3인의 배를 둘러싼 역사를 살펴본다.

살이 쪘다는 것과 능력은 별개 문제다. 각국의 역사에 가히 전환기적이라고 할 만한 변화를 가져온 인물들 중에도 의외로 '푸짐한' 외모를 지닌 사람이 적지 않다. 우연히도 조선의 정도전, 일본의 도쿠가와 이에야스, 영국의 헨리 8세는 최소 수백 년간 역사를 주도할 만큼 큰 역할을 했으면서 동시에 '복부비만'이었던 것도 공통점이다.

일본 전국시대의 막을 내리고 도쿠가와 막부 정치의 서막을 연 도쿠가와 이에야스의 몸은 비대했다. 단순히 비대한 정도가 아니라 스모 선수에 비견될 정도였다. 매력적인 전기작가 프랭크 맥린은 "비싼 비단옷을 걸친 이에야스는 번지르르한 이동 천막처럼 보였다"고 평했는데, 소문에 의하면 그는 허리띠로 옷을 여밀 수 없을 만큼 뚱뚱했고 인생 후반부에는 다른 사람의 도움 없인 말에 올라탈 수도 없었다고 한다. 게다가

비대한 체구를 지녔던 도쿠가와 이에야스. 혼자서 거동할 수 없을 만큼 살이 쪘던 그이지만, 역사는 그를 도쿠가와 막부 정치의 서막을 연 인물로 기억하고 있다.

사소한 자극에도 반응을 보여, 스트레스를 받을 때마다 손톱을 씹었다고 하니 과히 호감 가는 형이라 말할 순 없을 터이다. 도쿠가와 이에야스는 자신이 치른 90여 차례 전투에서 손에서 피가 흐를 때까지 안장의 앞부분을 두들기는 버릇도 갖고 있어 결국 손가락 관절이 비틀려 기형이 됐고, 늙어서는 손이 뻣뻣해져 구부릴 수 없었다고 한다.

서구사회에서는 근래 영국에서 즉위 500주년 기념행사까지 치러졌던 헨리 8세를 대표적인 비만 국왕으로 꼽을 만하다. 여섯 번이나 결혼하고 두 명의 왕비를 사형시켰으며, 첫 부인과 이혼하기 위해 가톨릭을 버리고 영국 국교회를 만든 그는 자신이 계획하거나 의지를 가졌던 바는 아니지만 '유럽 대륙과 분리된 영국' 이라는 영국사의 향방을 결정지은 인물이다. 근대국가로서의 영국의 특징은 헨리 8세가 초석을 놓은 것이나 다름없다. 한 역사가에 의해 "멋지고, 당당하고, 낭비가 심하고, 호색가이고, 시기심 많고, 게으르고, 교활하고, 탐욕스럽고, 허영심에 가득 찬" 인물로 묘사된 그는 연륜이 쌓일수록 넉넉한 풍채를 갖춰갔다. AP통신에 따르면, 헨리 8세가 착용했던 갑옷들을 보면 젊었을 때는 혈기 왕성한 카리스마 넘치는 날씬한 체형이었지만 갈수록 홀바인의 유명한 초상화에서 보는 것처럼 '한 덩치' 하는 모습으로 변해 특수 제작된 갑옷만 입을 수 있었다고 한다.

조선왕조를 개창하고 이후 왕조 500년 역사의 큰 틀을 짠 정도전도 한국사에서 드물게 '복부비만' 이었다고 전해지는 인물이다. 그의 복부비만을 드러내는 기록도 드라마틱하다. 그의 풍채를 전하는 기록("배가 불룩한 사람")이 그의 비명횡사와 관련 있기 때문이다. 정도전의 외조모는 승려 김전이 그의 노비인 수이의 처와 간통해 낳은 자식이었고, 정도전의 처 최씨 또한 적자가 아니라 장인이 첩에게서 얻은 자식이었다. 양쪽 부모 중 한쪽이라도 천인이면 천인 취급을 받던 전통시대에 최악의 신분 굴레를 갖고 태어난 인물인 셈이다. 이런 콤플렉스를 떨치기 위해 정도전은 이성계의 역성혁명을 주도하며 조선왕조의 설계자 자리에 오른다. 태조 이성계로부터 "내가 이 자리에 오른 것은 그대 덕이다"라는 말을 들을 정도로 성공했지만 커가는 그의 권력은 종친 세력과 무장 세력의 견제를 불러왔다.

결국 정도전을 견제하던 태조의 아들이자 정적인 이방원은 제1차 왕자의 난을 일으킨 직후 거사를 성공시키는 지름길이 정도전을 죽이는 것이라고 판단한다. 이에 정도전을 습격해 살해하려 하지만 정도전은 구사일생으로 달아난다. 그러나 전前 판서인 민부의 고변으로 그의 집에 숨어 있던 정도전은 체포되고 마는데, 이 장면을 『조선왕조실록』은 극적으로 전하고 있다.

정도전 등은 모두 도망하여 숨었으나 심효생, 이근, 장지화 등은 모두 살해를 당했다. 도전이 도망하여 그 이웃의 전 판사判事 민부閔富의 집으로 들어가니, 민부가 아뢰었다. '배가 불룩한 사람이 내 집에 들어왔습니다.' 정안군은 그 사람이 도전인 줄을 알고 이에 소근 등 4인을 시켜 잡게 하였더니 도전이 침실 안에 숨어 있는지라, 소근 등이 그를 꾸짖어 밖으로 나오게 하니 도전이 조그만 칼을 가지고 걸음을 걷지 못하고 엉금엉금 기어서 나왔다. 소근 등이 꾸짖어 칼을 버리게 하니, 도전이 칼을 던지고

영국이 근대국가의 초석을 제대로 다질 수 있었던 데에는 '비만국왕'인 헨리8세의 공로가 컸다.

문밖에 나와서 말하였다.

'청하건대 죽이지 마시오. 한마디 말하고 죽겠습니다.'

소근 등이 끌어내어 정안군의 말 앞으로 가니, 도전이 말했다.

'예전에 공公이 이미 나를 살렸으니 지금 또한 살려주소서.'

그러자 정안군이 말했다. '네가 조선의 봉화백奉化伯이 되었는데도 도리어 부족不足하게 여기느냐? 어떻게 악한 짓을 한 것이 이 지경에 이를 수 있느냐?'

이에 그를 목 베게 하였다.

　　　　　　　　　　　　　－『조선왕조실록』 태조 7년(1398) 8월 26일 기사

아마도 정도전이 전통시대에 보기 드문 '배가 불룩한 사람' 이 아니었다면 삶을 더 유지했을지도 모를 일이다. 하지만 그가 나라를 세우고, 기초를 닦는 큰일에 있어 배가 나온 것은 영향을 미치지 못했다. 헨리 8세에게도, 도쿠가와 이에야스에게도 비만은 그들의 행보에 별다른 걸림돌이 되지 않았다고 해도 무방할 것이다.

프랭크 맥린, 『전사들』, 김병화 옮김, 웅진지식하우스, 2008

박지향, 『영국사 - 보수와 개혁의 드라마』, 까치, 1997

이성무, 『조선왕조사 1 - 건국에서 현종까지』, 동방미디어, 2003

O2. 눈빛

눈에서 '독기'를 찾아볼 수 없었던 혁명가,
로자 룩셈부르크

"사람은 나이 마흔이 되면 자신의 얼굴에 책임을 져야 한다"는 말이 있다. 특히 "눈은 마음의 창"이라는 말이 있을 정도로 첫인상과 함께 마지막 인상을 결정하는 요소이기도 하다. 신문기사는 주로 객관적인 사실 관계를 전하지만, 신문에 실린 사진은 객관적으로 표현될 수 없는 주관적 인상을 통해 특정인이나 특정 사건에 대한 기억을 좌우하기도 한다.

혁명가 로자 룩셈부르크의 진짜 시체가 90년 만에 발견됐다고 독일 주간지 『슈피겔』이 보도한 적이 있다. 상당히 이색적인 기사 내용의 사실 여부는 불분명하지만 오랫동안 머릿속에서 잊혔던 '로테 로자'라는 이름이 입 안에 맴돌았다. 그러면서 '어린' 학생 시절의 청계천 헌책방과 함께 로자와 관련된 추억이 절로 떠올랐다.

로자 룩셈부르크는 폴란드에서 태어난 유대인으로서 위장결혼을 통해 독일인이 된 1급의 정치 이론가였다. 마르크스 이후 가장 뛰어난 두뇌를 지녔다는 평을 들은 그녀는 급진적 정치 견해를 펼치며 독일 사회민주당 내의 '평화를 교란하는' 선동가라는 평을 들었다. 로자 룩셈부르크와 카를 리프크네히트로 대변되는 독일 사민당 내의 극좌 그룹인 스파르타쿠스단은 "소비에트 독일 건설 및 소련과의 동맹"을 목표로 가장 적극적으로 돌진하는, 수천 명이 똘똘 뭉친 전위대 같은 조직이었다. 하지만 이들의 저돌적인 모습은 사회 각층에서 강한 반발을 불러일으켰다. 중산층뿐 아니라 사민주의 지지 그룹, 노동자 병사 평의회 멤버들까지 이들로부터 위협을 느끼고 반발했다.

이처럼 정치 행보에서 나오는 극렬·극좌 이미지와 달리 로자 룩셈부르크 개인의 이미지는 무척이나 평온하고 여유로운 모습을 하고 있다. 독일어, 영어, 폴란드어 등 6개 국어를 능숙하게 구사하고 뛰어난 글 솜씨와 정연한 논리로 두각을 나타냈던 이 혁명가는 매력적이고 따뜻한 마음과 위트, 아름다운 품격, 정열을 두루 갖춘 사람으로 평가받았다. 사실 그녀는 20세기 초 민족주의 vs 국제주의 대논쟁 속에서 '국제주의'를 대변하며 싸웠고, 당대 사회주의의 대사상가이자 운동가였던 아우구스트 베벨, 카를 카우츠키, 레닌, 트로츠키, 장 조레스 등과 대등한 위상을 점하고 있었다.

제1차 세계대전 이전부터 스파르타쿠스단을 이끌던 로자는 알려져 있다시피 1차 대전 종전과 바이마르 공화국 성립 사이의 독일 혁명기(극한 혼돈의 시기다!)에 최후를 맞는다. 1905년에는 러시아 혁명에 직접 관여해 투옥되었고, 1914년 반군국주의 연설을 했다는 죄목으로 1915년 3월에 투옥된다. 1년여의 투옥 후 잠시 출옥했지만 2년 반 동안 보호관찰 처분을 받는다. 특히 1918년 10월 23일 카를 리프크네히트가 출소한 시점부터 67일간 로자의 최후의 움직임은 그야말로 격동의 드라마 같다.

두 사람은 『적기Rote Fahne』라는 잡지를 창간하고 독일 혁명의 현실과 혁명 지도자들의 난맥상 등을 비판하는 논설을 매일 썼고 독립사회민주당의 집회와 회의에 참석했다. 이어 독일공산당이라는 독자적인 당을 창립했다. 이 둘의 활동이 적극적으로 부각되자 반대파의 움직임도 활발해져 1918년 12월부터 두 인물을 암살하려는 움직임이 본격화된다. 반대파의 추적을 피해 두 사람은 장소를 옮겨가며 논설을 쓰고 혁명을 준비해나갔다. 하지만 스파이들 역시 두 사람의 위치를 파악해나가는 데 열중했다.

마침내 1919년 1월 15일, 둘은 베를린 만하임 거리 53번지로 자리를 옮겨 그곳에서 『적기』에 실을 최후의 논설문을 작성했다. 원고를 보낸 뒤 얼마 되지 않아 두 사람이 머문 집으로 소위 계급장을 단 군인들이 쳐들어왔고, 가택수색 끝에 둘은 근위 기병사단의 본부가 설치된 에덴 호텔로 연행됐다. 그곳에서 둘은 개머리판으로 머리를 구타당하고 실신한 뒤 호송반에 의해 각각 운반됐다. 두 대의 자동차가 이들을 티어가르텐으로 옮겼고 아직 의식이 남아 있던 리프크네히트는 호송 중 권총에 뒷머리를 맞아 신원 불명의 시신이 돼 시신 보관소로 인도됐다. 로자 룩셈부르크도 개머리판에 두개골이 깨져 죽은 거나 다름없었고 이어 총격을 받은 뒤 리히텐슈타인 다리 부근 수로에 버려졌다. 사살인지 익사인지 사인은 분명치 않았고 시체는 그해 5월 말에야 발견됐다고 한다.

두 사람의 죽음은 신문들이 전한 "리프크네히트는 '탈출하려다 총에 맞아 죽었고auf der Flucht erschossen' 룩셈부르크는 '다수 군중에게 맞아 죽었다von der Menge erschlagen'라는 표현으로 남았다.(어찌 보면 그리 잘못된 보도는 아니다. 사살되고 여러 사람에 의해 죽었으니.)

흔히 한 인물의 삶의 궤적이나 정치 행로와 비교했을 때 그 인물이 내비치는 이미지는 생경한 느낌을 줄 때가 많다. 사회주의 혁명의 기치를 최전방에서 내걸었던 로자 룩셈부르크 역시 따뜻한 품성과 품격 있는 외모의 소유자로서 먼저 다가온다.

독일 혁명 시작 전부터 병사를 중심으로 한 군중은 아직 정치적으로 성숙하지 않은 단계라는 점을 이해했던 로자였지만 군인들의 칼날을 피할 수는 없었다. 병사들의 후진성이야말로 독일 혁명의 미성숙함의 한 징표로 이해했던 룩셈부르크는 어쩌면 답이 없는 전쟁을 했던 것인지 모른다. 당시 농촌지역에는 혁명의 손길이 채 미치지 못했고, 비록 주요 산업지대와 베를린의 프롤레타리아 집단 거주지에서는 혁명에 공감하는 심성이 있었지만 방관자에 불과할 뿐 혁명에 일조하거나 이를 끌고 갈 주동력은 되지 못했기 때문이다. 따라서 1919년은 혁명의 성공을 꿈꾸기에는 (마르크스가 사회주의 혁명이 발생할 것이라고 예언했던 가장 발달된 공업국가 독일에서조차 사회주의 혁명의 성공은) 너무 이른 시점이었다.

개인적으로는 로자 룩셈부르크와 스파르타쿠스단의 활동이나 평가에 대한 관심보다는 벌써 20년이 다 돼가는 학창 시절, 지금은 사라진 청계천의 한 헌책방에서 파울 프뢸리히가 쓴 영어판 로자 룩셈부르크 전기를 구입했을 때가 잊히지 않는다. 당시 특별히 애착 갔던 주제도 아니었고, 막상 책 자체에 대해서도 기억에 남는 건 별반 없지만 이 책을 구입했을 때의 감정은 마치 어제의 일인 양 잊을 수 없다. 책의 표지 전체를 장식하고 있던 로자 룩셈부르크의 얼굴 사진이란…. 극렬 운동가를 연상시키던 인생행로와 달리 너무나도 평화로운 얼굴에 호수처럼 잔잔한 맑은 눈을 가진 사진은 책에 절로 손이 가게 만들었다. 실제로는 어땠을지 모르지만, 위대한 대혁명가가 혁명을 꿈꾼 것은 어떤 증오의 마음이 아닌 모든 것을 품는 따뜻한 심장에서 나온 듯한 느낌을 주는 사진이었다.

사후 90년 뒤 시체를 찾았다는 눈에서 '독기'라고는 찾기 힘든 대혁명가 로자 룩셈부르크의 초상과는 반대로 '살기' 가득한 한국 정치의 현실을 비교해보면 그 어느 것보다 극명하고 슬픈 대조를 보인다.

Paul Frölich, *Rosa Luxemburg: Her Life and Work*, Monthly Review Press, 1972

Eberhard Kolb, *The Weimar Republic*, Unwin Hyman, 1988

Hagen Schulze, *Weimar-Deutschland 1917-1933*, Siedler Verlag, 1993

오인석, 『바이마르 공화국의 역사 — 독일 민주주의의 좌절』, 한울아카데미, 1997

03. 얼굴

구준표를 꼭 닮은 2500년 전 원조 꽃미남의 운명

성형수술을 둘러싼 기사가 넘쳐난다. 외모에 대한 사회적 시각이 바뀌면서 그 자체가 일종의 경쟁력이 되고 있기 때문이다. 하지만 인류사를 되짚어보면 과거에도 '잘생겼다'는 것이 역사적 과제를 수행하는 데 큰 도움이 됐던 인물이 적지 않다. 고대 그리스의 대표적 풍운아의 삶을 살펴본다.

2500년 전에도 이른바 오늘날 말하는 모든 것을 갖춘 '꽃미남'이 있었다. 빵빵한 재력과 좋은 가문, 빼어난 학력에 달변을 무기로 젊은 시절 이미 초고속 승진을 하고, 조각 같은 외모를 겸비한 인물이 고대 그리스에도 실제로 존재했던 것이다.

아테네 출신으로 아테네와 스파르타, 페르시아를 무대로 활동한 이 인물은 스파르타와 관계가 있는 아테네 명문가 집안을 배경으로 인류 역사상 최고 사상가 중 한 명으로 꼽히는 소크라테스의 직계 제자이자 플라톤과는 동문이었다. 게다가 아테네 최고 정치인이자 아테네 민주주의의 상징적 존재인 페리클레스를 후견인으로 삼았고, 젊은 시절부터 아테네의 요직을 지내고 이후 우여곡절 끝에 아테네의 라이벌인 스파르타와 페르시아의 고위직을 역임했으니 경력 면에서도 뒤처질 것이 없다. 무엇보다 그는 남다른 '어여쁜' 외모로 어려서부터 사람들의 시선을 끌었다.

그 주인공이 바로 알키비아데스다. 그는 아테네의 유력 귀족 가문 출신으로, 부유할 뿐 아니라 호머의 서사시에 나오는 네스토르의 후손을 자처했다. "그의 피 속에는 대단한 영광과 광휘가 흐르고 있다"는 것이 당대인들의 표현이다. 그의 가문은 아테네 유력 정치 세력에 두루 연줄이 닿는 마당발이었고 아테네를 넘어 그리스 각지역에도 커넥션을 갖고 있었다. 특히 스파르타와 인연이 깊었다. 그를 돌봤던 유모는 스파르타 여인이었고, 그가 아테네에서 처음으로 정치활동을 시작한 것도 아테네 내의 스파르타인의 대표로서였다. 기원전 421년 스파르타 대표가 화약 체결을 위해 아테네를 방문했을 때 알키비아데스는 스파르타의 유력 가문과의 관계를 최대한 활용해 아테네에서 자신의 입지를 굳혔다.

알키비아데스가 아직 어렸을 때 그의 아버지가 전사했는데, 이때부터 아테네의 유력 정치인인 페리클레스가 후견인으로서 그를 돌보며 막강한 백그라운드가 되어줬다. 페리클레스는 무려 30년간이나 아테네의 실질적인 지배자로서 그 전성기를 이끈 인물이다. 알키비아데스로서는 더 이상 좋은 출발선을 상상할 수 없는 상황이었다.

무엇보다 아름다운 외모가 찬양의 대상이 되는 호머 시대의 전통이 남아 있던 터라 외모는 그를 남다른 위치에 올려놓았다. 알키비아데스 사후 500년 뒤에 그의 전기를 쓴 플루타르코스는 "계절마다 꽃이 피듯 그가 자라났다"고 묘사했고 "어릴 때부터 그의 미모를 찬미하는 사람들에게 둘러싸였다"고 전한다. 출중한 외모는 그가 출세하는 데에 커다란

발판이 되었다. 네포스는 그의 외모와 자질을 두고 "그 누구도 알키비아데스를 능가할 수 없다"고 평하기도 했다.

그는 마치 여자처럼 머리를 길러 자주색 토가를 입고 광장에서 달변을 토했다. 또 패션 리더이자 트렌드 세터였다. 당대의 에우폴리스의 기록에 따르면 "아테네 사람들은 그가 신는 신발을 모방해 신었고 그 신발을 '알키비아데스'라 불렀다"고 한다. 그는 피리 부는 모습이 사람을 우습게 만든다며 결코 그것을 배우지 않았고, "일부 레슬러들은 출신 성분이 나쁘다(천민)"는 이유를 대며 인기 스포츠 종목인 레슬링을 폄하했던 '폼생폼사' 인생이었다.

이제 그의 학력을 한번 보자. 알키비아데스는 소크라테스가 아꼈던 제자로, 스승은 그의 의견을 높이 평가했고 실제 그의 조언을 받아들이기도 했다. 그의 수학 동문은 역사가 크세노폰, 정치가 크리티아스, 철학자 플라톤이었다. 그는 플라톤의 『향연』이나 『대화』에도 등장하며 그의 이름을 딴 책도 있다.

정치 인생도 탄탄대로였다. 초창기에 저질렀던 사소한 실수는 그의 화려한 배경과 외모에 묻혀 용서됐고 쉬지 않고 성공가도를 달린 그였다. 스파르타에 대한 적극적인 공세를 주장하며 기원전 420년 장군으로 선출됐고, 아테네 시민들의 욕망과 허영심을 자극하며 시칠리아 원정이라는 정치적 집중투자를 이끌어낸다. 시칠리아 원정에서 대승을 거두면 일확천금을 얻을 것이라는 희망에 부푼 아테네는 전 국력을 집중하다시피 해 대해군을 시칠리아로 보낸다. 당연히 이 대함대의 사령관은 알키비아데스가 맡았다.

"계절마다 꽃이 피듯 그가 자라났다"라고 묘사되었던, 타고난 외모의 소유자 알키비아데스. 초기에 그의 외모는 탄탄대로의 삶을 보장해주는 듯했지만, 시간이 흐를수록 그의 삶을 얽어매는 굴레가 되고 만다.

하지만 창창하던 알키비아데스의 인생은 이때부터 갖은 시련과 풍상을 겪게 된다. 대함대가 출항하기 전 아테네 시에 있던 헤르메스상들이 집단으로 파괴되는 망측한 일이 발생한다. 도시 곳곳에 있던 헤르메스상들의 얼굴이 박살나고 그것의 상징인 발기된 페니스가 뽑히고 부서지는 일이 일어났다. 아테네 시민들은 헤르메스 신의 분노와 복수가 일어날 것을 두려워했고 향후 닥칠 일에 대한 불길한 전조로 여겼다. 이에 시민들은 흉측한 일의 책임을 물어 알키비아데스에 대한 소환령을 내리고 풍운아 알키비아데스는 적국인 스파르타로 망명하는 충격적인 대응을 한다.

한편 알키비아데스 없이 시칠리아 원정을 감행한 아테네 함대는 시칠리아에서 전멸되다시피 하는 대몰락을 맞이하고(이때 알키비아데스가 없었다는 점은 후에 그가 아테네로 복귀하는 명분이 된다), 아테네는 위기에 봉착한다. 엎친 데 덮친 격으로 아테네의 전략 전술을 훤히 꿰고 아테네의 약점을 모두 파악하고 있던 알키비아데스는 스파르타 최고의 지략가로서 아테네를 궁지에 몰아넣는다. 도널드 케이건 예일대 교수가 '희대의 배신자turncoat'라고 명명한 진가를 보여준 것이다. 이어 알키비아데스는 페르시아로 넘어가 페르시아와 스파르타의 동맹을 주선하며 아테네를 더욱 코너로 몰아간다.

하지만 이때 알키비아데스의 '미모'와 '여성 편력'이 또다시 그의 발목을 잡고 만다. 당시 스파르타의 왕이었던 아기스 2세의 아내와 바람이 난 것이다. 신빙성은 떨어지지만 "스파르타의 왕이 전장에 나간 동안 스파르타에서 지진이 발생했는데 이때 왕비의 침실에서 살려고 도망쳐 나온 남자가 바로 알키비아데스였다"는 소문도 나돌았다. 실제 지진 후 9개월이 지나자 스파르타 왕비는 아들을 낳았는데 그 아이는 후일 왕위 계승권을 박탈당한다.

스파르타 왕비와의 간통으로 사형선고를 받은 알키비아데스는 이번에는 페르시아로 망명하고, 이후 일부 세력과 접촉해 다시 아테네에 합류한다. 이번에는 스파르타의 전략·전술적 약점을 이용해 아테네에 연승의 기운을 불어넣으며 헬레스폰트 해역의 제해권을 아테네에 되돌려 준다. 이에 알키비아데스는 기원전 408년 아테네 시민의 열렬한 환영을 받으며 귀국하지만 행운은 거기까지였다. 스파르타가 페르시아의 지원을 받아 세력을 만회했고 이는 알키비아데스의 재실각으로 이어졌다. 아테네와 스파르타에서 모두 버림받은 그는 페르시아로 떠날 수밖에 없었다.

이런 와중에 기나긴 펠로폰네소스 전쟁에서 스파르타는 결국 아테네를 격파했고 그런 뒤 스파르타는 알키비아데스의 목숨을 끝까지 노렸다. 결국 그는 프리기아의 한 작은 마을에서 자객에 의해 살해되는 것으로 생을 마감한다. 서양사 최초의 미남이 화려했던 삶은 뒤로하고 조국의 패망에 직접적인 영향을 미쳤던 것이다.

동양사회에서 전통적으로 가장 꺼리는 것 중 하나가 '소년등과少年登科'라고 하는데, 너무 이른 나이에 큰 성공을 거두면 이를 스스로 감당하지 못해 결과적으로 실패로 이어지기 때문이다. 알키비아데스는 재력과 가문, 정치력, 학력, 외모 어느 것 하나 흠잡을 데 없었고 이를 기반으로 성공가도를 달렸지만, 바로 그것이 그의 발목을 잡았다. 주어진 행운에 대해 겸손함을 잃지 말아야 한다는 정도가 그가 우리에게 전해주는 메시지가 아닐까.

Donald Kagan, *The Fall of the Athenian Empire*, Cornell University Press, 1991

Lucy Hughs-Hallett, *Heroes: A History of Hero Worship*, Anchor, 2006

투키디데스, 「펠로폰네소스 전쟁사」, 박광순 옮김, 범우사, 1993

04. 향기

몸에서 향기가 난다는
위구르의 '향비'는 가상 인물?

다민족 국가인 중국은 소수민족 문제라면 극도로 민감한 반응을 보인다. 급속한 성장으로 세계 경제의 주역으로 등장한 중국에 티베트나 위구르 등 민족 간 마찰이 있는 지역은 국가 와해로 이어질 만한 아킬레스건이기 때문이다. 서방의 인권 탄압 논란에도 불구하고 중국은 이들 지역의 민족독립운동에 대해서는 강경 진압을 주저하지 않는다. 중국의 소수민족 탄압을 둘러싼 가슴 아픈 역사의 한 장을 살펴본다.

몸에서 향기가 나는 왕비라는 뜻의 '향비香妃'라고 불린 여인의 이야기는 역사에 큰 관심이 없다 해도 한 번은 들어봤을 것이다. 일설에는 서역인 특유의 체취로 황제의 총애를 얻었다는 야릇한 상상에서부터 서역 특산 방향제를 몸에 지녔던 여인이라는 그럴듯한 설명까지, 향비는 실제 있었던 인물로 받아들여졌다.(필자도 어린 시절 한 칼럼을 통해 향비에 대한 글을 접한 뒤 오랫동안 사실이라 여겼다.)

중국의 『인명대사전』이나 일본에서 편찬된 『아시아 역사사전』에도 실존 인물로 기록돼 있고, 중앙아시아 카슈가르에는 '향비묘'라고 불리는 건물에, 향비의 시신을 싣고 베이징에서 왔다는 가마까지 있다. 하지만 아쉽게도 구전으로 행적이 전해지는 향비는 실존한 인물이 아니었다. 그리고 그녀의 전설이 내려오게 된 데에는 중국 한족에게 짓눌린 위구르인의 애꿎은 사연이 배어 있었던 것이다.

널리 알려진 향비의 전설은 200여 년 전 건륭제 시기, 청나라가 오늘날의 신장* 위구르자치구라고 불리는 카슈가르 인근 위구르인들의 본거지를 점령하면서부터 시작된다. 전설의 골자는 다음과 같다.

건륭제에게 저항하다 사망한 위구르인 수령에게 딸이 있었는데 태어나면서부터 몸에서 향기가 났다는 이야기가 전해졌다. 소문을 들은 건륭제는 그녀를 북경으로 불러들여 자신의 비로 삼았다. 고향을 그리워하는 그녀를 위해 궁전도 지어주고 마음껏 목욕할 수 있는 욕탕도 만들어줬지만 그녀는 황제의 총애에도 불구하고 함께 잠자리에 드는 것을 거부했다. 오히려 그녀는 부모의 원수를 갚겠다며 소매 속에 늘 단도를 지니고 다녔다. 이러한 사실을 알게 된 황태후는 황제에게 "향비를 조심하라"고 경고했지만 건륭제가 들은 체도 하지 않자 황제가 자리를 비운 틈을 타 그녀를 불러 목을 매고 죽게 만들었다. 뒤늦게 향비가 죽은 것을 안 황제는 그녀의 죽음을 슬퍼하며 생전의 희망에 따라 시신을 나무로 만든 가마에 실어 고향인 카슈가르로 보냈다는 것이다. 이리하여 그녀의 시신이 안치된 곳이 오늘날 한족에게 향비묘라고 불리는 '아팍 호자의 성묘'라는 게 전설의 요지다.

실제 아팍 호자의 일족 72구의 무덤이 모인 '아팍 호자의 성묘'에는 "향기 나는 여인"이라는 뜻의 위구르어인 '이파르한'이라는 아랍 문자가 적힌 봉토가 있고, 100년은 훨씬 더 돼 보이는 운구용 가마도 소위

---

* 중국으로서는 새로운 강역이라는 뜻의 신장新疆이라고 이름을 지었다.

향비묘 한켠에 보존돼 있어 전설을 사실로 받아들이게끔 한다. 하지만 중앙아시아사 연구자인 김호동 서울대 교수에 따르면 전설 속의 향비는 실제로 존재하지 않았다.

건륭제의 후비들 가운데 위구르 출신을 살펴보면 『청사고』 「후비열전」에 향비라는 이름은 찾을 수 없고, 대신 회부回部 호자씨 출신 용비라는 여인이 등장한다고 한다. 위구르는 중국에서 일찍이 회흘回紇이라고 음차됐고, 이에 따라 회부는 위구르인들이 사는 신장지역을 의미한다는 것이다. 호자는 이슬람권에서 귀족을 가리키는 명칭이다. 일찍부터 이슬람교를 받아들인 위구르인들의 영향으로 동양사회에서는 이슬람교를 '회교回敎'라 칭할 정도로 위구르에서 널리 퍼졌었다.

하지만 이 용비가 전설 속의 향비가 되기에는 그 실제와 너무 큰 차이를 보였다는 게 김호동 교수의 설명이다. 망국의 한을 품고 절개를 지키다 죽임을 당한 여인이라기보다는 청나라에서 부귀영화를 누리다 천수를 누린 인물에 가깝기 때문이다. 26세의 나이로 북경에 도착한 용비의 숙부 및 종형제들은 조정에 나아가 관직을 하사받았고, 용비 자신도 1760년 귀인으로 격상되었다. 35세 되는 1768년에 용비는 비의 칭호를 부여받고 황제가 지방을 순시할 때 여러 차례 동행할 정도로 총애를 받다가 1788년 55세의 나이로 사망했다.

용비의 죽음도 결코 황태후에 의해 살해당한 것이 될 수 없다. 황태후가 용비보다 11년이나 먼저 사망했기에 용비에게 "목을 매라"라고 명령했을 가능성이 없다. 또 그녀의 일족은 모두 북경에서 고위 관직을 부여받아 부귀영화를 누렸다고 전해진다. 이런 점으로 미뤄볼 때 그녀의 아버지는 청에 대항한 지방 귀족이 아니라, 오히려 청군을 도와 신장 정복에 앞장선 인물이었을 가능성이 높다는 게 김 교수의 설명이다. 게다가 용비의 시신은 고향인 카슈가르가 아니라 현재 중국 하북성 준화현의 건륭제 무덤인 동릉에 안치돼 있는 게 확인됐다고 한다. 용비의 유골을 분석한 결과, 50세가 넘어 사망했고 한족과 다른 신체 특징을 지녔음이 밝혀졌다.

그렇다면 어떻게 해서 향비의 설화가 만들어지고, 신장지역의 한가운데에 향비묘가 들어서게 된 것일까. 김 교수에 따르면 19세기 말까지 '향비'라는 인물에 대한 언급은 어디에도 보이지 않는다고 한다. 설화의 역사가 매우 짧고 만들어진 전설임을 증명하는 단적인 예라는 것이다. 19세기 말부터 신장에 파견된 한인들의 글 속에 '향비'에 대한 언급이 나타나다가 20세기에 들어오면서 널리 유포됐다고 한다. 소위 향비묘에 있는 가마에 대해서는, 1858년 카슈가르를 방문했던 사람의 여행기에 "북경에 있던 호자 가문 후손의 시신이 운구돼 아팍 호자의 묘에 묻혔다"는 기록이 나오는 점에 비춰볼 때, 무덤에 묻힌 것은 향비가 아니라 아팍 호자의 후손(아마도 남자)이고 그때 운구에 사용된 가마일 것이라는 추론이다. 이런 전혀 별개의 인물과 사건에 대해 건륭제의 후비였던 용비의 이야기가 덧붙여지면서 이전에 없던 전혀 새로운 인물이 극적인 요소가 가미되어 창조됐다는 설명이다.

이런 향비의 설화는 100년도 채 안 됐지만 위구르인들 사이에 널리 퍼졌고, 위구르인들은 그녀를 실존 인물로 확신하고 자신들의 언어인 '이파르한'이라고 부르기 시작했다. 이처럼 향비 설화가 빠르게 뿌리내린 데에는 중국 한족에 대한 무슬림 위구르인들의 이질감과 적대감, 중국의 강압적 통치의 역사가 자리하고 있다. 빼어난 미모에 망국의 한을 간직하고 끝까지 청나라 황제의 요구를 거절하다 죽은 향비의 일생은 청에게 정복당한 위구르인들에게 일종의 자존심을 반영하는 것이고 그들의 상처를 치유했다. 이에 따라 어찌 보면 '민족 반역자' 이자 '침략의 앞잡이' 인 청에 타협한 가문 출신의 용비가 향비로 탈바꿈할 수 있었던 것이다. 한마디로 위구르인들은 역사에서 이루지 못한 염원을 설화를 통해 대리만족했다는 설명이다.

1864년 위구르족 무슬림들이 청에 대반란을 일으킨 뒤 최근 위구르인들이 중국의 지배에 반발해 최대 규모로 들고 일어났다. 이에 대해 중국은 예전과 다름없이 강경 진압으로 초토화시키고 있는 상황이다. 민족과 종교, 역사와 문화가 상이한 위구르인과 중국인 간의 갈등은 언제든 불거질 수 있는 현대 중국의 화약고로, 사태가 어느 방향으로 갈지는 예측 불가능한 형편이다.

위구르인들의 궐기에 최근 대량으로 이주한 한족들이 '피의 복수' 를 내세우며 무자비한 집단 린치를 가하는 것으로 알려지고 있다. 마치 일군의 깡패집단이나 파시스트가 연상되는 각목을 손에 쥔 한족 군중을 찍은 외신 사진은 배타적 · 폭력적 중화 민족주의의 위험성을 적나라하게 보여주고 있다. 힘에서 한족에 밀려 안타까운 향비의 전설을 만들어 낸 위구르인들은 이번에도 잔인한 폭력에 짓밟히고 있다.

자기 민족만의 찬란한 과거를 찬미하고, 자기가 속한 집단 본위로만 생각하는 폭력적 국수주의, 배타적 민족주의에 대한 반감을 위구르 사

위구르인들의 궐기에 최근 대량으로 이주한 한족들이 '피의 복수'를 내세우며 무자비한 린치를 가하고 있다. 이는 배타적·폭력적 중화 민족주의의 위험성을 적나라하게 보여주고 있다.

태를 바라보는 외부인들은 절로 느낄 것이다. 각목을 든 한족 군중에 대해 '향비의 후손'이고 싶어하는 위구르인들은 무엇을 느끼고 있을까.

Hodong Kim, *Holy War in China: The Muslim Rebellion and State in Chinese Central Asia 1864-1877*, Stanford University Press, 2004

김호동, 『황하에서 천산까지』, 사계절, 1999

05. 문신

'문신녀' 어을우동은
조선판 안젤리나 졸리?

과거와 달리 사회에서 문신을 터부시하는 분위기는 많이 약해졌다. 문신이 어느덧 유행하고 있고 그만큼 시술에 따른 부작용도 흔하게 나타난다. 우리나라에서는 오랫동안 문신이 금기시됐는데, 과연 애초부터 금지됐던 풍속일까?

요부로 알려진 어을우동은 오랫동안 명맥이 끊길 뻔한 한국 문신 문화의 맥을 이은(?) 인물이었다. 한국사회에서 문신은 오랫동안 터부시되는 행위였다. 몇십 년 전만 해도 '조폭'이나 하는 '짓'이었고, 문신을 하는 것은 사회의 곱지 않은 시선을 감내해야 하는 결단을 요하는 행위였다. 특히 병역의무를 면하기 위한 수단으로 회자하긴 했지만 실행에 옮긴 경우는 극히 드물었던 그런 '이단적'인 행위였다.

그런데 한국의 고대사회에 문신 문화가 있었음을 중국 역사서인『삼국지』가 여실히 보여주고 있다. 특히 중국의 고대 사서들이 전하는 왜인들의 습속에 문신에 대한 언급이 많은 만큼 문화적 연관성에 대한 관심도 높다고 한다. 우선『삼국지』「동이전」한韓조에 "남자들은 때때로 몸뚱이에 바늘로 먹물을 넣어 글씨나 그림을 그린다. 이것을 문신이라고 한다"는 언급이 나온다. 같은 책 변한조에도 "남자나 여자가 모두 왜와 같이 바늘로 몸뚱이에 먹물을 넣어 글씨나 그림을 그린다"라고 나와 있다. 『후한서』 한韓조에는 "그 남쪽 국경은 왜와 가까운 까닭에 왜의 풍속을 닮아 역시 몸뚱이에 먹물을 넣어 그림을 그리는 자가 있다"라는 언급이 있다. 중국 사서에 전하는 많지 않은 한국의 문신에 대한 언급을 정리해보면 변한이나 한(삼한)에 문신의 습속이 있는데, 남녀가 모두 문신을 했고 몸에 그림이나 글씨를 넣는 방식이었다는 것이다.

앞서 『삼국지』 등 중국 사료들은 "남자는 어른 아이 가릴 것 없이 모두 얼굴에 먹물로 글자를 넣고 몸뚱이에 글자나 그림을 만든다. 이 문신의 위치와 대소를 가지고 사람의 높고 낮은 것을 구별한다"며 일본의 문신 습속을 자세히 전한다. 단편적 사료들, 특히 『후한서』 기사 가운데 한국의 문신에 대한 내용은 앞의 『삼국지』 기사를 그대로 베낀 듯한 인상마저 풍기는데, 이들 자료가 분명하게 전하는 것은 우리에게 문신의 습속이 일부나마 있었다는 것이다. 좀 더 구체적으로 살펴본다면, 삼한 시대 북부에서 문신을 했다는 기록이 없는 것을 고려할 때 고조선이나 동예, 혹은 옥저 등에서는 문신의 습속이 없었을 가능성이 높고, 남부 해안 지방을 중심으로 그런 습속이 있었을 가능성이 높다는 게 대체적인 판단이다.

특히 한국이나 중국의 역사서 중 삼국시대 관련 기록에서는 문신에 대한 언급을 찾아보기 힘든 점을 고려해보면 문신의 습속이 사라졌을 가능성이 높다고 분석된다. 고려에 사신으로 왔던 송나라 서긍이 쓴 『고려도경』에서 "고려의 풍속에 단발 문신이 있었는데 일찍이 기자의 교화로 그런 풍속이 없어졌다"라고 하여 이미 문신의 풍속이 사라졌음을 증명하고 있다. 하지만 『삼국사기』와 『삼국유사』에서 일언반구 찾아볼 수 없었던 문신에 대한 언급은 『고려사』에서 다시 등장한다. 여기서는 문신이 자발적인 것이 아닌 형벌의 일종으로 소개되고 있긴 하지만 말이다. 『고려사』 권85 형법지 도적조에는 다음과 같은 언급이 나온다.

"도둑질을 하여 유배된 곳에서 도망한 자는 얼굴에 글자를 새기고 형기가 끝난 뒤에 먼 땅의 주현으로 유배한다."

즉 유배자가 도주했을 경우 가중 처벌의 수단으로 문신이 등장한다. 이는 송나라의 『송회요宋會要』나 『경원조류법』 등에 나오는 경면, 자면 등 문신형을 수용한 것으로 분석된다고 한다. 이러한 문신형 처벌은 조선시대 『경국대전』에도 그대로 이어진다. 즉 "사형에 처하지 않은 강도는 법조문대로 처결한 뒤 몸에 강도라는 두 글자를 먹물로 새겨 넣으며 두 번 범하면 교형에 처한다"고 전해진다. 실제 문신형의 사례는 『조선왕조실록』에 기록되어 있다.

『조선왕조실록』 태종 6년의 기사 가운데 "오철이 의주에서 소를 훔치다 잡혀 귀를 베였고 다음에 의복과 말을 훔쳐 도망했으나 추적에 의해 잡혀 얼굴에 자자刺字를 당했다"라고 하여 상습범에 대한 가중 처벌의 예를 상세히 전하고 있다. 몸을 훼손하지 않는 것을 효의 시작으로 여겼던 조선시대에 일종의 저주이자 천형인 문신형의 존재는 이후 한국사회에서 문신에 대한 부정적 인식을 뿌리내리게 하는 근원적인 바탕이 되었다. 즉 불효자에 사악한 범죄자의 표상이 문신에 덧씌워진 것이다.

하지만 문신의 습속이 민간에서 은밀히 이어졌을 가능성을 전하는 기록도 있다. 『조선왕조실록』 성종 11년조에는 "어을우동이라는 여자가 정이 두터운 남자들의 팔뚝이나 등에 문신을 했다"는 기록이 전해진다. 간통 행위로 교수형을 당한 어을우동의 행적에서 남녀 간 정을 확인하기 위한 문신이 조선시대에도 은밀히 시행되고 있었다는 것이 문신 전문가 조현설 박사의 설명이다. 일종의 인류문화의 보편 현상이라는 문신…. 한국에서도 다른 문화권과 마찬가지로 정도 차이는 있지만 문신이 존재해왔던 것이다.

오늘날 문신을 비교적 쉽게 볼 수 있게 된 것이 한국사 최초의 문신 르네상스는 아닌 것이다. 한국사회 역시 과거부터 계속해서 문신 무풍지대는 아니었기 때문이다. 물론 그런 사실을 인지한다고 해서 목욕탕에서 문신을 심하게 하신 분을 만나면 조용히 자리를 비켜드리는 심리는 변함없긴 하지만 말이다.

조현설, 『문신의 역사』, 살림, 2003

12

가까운 이들, 사랑하거나 죽이거나

안회는 과연 공자가
가장 아낀 제자였을까?

'미운 놈 떡 하나 더 준다'는 말이 있다. 정말로 아끼는 사람에게는 좋은 말보다는 엄격하게 질책해서 바른길로 인도하는 것을 택하는 게 사람의 마음인 듯하다. 부모가 자식을 꾸짖는 것은 자식을 사랑하기 때문이고, 스승이 제자에게 엄한 모습을 보이는 것은 제자를 아끼기 때문이다. 좋은 말만 내놓는 게 훌륭한 스승이 아니라는 점은 수천 년 전 공자의 모습을 통해서도 유추해볼 수 있다.

"어질구나 안회여!賢哉回也"

『논어』에 등장하는 공자의 제자 가운데 무결점 모범생 안회와 나잇값 못하고 덤벙대는 자로는 자주 대비된다. 공자 못지않은 도덕과 규범의 화신인 안회는 스승의 칭찬을 독차지하는 반면, 자로는 스승의 꾸지람 없이 지나가는 경우를 찾기 어렵다. 하지만 언제나 칭찬만 한 제자가 과연 가장 아낀 제자일까?

전통사회에서는 공자의 애제자로 안회를 꼽는 데 추호의 의심도 없었지만 곰곰이 돌이켜보면 빈틈없는 안회에게는 공자도 일종의 불편함을 느꼈고, 오히려 자로에게 '사랑의 매'를 끊임없이 선물한 것 아닌가 하는 생각이 들 때가 있다. 매력적인 공자의 전기를 쓴 20세기 초의 저명한 중국사학자인 H. G. 크릴 역시 이런 시각에서 공자와 제자들의 관계를 꼼꼼하게 조명·분석하고 있다.

크릴 교수에 따르면, 공자의 제자 수는 크게 과장해서 3000명에 달했다는 주장도 있지만 최대 70명을 넘지는 않았으리라고 보는 게 일반적이다. 70명이라는 숫자마저 공자와 접촉이 있던 인물 대부분을 제자로 분류했을 때나 가능한 숫자다. 실제 『논어』에서 자로의 정적으로 언급되는 것 외에는 성격이나 행적을 알 수 없는 공백료가 『사기』에서는 공자의 제자로 포함돼 있기도 하다. 공자와 제자들의 행적을 살펴볼 수 있는 『논어』에 제자로 여겨지는 인물은 22명이 언급된다고 한다. 이들 가운데 뚜렷한 개성이 나타나는 이는 정말 소수에 불과한 것이다.

그중 가장 주목되는 이는 바로 공자와 아홉 살밖에 나이차가 나지 않는 최연장자 제자인 자로다. 그는 공자의 제자라기보다는 가장 친한 친구요 가장 엄격한 비판자처럼 보인다는 게 크릴 교수의 시각이다. 공자도 "일국의 군대를 지휘할 수 있는 사람"으로 자로를 추천했다. 자로는 건달 출신인데, 타고난 무인의 자질로 용맹스럽지만 앞뒤 살피지 못하고 덤벙대는 캐릭터로 묘사된다. 스승이 쳐놓은 덫에는 언제나 순진하게 걸려들어 무안당하고 질타당하기 일쑤였다. 공자가 제자들에게 요구한 이상적인 행동 규범과는 거리가 있고 성격이 직선적인 자로는 유난히 공자의 비난을 많이 받았다.

한번은 공자가 안회의 능력을 칭찬하자, 자로는 공자에게 "선생께서 삼군을 지휘하게 된다면 누구와 함께 가겠냐"는 유도성 질문을 던진다. 은근히 무골인 자신과 같이 갈 것이란 답을 기대했지만 돌아오는 공자의 답변은 "나는 맨손으로 호랑이를 때려잡거나 배 없이 강을 건너면서

삼성도三聖圖. 가운데가 공자이고 그 왼쪽의 인물이 안회이다. 여전히 안회는 스승이 가장 아낀 인물로 기억되고 있지만, 최근의 일부 연구는 가장 많은 꾸짖음을 당했던 자로가 어쩌면 공자가 아꼈던 제자일 수도 있다는 설을 제기하고 있다.

죽어도 후회하지 않겠다는 사람과는 결코 같이 가지 않을 것이다"라는 것이었다. 자로로서는 본전도 못 건진 셈이었다. 하지만 이러한 기질 차이에도 불구하고 공자와 자로 사이에는 강한 애정의 유대가 끊이지 않았음이 『논어』 곳곳에서 느껴진다. 크릴 교수 역시 "공자는 자로의 열정을 견제했지만 제자의 장점을 인정했다"며 공자와 자로의 관계를 요약하고 있다. 결국 자로는 굽힐 줄 모르는 직선적인 성격을 버리지 못해 최후를 맞이하는데, 정계에 진출한 뒤 자신이 모시던 주군이 반란으로 패하자 "나는 그들의 녹을 먹는 사람이다. 그들의 재난을 보고 도망갈 수 없다"며 주인을 구하려다 도끼칼에 맞아 죽는다.

이처럼 자로에 대한 공자의 애정은 비교적 쉽게 유추할 수 있는 반면 표면적으로 공자의 수제자인 안회의 캐릭터는 분석하기가 좀 복잡하다. 크릴 교수 역시 "공자의 애제자 안회는 평가하기 어려운 인물"이라며 "안회에 관한 언급은 많지만 그것을 종합해보면 덕목의 나열에 불과하다"고 꼬집는다. 공자 자신도 "그 사람의 결점을 알아야 비로소 그 사람이 유덕한지 제대로 평가할 수 있다"고 말한 바 있다. 이런 공자의 말을 안회에게 적용하면 『논어』에서 무결점 인물로 묘사된 안회에 대한 공자의 평은 내려질 수 없는 상황인 것이다. 실제로 『논어』에서 안회는 다른 제자들과 달리 스스로 무언가를 말하는 경우가 거의 없고, 단지 공자의 말에 동의하거나 공자의 발언을 논평 없이 받아들이곤 한다. 크릴 교수는 "자신의 생각이 하나도 없는 단순한 바보가 아니었나 의문마저 들 지경"이라고 평한다.

게다가 안회는 한 번도 따뜻하거나 인간적인 태도를 취한 적이 없다.

안회와 자로가 공자를 모시고 있을 때 공자가 "너희가 원하는 것을 말해보아라"라는 질문을 던졌다. 언제나처럼 자로가 "저는 마차와 말, 값비싼 털옷을 갖고 싶습니다. 친구들과 그것을 함께 쓰면서 그들이 그것을 파손해도 상관하지 않겠습니다"라고 즉답한다. 이번엔 자로의 답변이 떨어지자마자 안회가 얄밉게도 "저의 희망은 자신의 장점을 자랑하지도 않고 남에게 베푼 것을 드러내지도 않는 것입니다"라는 '공자님 말씀'을 함으로써 자로를 무안하게 만든다. 이런 안회를 과연 공자가 마음속 깊이 좋아하기만 할 수 있었을까.

물론 공자가 안회에게 자신의 모습을 투사한 것처럼 보이는 부분이 적지 않다. 안회 역시 공자처럼 뛰어난 능력을 갖췄음에도 불구하고 관직에 나아가지 못한 점이 공자가 안회를 자신의 '미니미MiniME'로 여기는 연결고리가 되기도 했다. 이런 안회가 젊은 나이에 죽자 공자는 "하늘이 나를 파멸시키는구나"라고 소리치며 통곡했다고 한다. 이런 상황에서 집이 가난해 형편이 여의치 않았던 안회를 두고 다른 공자의 제자들은 힘을 모아 호화로운 장례를 치러준다. 이러한 제자들의 행동을 두고 아마도 깊은 존경심과 아울러 일종의 해방감이 뒤섞인 심정으로 안회의 묘를 따라갔을 것이라는 게 크릴 교수의 상상이다.

결론적으로 공자가 항상 칭찬했던 안회에게 더 깊은 애정을 느꼈는지, 아니면 꾸짖기만 하던 자로에게 더 깊은 애정을 품었는지는 단언하기 어렵다. 하지만 "애정이 있으면 항상 엄하게 대하기 마련 아니겠는가"라는 공자 자신의 말을 통해서 살펴보면 공자가 과연 누구를 애제자로 여겼을지 짐작할 수 있지 않을까?

H. G. 크릴, 『공자 - 인간과 신화』, 이성규 옮김, 지식산업사, 1996
한국경제신문 2008년 12월 27일자, 우종근의 史史로운 이야기 '공자의 제자 子路가 칭송받는 이유…'

O2. 가족
처를 버리고, 형제와 자식을 죽인 칭기즈칸

나에게 가장 소중한 존재는 누구일까? 사람은 누구나 가족을 통해 사회를 처음 경험하고, 사회 구성원이 된다. 대부분의 경우 인간의 사회생활은 자신과 가족을 위한 것이 된다. 하지만 때로는 극한 상황 속에서 한 개인의 성공을 위해 가족이 희생되기도 하며, 이런 예는 일종의 미담으로 전해진다. 반대로 드물긴 하나 위대한 업적을 이룬 사람 중에는 자신의 성공을 위해 가족을 희생시킨 경우도 있다. 이때 그 인물과 그가 이룬 업적에 대해선 어떻게 평가해야 할까?

칭기즈칸은 위기 상황에서 일부러 조강지처(정확히 말하면 새색시)를 뒤로한 채 도망쳤다. 전쟁 통에 살아남기 위해, 시간을 벌어야겠다는 생각에서 고의적으로 부인을 적군의 손에 넘긴 것이다. 유년기의 칭기즈칸은 자신의 권위에 도전하는 이복형제를 활로 쏴 죽인 바 있으며, 비록 친자인지에 대해선 논란의 여지가 있지만 자식을 살해했다는 의심까지 받고 있다.

칭기즈칸은 위대한 정복자이자 뛰어난 리더로서 새로운 CEO상으로까지 재조명받는 인물이지만, 생존을 위해서나 제국의 안정과 목적 달성을 위해서는 눈 하나 깜짝 않고 가족을 내친 '냉혈한'이었다. '칭기즈'라는 단어는 호수, 바다로부터 유래했다는데, 아마도 칭기즈칸의 비전과 욕망이 바다처럼 컸던 것일 순 있어도 그의 인간적인 따뜻함을 두고 한 말은 아닐 것이다.

잘 알려진 대로 칭기즈칸이 테뮈진이라 불리던 어린 시절은 고난의 연속이었다. 아버지 이쉬게이가 갑작스레 죽은 후 주변 사람들이 모두 테뮈진 가족을 떠나버렸다. 『몽골비사』의 표현대로 "깊은 물이 마르고 단단한 돌이 부서진" 형국이었다. 극도의 곤경에 빠진 테뮈진 가족은 오논 강 상류로 거슬러 올라가 "배와 다른 과실들을 따다가 목구멍을 채웠고 아이들이 활과 낚시로 하루하루 양식을 구해 끼니를 때워야 하는" 처지였다. 이런 상황에서 테뮈진과 이복형제들의 경쟁과 대립, 질투는 극도로 심해졌다. 테뮈진의 아버지 이쉬게이는 부인 희엘륀과의 사이에서 테뮈진과 조치 하사르라는 두 아들을 뒀고, 다른 부인으로부터 벡테르와 벨귀테이라는 아들을 얻었다.

문제는 벡테르와 벨귀테이가 사냥한 노획물을 테뮈진이나 하사르와 나누기를 거부하면서 일어났다. 노획물의 배분은 유목민 생활에서 큰 의미를 지닌다. 『몽골비사』는 테뮈진이 "낚시로 잡은 물고기를 벡테르한테 빼앗겼고 이전에도 활로 쏴 잡은 종달새를 빼앗긴 적이 있다. 어떻게 함께 살겠는가"라고 분노를 터뜨리며 조그만 구릉 위에서 말떼를 바라보다가 벡테르의 뒤로 몰래 다가가 "그를 쏘아 죽여버렸다"고 전한다.

이쉬게이의 정식 부인의 장자로서 집안의 우두머리인 테뮈진이 이복형으로부터 자신의 특권을 침해받자 죄를 범한 가족을 처벌할 권리를 행사했다는 것이다. 벡테르도 죽기 직전 테뮈진에게 변명하거나 그로부터 도망가려 하지 않고 다리를 꼬고 앉은 채 "핏줄이 끊어지지 않게 동생 벨귀테이만은 살려달라"고 부탁했다는 점으로 미루어볼 때 자신의

오늘날 새로운 리더상으로 칭기즈칸을 꼽기도 하지만, 역사상 그의 인물의 면모는 자신의 생존과 제국의 권력을 거머쥐기 위해서라면 아내와 자식을 내칠 수도 있다는 냉혈한의 모습을 드러내고 있다.

죄를 인식했던 듯하다는 것이 현대 학자들의 추론이다. 어머니 희엘륀이 "제 모태를 물어뜯는 개와 같고, 제 그림자에 덤벼드는 해동청과 같다. 형제들의 한을 풀지 못하고 원수를 갚지 못하는 상황에서 어쩌자고 네놈이 이런 짓을 했느냐"고 한탄했지만 이미 지나간 일을 되돌릴 수는 없었다. 이처럼 테뮈진이 이복형을 죽였을 때 그의 나이는 오늘날로 치면 초등학교 고학년에서 중학생쯤 되는 14~15세로 추정된다. 이후에도 테뮈진은 타이치우트 족의 포로가 돼서 시련을 겪었고, 풀려난 뒤에도 그와 가족들은 초원에서 들쥐를 잡아 먹고 살았을 정도로 가난에서 벗어나지 못했다.

테뮈진의 시련은 결혼할 때에도 이어졌다. 그가 신부를 맞이한다는 소문을 듣자 메르키트 족이 테뮈진의 아버지가 예전에 자신들의 신부(테뮈진의 어머니 희엘륀)를 약탈해간 데 대한 복수로 테뮈진을 습격한 것이다. 300명의 메르키트 족이 갑자기 테뮈진의 둔영屯營을 습격하자 테뮈진과 가족들은 사방으로 도망치기에 바빴다. 전부 말에 올라타 잽싸게 내뺐지만 테뮈진의 새 신부 뵈르테가 탈 말은 없었다.

이러한 상황에 대해 칭기즈칸 전기의 결정판이라고 할 만한 책의 저자인 독일 역사학자 라츠네프스키는 "테뮈진이 극도로 위급한 상황에서 판단력을 잃은 것인가, 아니면 메르키트의 추적을 딴 곳으로 돌리기 위해 의도적으로 뵈르테를 떨어뜨려놓은 것인가"라며 테뮈진의 의도에 강한 의구심을 드러낸다. 라츠네프스키에 따르면 실제로 메르키트 족은 수레에 숨은 뵈르테를 발견하자 테뮈진에 대한 추격을 중지했고, 어쨌든 테뮈진에게는 살아남는 게 중요했다고 전한다. 구사일생한 테뮈진이 내뱉은 첫마디도 부인을 빼앗긴 괴로움이나 아쉬움이 아니라 "나는 벼룩과 같은 목숨을 건졌다. 정말로 무서웠다. 앞으로 부르한 할둔산에 아침마다 기도를 드리리라"라는 것이었다. 그후 한동안 테뮈진은 뵈르테를 찾아오기 위한 모험적인 계획 같은 것은 세우지도 않았다. 나중에야 테뮈진이 메르키트 족을 물리치고 뵈르테를 구출하지만 그녀는 이미 아기를 임신한 상태였다.

예기치 않게 노상에서 태어났다고 해서 '조치'라는 이름이 붙은 이 테뮈진의 장남에 대해 라시드 앗 딘을 비롯한 궁중 사가들은 "메르키트가 습격했을 때 이미 뵈르테는 테뮈진의 아이를 배고 있었다"며 칭기즈 칸과 뵈르테의 명예를 보호하려고 사실을 위장했으나 신빙성은 없다. 오히려 『몽골비사』는 냉정하게 "뵈르테는 희엘륀에 대한 앙갚음으로 메르키트 족에게 강탈당했고 연혼제의 풍습에 따라 메르키트 족 족장의 동생에게 부인으로 주어졌다"고 전한다. 결국 조치는 죽을 때까지 '메르키트의 사생아'로 불리며 정통성에 의심을 받았고, 태생의 굴레는 그를 죽음으로까지 몰고 갔다.

몽골 제국의 초석이 닦인 1223년 초 칭기즈칸은 차가타이, 외괴데이 등 자신의 다른 아들들과는 회합을 했지만 장남인 조치만은 서방지역 호라산에 남아 있게 했다. 아랍 역사가 주즈자니에 따르면 조치는 "칭기즈칸이 미쳐서 그토록 많은 사람을 학살하고 많은 지역을 파괴했다"고 말하곤 했으며, "아버지가 사냥하는 틈을 타서 살해하고 술탄과 연합해 이 지방을 번영하도록 만들겠다"는 호언도 서슴지 않았다고 기록하고 있다. 이 발언을 들은 차가타이가 아버지에게 보고해 칭기즈칸이 조치를 독살했다는 게 주즈자니의 설명이다.

주즈자니의 기술은 전후 관계와 여타 사실관계를 고려하면 신빙성이 약하지만, 라시드 앗 딘에 따르면 조치와 칭기즈칸의 불화설은 역사적 사실이었던 듯하다. 라시드 앗 딘은 "칭기즈칸이 고향으로 돌아온 뒤 조치를 불렀지만 조치가 이에 불응하자 다시 차가타이, 외괴데이를 보냈는데 이들이 당도하기도 전에 조치가 죽었다는 소식이 전해졌다"고 기술하고 있다. 당시 나이가 마흔 살 정도에 불과했던 조치는 자연사하지 않았을 가능성이 있으며 죽음의 배후로 칭기즈칸을 빼놓을 수 없다. 칭기즈칸은 자신의 사후에 조치와 차가타이 간에 무력 충돌이 일어날 가능성을 우려했고 제국의 통일을 유지하기 위해 (출생이 의심스러운) 조치를 제거했다는 해석이다.

실제 『몽골비사』에서는 둘째 아들 차가타이가 칭기즈칸의 면전에서 장남 조치를 두고 "우리가 어떻게 이 메르키트의 잡놈한테 통치되겠습니까"라며 조치와 멱살을 잡는 장면이 나온다. 이 상황에서 싸움을 말리는 신료 쿠쿠초스의 표현은 시적이다. 아마도 실제 역사는 이 시적 표현처럼 조치의 불운한 태생에 대해 사정을 감안해주지도, 넓은 아량을 베풀지도 않은 듯하지만 말이다. 되돌아보면 볼수록 역사는 냉혹한 것이다.

그대들(조치와 차가타이)이 태어나기 전부터 별이 있는 하늘은 돌고 있었다. 여러 나라가 싸우고 있었다. 서로 빼앗고 있었다. 흙이 있는 대지는 뒤집히고 있었다. 모든 나라가 싸우고 제 담요에서 자지 않고 서로 공격하고 있었다. 그럴 때 (뵈르테가 다른 남자를) 원해서 간 것이 아니다. 교전 중에 그리됐다. (다른 남자에게로) 도망쳐 간 것이 아니다. 전투 중에 그리됐다. (다른 남자를) 사랑해 간 것이 아니다. 서로 죽일 때 그리됐다…"

(『몽골비사』 제11권에서)

Bertold Spuler, *History of the Mongols*, Routledge & Kegan Paul, 1972

Morris Rossabi, *Khubilai Khan: His Life and Times*, University of California Press, 1988

라츠네프스키, 『몽고초원의 영웅 칭기스한』, 김호동 옮김, 지식산업사, 1994

유원수 역주, 『몽골비사』, 혜안, 1994

르네 그루쎄, 『유라시아 유목제국사』, 김호동 외 옮김, 사계절, 1998

라시드 앗 딘, 『집사 2 ─ 칭기즈칸기』, 김호동 옮김, 사계절, 2003

03. 부인
양귀비의 죽음을 바라본
당 현종의 피눈물

부부 사이는 부모와 자식 간 1촌보다 더 가까운 무촌이고, 부부는 가족의 시작점이다. 또 대다수의 사람(아닌 사람들도 적지 않긴 하다)은 부부가 되고, 저마다의 사연이 있기 마련이다. 때로는 평범하지 않게 만나서 남다른 아픔을 안고 헤어지는 커플이 나오기도 하는 게 부부의 연이다.

중국 당나라 때의 시인 백거이의 「장한가長恨歌」는 매우 서사적인 시다. 읽다보면 한 편의 영화를 보듯, 천하절색 양귀비의 생애가 생생하게 눈앞에 펼쳐진다. 중고등학교 문학 시간에 (오늘날의 '알파걸' 열풍과는 성격이 다르지만) "모든 부모가 아들 낳기보다 딸 낳기를 소망했다"는 '부중생남중생녀不重生男重生女' 한 구절만 암기하고 넘어가기에는 너무나 아까운 작품이다.

개인적으로 이 시의 백미로는 당 현종이 안녹산의 난으로 가던 피난길에서 주위의 강압에 못 이겨 사랑하는 양귀비를 죽일 수밖에 없었던 장면을 꼽게 된다. "차마 양귀비의 마지막을 보지 못하고 고개를 돌린 당 현종의 눈에서 피눈물이 비 오듯 흘렀다"라는 시인의 표현은 마치 일천수백 년 전 현장으로 우리를 데려다놓는 듯하다. 「장한가」의 일부를 인용해본다.

천자의 궁에도 전화의 연기와 먼지가 피어올라 九重城闕煙塵生

천자 일행은 촉으로 피난길에 올랐네 千乘萬騎西南行

천자 깃발 흔들흔들 나아가단 멎고 멎었다간 다시 나아가 翠華搖搖行復止

장안 서쪽 백여 리 마외파에 이르렀네 西出都門百餘里

호위병들 하나같이 발걸음 떼지 않아 어쩔 수 없이 六軍不發無奈何

갸름한 눈썹의 미인, 병사들의 눈앞에서 자결하고 말았네 宛轉蛾眉馬前死

꽃비녀 떨어져도 아무도 주워들지 않고 花鈿委地無人收

취교, 금작, 옥소두 모두 땅에 흩어졌네 翠翹金雀玉搔頭

천자는 얼굴 가린 채 그녀를 구하지 못해 君王掩面救不得

머리 돌려 피눈물 비 오듯 흘렀네 回看血淚相和流*

이 장면을 두고 주희가 정리한 전통적 역사서인 『자치통감강목資治通鑑綱目』은 이렇게 묘사한다.

현종이 촉으로 이동했다. 군이 마외역에 머물게 됐는데 모두들 굶주리고 피곤했으며 분노와 불평을 말했다. "이런 화는 '양국충' 때문이다. 그를 죽여야 한다"고 외친 병사들은 양국충을 죽여 그의 머리를 역문에 매달았다. 황제[上]가 소요가 일고 있다는 말을 듣고 직접 나가 병사를 달랬

* 박일봉 번역 참조.

지만 병사들은 듣지 않았다. 황제가 까닭을 묻자 병사들은 "화를 일으킨 장본인은 아직 살아 있습니다. 폐하께서는 귀비에게 내리는 은총을 거두시어 법을 바르게 하시기 바랍니다"라고 답했다. 황제가 말했다. "귀비는 항상 깊은 궁중에 있었다. 어찌 국충의 반역을 알았겠는가." 이에 옆에 있던 환관 고역사가 말했다. "귀비는 정말 죄가 없습니다. 하지만 병사들이 이미 국충을 죽였으며 그의 동생 귀비는 아직 폐하 곁에 있습니다. 어찌 안심할 수 있겠습니까. 헤아리시옵소서." 황제가 마침내 역사에게 명해 귀비를 목을 옭아 죽이라고 했다. 또 귀비의 시체를 역의 뜰에 내놓아 현예 등으로 하여금 확인하도록 했다. 당시 현종은 72세였고 귀비는 38세였다.

실제 양귀비는 양국충의 동생이 아니라 재종간, 즉 6촌이라고 하는데 어찌됐든 양국충과 안녹산 간의 권력 다툼에서 패한 측으로서는 다른 선택이 없었을 것이다. 실제 후대의 연구들은 안녹산의 난이 당 전역에 걸친 반란은 아니었으며 지역별로 안녹산의 지지세가 상이했다고 본다. 하지만 양귀비에게는 안타깝게도 안녹산을 토벌하러 나간 정부군이 모두 패배했고, 안녹산에 비호의적이었던 지역들도 중립을 지키거나 혹은 구원군을 보낼 여력이 안 됐다. 또 안녹산의 난의 시작은 권력 투쟁이었지만 결과는 중국사에 있어 일대 전환기로 평가받는다.

거대한 역사의 흐름 앞에 한 개인의 운명은 개인의 노력 여하에 관계 없이 결정되는 경우가 흔하다. 때로는 역사의 움직임에 따라 부귀영화를 배경으로 한 사랑도 비극적 종말을 맞이한다. 그러한 역사에 대해 어떤 평가를 내려야 할까? 때로는 역사의 큰 흐름 앞에 생각할 겨를도 없이 쓸려가곤 한다. 그럴 때 나의 태도는 어떠해야 하는가. 결코 쉬운 문제는 아니다.

S. A. M. Adshead, *T'ang China : the Rise of the East in World History*, Palgrave Macmillan, 2004

『고문진보』, 박일봉 옮김, 육문사, 1992

타니가와 미치오 외, 『중국통사』, 중국사연구실 편역, 신서원, 1993

O4. 형제
오스만튀르크 제국의 형제 살해 전통

자극적인 소재를 찾는 언론의 속성상 뉴스에서 가족 간 패륜 범죄를 자주 접하게 된다. 그중 상당수는 재산과 관련된 것이며, 대재벌 가문 형제간의 상속 분쟁이나 재산 싸움도 뉴스 거리다. 부와 권력이 있는 곳에서는 형제간 천륜도 무너진다는 씁쓸한 사례들은 예나 지금이나 쉽게 찾아볼 수 있다.

1574년 오스만튀르크 제국의 수도 이스탄불. 술탄 무라드 3세의 즉위에 앞서 이스탄불 시민들은 선왕의 관이 술탄의 궁전에서 하기아소피아에 위치한 무덤으로 이동하는 행렬 뒷자락에 다섯 어린 왕자의 관이 뒤따르는 것을 보았다. 1595년 메흐메드 3세가 즉위할 때는 "19명의 무고한 왕자들이 어머니의 품에서 끌려나와 신의 자비 속으로 들어갔다"며 당대의 역사가 페체비는 담담하게 말하고 있다.

　오스만튀르크 제국의 관습 가운데 가장 유명한 것으로 새 술탄이 즉위하면 동복, 이복, 노소 가릴 것 없이 술탄의 형제들을 몰살하는 '형제 살해'의 전통을 꼽을 수 있다. 이 전통은 왕위 계승권의 경쟁자를 제거해 왕권을 안정된 궤도에 올려놓는 제도 중 가장 극단적인 형태로 발전한 것이다.(왕위 계승 경쟁자를 모조리 물리적으로, 제도적으로 다 죽여버리는 것은 극히 이례적인 일이다.)

　오스만 제국에서 아무 문제없이 왕위 승계가 이뤄진 적은 극히 드물었는데, 근원적인 문제는 하렘 조직에 있었다. 대부분의 술탄은 하렘의 신분이 낮은 첩들을 총애했고 여러 첩의 자식들이 하나의 술탄 자리를 놓고 경쟁해야만 했다. 이에 따라 정권 안정을 위해 15~16세기가 되면 새로운 술탄이 등극한 바로 그날 새 술탄의 모든 형제가 교살돼 왕권 경쟁자들을 원천적으로 제거해버렸다.

　이러한 형제 살해의 전통이 생기기 시작한 것은 슐레이만 대제 이후부터다. 엄밀히 말하면 슐레이만 이전에도 형제간 권력 다툼과 살해는 간간이 일어났지만 제도화된 것은 아니었다. 슐레이만의 아버지 셀림 1세 역시 치열한 권력 투쟁 끝에 즉위해서 두 형을 죽이기도 했기 때문이다. 아무튼 슐레이만 대제의 애첩인 록셀라나의 아들 셀림과 이복형제인 바예지드가 왕위 계승 투쟁을 했고 이 대결에서 셀림이 승리를 거머쥔다.

　패배한 바예지드는 우여곡절 끝에 목숨은 부지하나 곧 이란으로 망명해야 했다. 당시 오스만 제국과 대립하던 이란의 타마스브 샤는 바예지드와 그의 네 아들을 놓고 슐레이만과 협상했고, 결국 타결을 본 이란의 샤는 바예지드와 그 네 아들을 시체로 돌려보냈다. 이와 동시에 어머니와 함께 부르사에 있던 바예지드의 다섯째 아들은 술탄의 사형 명령으로 제거된다. 슐레이만 대제가 자신의 후계자에게 걸림돌이 되는 다른 아들과 손자들을 모두 직접 처리해 명실상부하게 셀림만을 오스만 제국의 유일한 후계자로 낙점한 것이었다. 모든 경쟁자의 씨는 말랐고,

계승 분쟁과 제국 분열의 싹은 애초에 잘려나갔다.

이처럼 바예지드와 그 아들들에 대해 이뤄진 사형은 오스만 제국의 왕위 계승 법칙에 큰 변화를 가져왔다. 이전에는 술탄의 모든 아들이 아나톨리아 고원지대에서 지방 태수로서 지배했고 계승 권리를 가지고 있었지만, 바예지드 사후부터는 장자만이 그 권한을 가졌기 때문이다. 하지만 연장자 계승 원칙은 깨지기 쉬운 규범이었고 이에 따라 형제 살해의 광풍은 조건만 맞으면 수없이 반복됐다. 형제 살해는 정서적으로 대중적인 승인을 얻지 못했지만 "사형당한 형제나 그 인척들은 자신들의 정신 속에 사악한 영혼이 자라날 가능성이 있다"는 명분으로 살해를 정당화했다.

15세기에 메흐메드 2세는 즉위 후 아직 갓난아기인 그의 이복형제를 죽이고는 "그는 아직 성장하지 않은 아이지만 경험 많은 원로들의 조언에 의해 사형이 결정돼 집행됐다. 불신과 잘못된 일의 나뭇가지와 잎이 무성해지기 전에 그 뿌리를 뽑는 게 옳은 일이다"라고 말했다. 특히 16세기에 셀림 1세와 메흐메드 3세에 의해 법조항이 추가된 유명한 메흐메드 2세 법전은 형제 살해를 법적으로 정당화했다. 법전은 "앞으로 나의 후손 술탄은 세계질서와 안녕을 위해 그의 형제들을 죽이는 게 합당하다. 대부분의 울람마들도 이것이 허용된다고 선언했다"고 밝히고 있다.

셀림 2세와 무라드 3세, 메흐메드 3세의 확고부동한 왕위 계승에도 불구하고 형제 살해는 끊이지 않았고, 1574년 무라드의 즉위시에는 앞서 상술했듯이 이스탄불 시민들은 무라드 아버지의 관이 무덤으로 옮겨지는 행렬에 다섯 명의 어린 왕자의 관이 뒤따르는 것을 볼 수 있었다.

메흐메드 3세도 1595년 즉위하면서 대중의 거부감에도 불구하고 십수 명 형제들의 피를 봤다.

형제 살해에 대한 대중의 반감은 커졌고 결국 이 전통은 1603년 메흐메드 3세가 죽으면서 끝난다. 물론 도덕적 이유에서가 아니라 정치적 우연*의 산물로 형제 살해의 전통이 종지부를 찍게 됐다. 부모와 자식 간에도 나누지 못한다는 권력의 중독성에, 후계 구도와 복잡하게 얽혀 있는 하렘제도라는 구조적 모순, 제국을 온전히 유지해야 한다는 부담감이 겹치면서 형제가 형제를 죽이고 피로 피를 씻는 비극의 역사가 반복돼서 쓰여졌던 것이다.

한번 잘못된 시스템으로 생긴 문제를 고친다는 것은, 문제가 야기한 피해가 막대하더라도 쉽게 고칠 수 없다는 것을 오스만 제국의 '형제 살해' 전통은 잘 보여주고 있다.

---

* 메흐메드 3세의 아들이 정신병을 앓았고 예니체리와 궁정 각 세력 간의 복잡한 세력 다툼이 겹쳤다.

Colin Imber, *The Ottoman Empire*, Palgrave Macmillan, 2002

Francis Robinson (ed.), *Cambridge Illustrated History of the Islamic World*, Cambridge University Press, 1998

버나드 루이스, 「이슬람문명사」, 김호동 옮김, 이론과실천, 1995

O5. 자식
러시아판 미네르바, 가짜 드미트리

부모는 자식을 바라보고 산다. 만약 자식을 자신보다 먼저 보낸다면, 그것도 부모의 손으로 자식의 명줄을 끊는다면 그것은 견딜 수 없는 타격이 된다. 또 한 번 꼬인 비극은 또 다른 비극으로 이어진다. 대혼란의 시대 러시아의 역사는 아버지가 자식을 죽이고, 어머니가 타인을 자신의 자식이라 불러야 하고, 부인이 엉뚱한 사람을 자신의 남편이라 주장해야 했던 가족사의 비극을 담고 있다.

광기 어린 폭군이 자신의 손으로 황태자를 죽였고, 이로 인해 사실상 왕조의 대가 끊긴다. 폭군 사후 대혼란의 시대가 닥치자 찬탈자들은 남은 폭군의 두 아들 중 한 명은 암살하고, 병약해서 후손을 생산할 수 없는 다른 아들을 허수아비로 세웠다가 그가 죽자 왕국을 빼앗는다. 하지만 "폭군의 암살된 아들은 사실 도망쳤고 다른 소년이 대신 살해된 것"이라는 소문을 통해 가짜 왕자들이 연이어 등장하며 민중의 지지를 얻고 정권을 얻었던 소설 같은 역사가 있다.

소설 같은 얘기는 여기서 그치지 않는다. 실제 정권까지 획득한 가짜 왕자를 놓고 수녀가 된 죽은 왕자의 진짜 어머니는 정치적 강압에 의해 연이어 가짜 아들들을 자신의 진짜 아들이라고 선언하기에 이른다. 하지만 이 비운의 어머니는 정치 상황이 급변하면서 발언을 연달아 철회

해야 했다. 아이러니한 사태는 부인들에게도 이어져 폴란드 귀족 출신인 첫 번째 가짜 왕자의 부인은 두 번째 가짜 왕자를 자신의 "남편이 맞다"고 공개적으로 밝힌 뒤 두 번째 가짜 왕자의 아이까지 낳는다.

모두 대혼란의 시기 러시아에서 일어났던 이야기다. 삶이 팍팍한 정도가 아니라 생존을 위해 한 치 앞을 내다보기 힘든 극도의 고통 앞에서 사람들은 자신들의 구원자, 일종의 메시아를 갈구했고 이는 이미 죽은 전 정권의 적통 후계자가 여전히 살아 있다는 믿음과 정의로운 지도자의 도래라는 기다림으로 이어진 것이다. 여기서 언급된 죽은 왕자의 이름들은 이반과 드미트리이다. 이반을 죽여 문제의 단초를 마련한 폭군은 그 유명한 이반 뇌제Иван Грозный다. 이반의 동생이었고, 후에 찬탈자들에게 암살당한 드미트리가 계속 생존해 있다는 믿음은 위태로웠던 시기 어려운 민중의 염원이 담긴 인물로 끊임없이 사칭되고 등장했다는 점에서, 러시아판 '미네르바'라고 할 만한 인물이었다.

스토리가 조금 길어지지만 사태를 이해하기 위해서는 이반 뇌제* 시대 후반 폭정부터 살펴볼 필요가 있다. 이반 뇌제는 치세 초기의 업적에도 불구하고 집권 후반기로 갈수록 주변 조언자 그룹과 바야르 공公들과 대립되는 정책을 편다. 이와 함께 그의 개인적인 독재 성향도 커갔다. 이반 뇌제가 바야르뿐만 아니라 그의 자문 세력에게까지 칼날을 겨누게 된 계기는 1553년 그가 중병에 걸리면서부터다. 죽을 날이 임박했다고 느낀 그는 아직 어린 아기였던 아들 이반 이바노비치의 안전에 대

---

* 러시아에서는 이반 그로즈늬라고 불리는데 그로즈늬는 보통 영어에서는 terrible로 번역된다.

해 바야르들이 맹세하길 바랐다. 하지만 다수의 바야르는 물론 그의 최측근인 실베스트르조차 맹세에 반대하고 주저한다. 비록 이반 뇌제는 죽지 않고 병세에서 회복되었고, 후일 이반 이바노비치의 안전에 대한 맹세가 강제적으로 이뤄지긴 했지만, 왕은 이때의 기억과 어려웠던 경험을 결코 잊지 않았다.

때마침 몇몇 바야르가 리투아니아로 탈출하려다 붙잡혔고 발트 해 유역으로 전쟁을 벌이는 것을 놓고 차르와 자문그룹은 대립각을 세운다. 이런 와중에 1560년 이반 뇌제가 사랑하던 부인 아나스타샤가 갑자기 죽었는데, 자문그룹인 실베스트르와 아다세프가 왕비의 독살에 관여했음이 드러난다. 격노한 차르는 유례없는 가혹한 방법으로 두 사람을 척결했다. 이반 뇌제의 분노는 이어 귀족회의 멤버들에게로 확대됐고 실베스트르와 아다세프 인척들과 친척, 친구들도 모두 재판을 거치지 않은 채 죽여버렸다. 사태를 관망하던 두 명의 대공이 차르의 처사에 불만을 토로했다는 이유로 사형에 처해지기도 했다. 이에 목숨에 위협을 느낀 다수의 바야르들은 리투아니아로 망명했다.

그러던 중 1564년 이반 뇌제는 갑자기 모스크바를 떠나 60마일 떨어진 알렉산드로프로 거처를 옮겼고 한 달 후에 퇴위하겠다는 편지를 모스크바로 보냈다. 이반 뇌제의 저의를 파악하지 못해 당황한 바야르들과 모스크바 시민들은 그의 복귀를 탄원했고 1565년 차르는 모스크바로 돌아온다. 하지만 그가 돌아오는 조건은 두 가지였는데 차르가 직접 지휘 통제하는 '오프리치니나Oupнчннна'라고 알려진 모스크바 국가 조직을 만들어 모스크바 전 영토를 양분하는 것과, 반역자 및 국가에 해가 되는 행동을 하는 자들에게 차르가 자기 뜻대로 처벌할 수 있도록 한다는 것이었다.

오프리치니나는 모스크바 국가 내에서 독립된 사법권을 행사했으며 차르의 전위대와 비밀경찰이 활동하는 백그라운드가 됐다. 검은 옷을 입고 검은 말을 탄 오프리치니키(별동대)들은 처음에는 1000여 명 규모였으나 후일 6000명까지 규모가 확대됐고 차르가 적으로 여기는 사람과 조직들을 파괴하는 임무를 수행했다. 공포정치가 잇따랐고 황제로부터 의심받는 세력은 확대됐다. 바야르뿐만 아니라 그들의 가족과 친지, 하인과 농민들마저 탄압과 숙청에 휩쓸려 사라져갔다. 희생자들의 토지와 재산, 가옥은 몰수 조치됐고 약탈되거나 불에 탔다. 토르즈호크와 클린 그리고 1570년의 노브고로드처럼 도시 전체가 약탈당해 폐허가 된 경우도 있었다.

왕비의 죽음 이후 이반 뇌제는 정서적 균형을 잃어버렸다. 그에게는 주변의 모든 것이 반역의 움직임으로 여겨졌다. 오프리치니나가 작동한 이후 그의 삶은 악몽이 제거된 것이 아니라 오히려 악몽으로 고통받는 삶이 되었다. 다른 오프리치니키들과 더불어 이반 뇌제는 직접 사찰에 가담하고 무시무시한 고문과 사형 집행에 가담했다. 그러한 악몽은 그가 자신의 아들을 때려죽이는 데까지 이어졌다고 전해진다. 1581년 (사소한 일로) 격노한 이반 뇌제는 후계자인 아들 이반을 뾰족한 지팡이로 때려 치명적인 상처를 입혀 죽이고 말았다.(이 장면은 러시아 화가 일리야 레핀에 의해 드라마틱하게 그려졌다.) 이후 1584년 사망할 때까지 그의 삶에 평온이란 없었다. 후일 소련 정권 시절 그의 유체에 대한 조사가 이뤄졌는데, 거의 독살로 판명났다.

문제는 이후 러시아에서 병약한 표도르가 즉위하고, 이반 뇌제의 막내아들 드미트리마저 암살되는 대혼란의 시기를 맞는다는 것이다. 이어 보리스 고두노프가 차르가 되지만 찬탈자 보리스 고두노프에 의해 죽은 아들 드미트리를 사칭하는 가짜 드미트리들이 꾸준히 나타나게 된다. 이반 뇌제 사후 공포정치는 끝났지만 표도르 1세와 보리스 고두노프 치세(1598~1605)에 연이은 자연재해 등으로 백성들의 삶은 나아지지 못했다. 1601년에 가뭄과 기근이 러시아를 덮쳤고 1602년에도 흉작이 이어졌다. 1603년의 기근은 재앙 수준이었고 전염병이 창궐했다. 모스크바에서만 10만 명 넘게 사망한 것으로 추정되며 굶주린 이들이 짐승과 썩은 시체를 먹으며 연명했다. 살아남은 사람들은 생존을 위해 도적떼로 변해갔다.

이런 어려운 시기를 맞이하자 "보리스 고두노프가 죄인이자 찬탈자여서 하늘이 러시아에 천벌을 내리는 것"이라는 소문이 돌았고 보리스 고두노프가 드미트리 왕자를 살해하는 데 관여했다는 루머가 급속히 퍼졌다. 또 "사실은 드미트리 왕자가 살해된 게 아니고 실제 왕자는 탈출했으며, 조만간 돌아와 그의 정당한 상속권을 주장할 것"이란 소문으로까지 확대됐다.

실제 드미트리를 자처하는 사람들이 도처에서 나타나기 시작했다. 첫 번째 인물은 그레고리 오트레피에프라는 인물로 드미트리를 사칭하기 직전의 직업은 수도사였다. 카자키(코삭)와 함께 탈출해 리투아니아에 등장한 오트레피에프는 스스로 이반 뇌제의 아들인 드미트리라고 주장하고 나섰다. 당시 폴란드 정부는 그를 공식적으로 인정하지 않았지만 그는 폴란드와 리투아니아의 일부 귀족층의 지지를 얻어냈다. 그는 여기서 멈추지 않고 폴란드 귀족의 딸 마리나 므니스체크와 사랑에 빠지기도 했다. 여기에 대내적으로는 상당수 바야르들이 비밀리에 가짜 드미트리를 지원한 것으로 보인다. 이에 보리스 고두노프는 바야르들에 대한 대대적인 숙청을 1601년 시행하는 방법으로 대응했다. 이런 공세에 가짜 드미트리는 1604년 1500명의 카자키들의 선봉에 서서 러시아로 쳐들어왔다. "드미트리가 살아 있다"는 선전은 효과를 냈고 체르니고프 같은 큰 중심지를 포함한 남부 러시아의 여러 지역에서 가짜 드미트리를 환영하고 나섰다. 또 많은 지역이 별다른 저항 없이 가짜 드미트리 수중에 넘어갔다. 모스크바 중앙정부의 압제에 신물이 난 러시아 민중이 리투아니아와 폴란드의 지원을 받은 가짜 드미트리에게 협력하고 나선 것이다. 가짜 드미트리에게는 행운도 따랐는데 1605년 4월 보리스 고두노프가 갑자기 죽었고 그의 사후 고두노프의 군대 총사령관인 바스마노프가 드미트리 편에 투항했다. 보리스 고두노프의 처자식을 비롯해 후계자인 테오도르는 모스크바에서 살해됐고 가짜 드미트리는 모스크바에 입성하기에 이르렀다.

모스크바 백성들은 '진정한 차르'가 기적적으로 생환한 것에 기뻐했다. 진짜 드미트리 왕자의 최후를 목격했던 바질 수위스키는 자신의 발언을 번복해 "드미트리 왕자 대신 다른 소년이 죽었으며 왕자는 탈출했다"고 새롭게 증언했다. 무엇보다 드라마틱한 것은 마르타라는 이름의 수녀로 살고 있던 죽은 드미트리의 생모도 차출돼 가짜 드미트리가 "오랫동안 잃어버렸던 자신의 아들이 맞노라"고 증언하기에 이른 것이다.

하지만 시간이 지나면서 보통 러시아 사람들과 달리 정교회에 나가지도 않고 정오에 낮잠을 자지도 않으면서, 폴란드 옷을 입고 도시를 활보하는 가짜 드미트리의 기괴한 행각이 모스크바 사람들을 당황하게 만들었다. 여기에 그가 폴란드에서 얻은 부인은 그리스정교로 개종하지 않고 계속 가톨릭으로 남아 있었다. 엎친 데 덮친 격으로 바야르들에게 있어서 가짜 드미트리의 효용가치가 없어졌다. 바야르들은 보리스 고두노프를 축출하기 위해 가짜 드미트리를 이용했는데 이제 이용가치가 없어졌다는 점에서 그의 존속은 위태로워졌다. 이에 따라 바야르들은 "폴란드인들로부터 차르를 구한다"는 명분으로 친위 쿠데타를 벌였고, 그 와중에 황제 자체가 가짜라는 선언이 나왔다. 가짜 드미트리는 탈출을 시도하다 붙잡혔고 진짜 드미트리의 생모가 다시 "내 아들이 아니라 가짜다"고 증언한 뒤 처형당했다.

정권을 잡은 귀족들은 가짜 드미트리가 마술을 써서 정권을 잡았고 드미트리의 생모가 착각하도록 현혹했다는 선전전을 벌였다. 가짜 드미트리의 시체는 불에 태운 뒤 대포에 넣어 폴란드 방향으로 쏘아날렸다. 하지만 가짜 드미트리의 전설은 사라지지 않았다. 오리지널 드미트리 전설에 이어 가짜 역시 죽지 않고 탈출했다는 소문이 돌았고 또다시 드미트리의 이름을 사칭하는 사람이 줄을 이었다. 특히 농노와 노예들이 지주와 영주들에 대항해 농민봉기를 일으키면서 드미트리의 유령은 영향력을 발휘해나갔다.

농민반란을 일으킨 이반 볼로트니코프의 경우 드미트리를 사칭하진 않았지만 '차르 드미트리'를 위해 봉기한다는 명분을 내세웠다. 이반 볼로트니코프가 처형된 후에는 곧이어 2차 가짜 드미트리가 등장한다. 1607년 등장한 한 인물은 자신이 이반 뇌제의 아들이고 고두노프를 격파한 드미트리라고 주장한다. 그는 볼로트니코프의 농민반란이 제압된 후 반란의 중심인물이 되고 1차 가짜 드미트리의 부인인 폴란드인 마리나 므니스체크가 그를 자신의 남편이라고 인정하고 나선다. 결국 1차 가짜 드미트리의 처였던 이 폴란드 부인은 2차 가짜 드미트리의 자식까지 낳는다.

수녀였던 오리지널 드미트리의 어머니는 또다시 2차 가짜 드미트리를 자신의 자식이라고 선언하기에 이른다. 아들을 잃고 두 번이나 가짜 아들을 진짜 아들이라고 말해야 하는 운명이었던 것이다. 하지만 가짜 드미트리의 말로도 행복하진 못했는데, 1608년 2차 가짜 드미트리는 정부군을 격파하지만 1610년 스웨덴의 지원을 받은 정부군에 의해 패퇴한다. 결국 2차 가짜 드미트리는 강제로 수도원에 수사로 유폐되는 운명에 처해졌다.

Geoffrey Hosking, *Russia and the Russians: A History*, Harvard University Press, 2001

Nicholas V, Riasanovsky, *A History of Russia*, Oxford University Press, 1993

독사 讀史

ⓒ 김동욱 2010

1판 1쇄 2010년 6월 1일
1판 2쇄 2010년 7월 1일

지은이 김동욱
펴낸이 강성민
기획부장 최연희
편집장 이은혜
마케팅 신정민
온라인 마케팅 이상혁 · 한민아

펴낸곳 (주)글항아리 | 출판등록 2009년 1월 19일 제406-2009-000002호

주소 413-756 경기도 파주시 교하읍 문발리 파주출판도시 513-8
전자우편 bookpot@hanmail.net
전화번호 031-955-8891(마케팅) 031-955-8898(편집부)
팩스 031-955-2557

ISBN 978-89-93905-26-7 03900

글항아리는 (주)문학동네의 계열사입니다.

이 도서의 국립중앙도서관 출판시도서목록(CIP)은 e-CIP 홈페이지(http://www.nl.go.kr/ecip)에서 이용하실 수 있습니다.
(CIP제어번호: CIP 2010001803)